모빌리티 사유의 전개

KB079655

이 저서는 2018년 대한민국 교육부와 한국연구재단의 지원을 받아 수행된 연구
임 (NRF—2018S1A6A3A03043497)

모빌리티 사유의 전개

김태희 이상봉 김재인 강 혁 도승연 김진택 강진숙 김재희 이명수 박일준

앨피

모빌리티인문학 Mobility Humanities

모빌리티인문학은 기차, 자동차, 비행기, 인터넷, 모바일 기기 등 모빌리티 테크놀로지의 발전에 따른 인간, 사물, 관계의 실재적·가상적 이동을 인간과 테크놀로지의 공-진화co-evolution라는 관점에서 사유하고, 모빌리티가 고도화됨에 따라 발생하는 현재와 미래의 문제들에 대한 해법을 인문학적 관점에서 제안함으로써 생명, 사유, 문화가 생동하는 인문-모빌리티 사회 형성에 기여하는 학문이다.

모빌리티는 기차, 자동차, 비행기, 인터넷, 모바일 기기 같은 모빌리티 테크놀로지에 기초한 사람, 사물, 정보의 이동과 이를 가능하게 하는 테크놀로지를 의미한다. 그리고 이에 수반하는 것으로서 공간(도시) 구성과 인구 배치의 변화, 노동과 자본의 변형, 권력 또는 통치성의 변용 등을 통칭하는 사회적 관계의 이동까지도 포함한다.

오늘날 모빌리티 테크놀로지는 인간, 사물, 관계의 이동에 시간적·공간적 제약을 거의 남겨 두지 않을 정도로 발전해 왔다. 개별 국가와 지역을 연결하는 항공로와 무선 통신망의 구축은 사람, 물류, 데이터의 무제약적 이동 가능성을 증명하는 물질적 지표들이다. 특히 전 세계에 무료 인터넷을 보급하겠다는 구글Google의 프로젝트 룬Project Loon이 현실화되고 우주 유영과 화성 식민지 건설이 본격화될 경우 모빌리티는 지구라는 행성의 경계까지도 초월하게 될 것이다. 이 점에서 오늘날은 모빌리티 테크놀로지가 인간의 삶을 위한 단순한 조건이나 수단이 아닌 인간의 또 다른 본성이 된 시대, 즉 고-모빌리티high-mobilities 시대라고 말할 수 있다. 말하자면, 인간과 테크놀로지의 상호보완적·상호구성적 공-진화가 고도화된 시대인 것이다.

고-모빌리티 시대를 사유하기 위해서는 우선 과거 '영토'와 '정주' 중심 사유의 극복이 필요하다. 지난 시기 글로컬화, 탈중심화, 혼종화, 탈영토화, 액체화에 대한 주장은 글로벌과 로컬, 중심과 주변, 동질성과 이질성, 질서와 혼돈 같은 이분법에 기초한 영토주의 또는 정주주의 패러다임을 극복하려는 중요한 시도였다. 하지만 그 역시 모빌리티 테크놀로지의 의의를 적극적으로 사유하지 못했다는 점에서, 그와 동시에 모빌리티 테크놀로지를 단순한 수단으로 간주했다는 점에서 고-모빌리티 시대를 사유하는 데 한계를 지니고 있었다. 말하자면, 글로컬화, 탈중심화, 혼종화, 탈영토화, 액체화를 추동하는 실재적·물질적 행위자agency로서의 모빌리티 테크놀로지를 인문학적 사유의 대상으로서 충분히 고려하지 못했던 것이다. 게다가 첨단 웨어러블 기기에 의한 인간의 능력 향상과 인간과 기계의 경계 소멸을 추구하는 포스트-휴먼 프로젝트, 또한 사물 인터넷과 사이버 물리 시스템 같은 첨단 모빌리티 테크놀로지에 기초한 스마트 도시 건설은 오늘날 모빌리티 테크놀로지를 인간과 사회, 심지어는 자연의 본질적 요소로 만들고 있다. 이를 사유하기 위해서는 인문학 패러다임의 근본적 전환이 필요하다.

그러므로 모빌리티인문학은 '모빌리티' 개념으로 '영토'와 '정주'를 대체하는 동시에 인간과 모빌리티 테크놀로지의 공-진화라는 관점에서 미래세계를 설계하기 위한 사유 패러다임을 정립한다.

❬ 모빌리티에 대한 인문학적 사유 ❭
2부

머리말

모빌리티 사상이란 무엇인가

_ 김태희

《모빌리티 사유의 전개》는 모빌리티를 사유하는 동서양의 사상과 인문학적 사유를 담은 여러 연구들을 소개하고 있다. 모빌리티 사상은 모빌리티를 중심으로 두고 인간과 세계를 사유하는 동서양의 여러 철학 및 사상들을 지칭한다. 이러한 모빌리티 사상에 대한 탐구는 모빌리티 패러다임의 하나의 중요한 기초가 될 수 있기에, 우리는 과거의 다양한 모빌리티 사상을 발굴하고 나아가 새로운 모빌리티 사상을 정립하고자 노력할 것이며, 이 총서는 이러한 노력의 일환이라고 할 수 있다.

모빌리티 사상은 다양한 방향으로 전개될 수 있는데, 여기에서는 존재론·인식론·윤리학·사회철학·기술철학 등의 사례를 들어 서술하고자 한다. 가령 모빌리티 존재론은 모빌리티 관점에서 모든 유형의 존재자를 연구한다. 동서양 사상사는 임모빌리티(정주·정지·고정·존재·불변·실체)를 존재자의 본질로 보고 모빌리티(이동·운동·유동·생성·변화·관계)는 한낱 예외로 보는 입장을 주로 취해 왔다고 할 수 있다. 그러나 고대의 헤라클레이토스, 도가, 불교처럼 존재자의 본질을 모빌리티로 보는 유구한 사상적 전통이 존재했으며, 니체,

베르그송, 화이트헤드, 들뢰즈, 데리다 등의 현대철학자들은 전통적 존재론에 도전하면서 새로운 존재론을 전개했다. 이러한 존재론들은 오히려 모빌리티를 보편적 현상으로, 임모빌리티를 예외적 현상으로 파악함으로써 전통적 존재론을 전복하는데, 모빌리티 존재론을 모색하기 위해서는 이러한 과거의 사상사를 검토하면서 이로부터 이론적 자원을 끌어오기를 모색해야 한다.

나아가 모빌리티 인식론은 인식의 본질을 모빌리티 관점에서 탐구한다. 현대의 모빌리티 고도화는 인간의 지각·인지·지식·감성·가치·행위에 심원한 변화를 야기했다. 이제 이러한 변화에 이론적으로 부응하기 위하여, 인식의 본질을 고정적 인식 주체와 인식 대상의 관계로 보는 정태적 관점이 아니라, 운동하는 주체와 대상의 관계로 보는 동역학적 관점을 채택해야 한다. 이를 위해서는 인식에 있어서 신체의 운동이 지닌 결정적 역할에 주목하는 현상학이나 인지과학에 주목할 필요가 있다. 가령 현상학에서는 우리의 인식이 가능한 것을 우리가 이른바 감각-운동 연관에 통달하고 있기 때문이라고 분석한다. 다시 말해 우리의 신체 움직임에 따라 그때그때 감각과 지각이 달라짐에 대한 암묵적 지식을 유아기부터 축적해 왔기 때문에 감각과 지각이 가능하고, 이에 기초한 모든 인식이 가능한 것이다. 최근 인지과학에서는 이러한 현상학의 분석을 토대로 우리의 지각이 바로 신체의 이러한 모빌리티에 기초함을 정밀한 과학적 실험을 통해 입증하고 있다.

한편, 모빌리티 윤리학은 모빌리티 시대 사회 및 공동체의 의미·본질과 구성·질서를 연구하고 대안적 질서를 모색한다. 가령 하나의 중요한 개념이 환대라고 할 수 있다. 고도 모빌리티 시대는 인종과 문화의 이질적인 요소들이 혼합된 이른바 혼종의 시대이기 때문이다. 2016년 국내 체류 외국인은 2백만 명을 돌파했고, 2021년 3백만 명으로 전망되는데 이는 한국 전체 인구의 5.82퍼센트에 달한다. 이러한 디아스포라의 문제, 특히 난민 문제 등은 향후 우리 사회에서 예측하기 어려운 결과를 낳는 일종의 뇌관이 될 것임이 분명해졌다. 환대는 이러한 현상에 대한 규범적 개념으로서, 타자에 대해 어떻게, 어느 정도까지 받아들일 수 있는가의 문제이다. 절대적이고 무조건적인 환대가 가능할 것인가, 아니면 환대는 어떠한 범위와 조건 하에서만 가능한 것인가? 수많은 현대철학자들이 제기한 이런 논쟁적 물음은 모빌리티인문학의 틀 안에서 다시 제기되어야 한다.

모빌리티 사회철학은 가령 모빌리티 평등과 권리를 중요한 연구 주제로 삼는다. 우리나라의 해외여행객 수는 2008년 1,200만 명이었지만, 2017년에는 자그마치 2,650만 명으로 약 10년 간 두 배 이상 증가했다. 그러나 해외여행자가 급증하는 현상을 들어 모빌리티 극대화가 인간의 자유를 가능하게 한다고 말할 수 있을 것인가? 오히려 모빌리티는 매우 불평등하게 일어나는 현상이 아닌가? 이주노동자의 모빌리티와 국제금융자본가의 모빌리티를 동등한 것으로 볼 수 있겠는가?

모빌리티 권리의 문제를 가령 직주불일치spatial mismatch와 이로 인한 통근의 맥락에서 바라볼 수 있다. 다수 연구들에서는 직주불일치로 인해 저소득층, 여성, 소수인종이 통근을 위해 더 긴 시간, 더 먼 거리를 이동한다는 사실을 밝힌 바 있다. 직주불일치는 도시에서 발생하는 공간적 불평등 현상인 것이다. 따라서 고용 기회와 격리된 취약계층이 결국 일자리를 찾아 장거리 통근을 선택하는 과정은, 취약계층의 낮은 모빌리티와 공간적 불평등으로도 설명할 수 있다. 이러한 논의는 모빌리티와 관련한 불평등과 권리라는 이슈를 제기하는 것이다.

한편, 모빌리티 기술철학은 모빌리티 시대를 규정하는 모빌리티 테크놀로지에 대한 철학적 성찰이다. 모빌리티 기술철학은 테크놀로지를 단순한 도구로 파악하는 전통적 입장에서 벗어나 인간과 테크놀로지가 공진화coevolution하는 현상에 초점을 맞춘다.

가령, 현대의 모빌리티를 상징하는 테크놀로지인 휴대폰을 예로 들 수 있다. 전 세계 휴대폰 가입자 수는 2017년 총 73억 명으로, 전 세계 인구 72억9,500만 명을 처음으로 넘어섰다. 같은 해 한국의 전체 휴대폰 가입자 수도 6천만 명을 넘어 전체 인구 수를 넘어섰다. 국민 1명당 1.175개의 휴대폰을 갖고 있는 것이다. 현대인이 이른바 호모 모빌리쿠스로서 모빌리티 테크놀로지에 얼마나 의존하게 되었는지는 시리아 난민들의 사례에서 잘 나타난다. 시리아 내전으로 인해 유럽으로 탈주하는 난민들조차 서로 연락을 취하기 위해 스마트폰으로 SNS를 활용하고 길을 찾기 위해 스마트폰 지도와 GPS 등에 의존했다는 것이다. 그러나 이는 반드시 긍정적인 현상인가? 독일 정부는 난민들의 테러리즘 연루 여부를 확인하기 위해 이들의 스마트폰 검색 기록이나 SNS 활동 등을 검색했다. 이들 난민들이 신원확인 서류가 없는 경우도 있고 지문 정보도 마땅치 않기 때문이다. 이러한 현상은 모빌리티 테크놀로지가 감시와 규제의 수단으로 활용될 수도 있음을 잘 보여 준다. 모빌리티 기술철학은 모빌리티 테크놀로지의 급격한 발전이 야기할 결과에 대한 막연한 낙관주의와 비관주의의 양 극단을 극복하고, 모빌리티 테크놀로지를 바람직한 방향으로 이끌어 가기 위한 방향성을 탐구해야 한다.

이처럼 모빌리티 철학사상은 다양한 연구 방향과 폭넓은 연구 주제들을 지니고 있다. 그러나 여기에서 모빌리티 철학사상이 경계하고 유의할 점들이 없지 않다. 모빌리티 철학사상은 이른바 정주주의를 극복해야 하지만, 나아가 새로운 이항대립에 빠지는 것을 경계해야 한다. 정지와 운동, 정착과 이주, 경계와 탈경계 등을 절대적으로 대립시키고 이 중에서 어느 한쪽을 우월하게 보는 '위계적 이분법'은 그것이 정주주의든 유목주의든 간에, 구체적 현실을 분석하는 데 오히려 질곡으로 작용할 수 있기 때문이다. 나아가 단순히 모빌리티가 보편적 현상이라는 주장만으로는 현대사회에서 모빌리티의 고도화를 이론적으로 포착하기 어렵다. 따라서 모빌리티 철학사상은 모빌리티의 보편성을 포착하면서도, 다양한 모빌리티마다 독특한 질·의미·속도를 지님을 포착해야 한다.

이처럼 정주주의를 극복하면서도 새로운 이분법의 함정에 빠져들지 않기 위하여, 그리고 모빌리티의 보편성을 포착하면서도 다양한 모빌리티들의 독특성을 포착하기 위하여, 추상적인 모빌리티 철학사상을 모빌리티 테크놀로지 발전과 현대사회의 고도 모빌리티라는 구체적 현실과 끊임없이 연관시키는 작업이 필요할 것이다.

이러한 문제의식을 담은 《모빌리티 사유의 전개》는 크게 세 가지 과제에 주목하고 있다. 정주주의 비판, 인문학적 사유의 필요성 제시, 모빌리티 사상의 토대가 되는 동서양 사상 발굴이 그것이다.

우선 이 책은 고도 모빌리티 시대에 있어서 정주주의 사상의 한계와 문제를 지적한다. 고도 모빌리티 혹은 유목의 시대라 불리는 오늘날, 정지를 근원적인 것으로, 운동을 파생적인 것으로 보는 전통적인 존재론적 입장은 더 이상 유효하지 않다. 정지·불변·존재·실체가 기본 상태이고 운동·변화·생성·관계는 이로부터의 '이탈'이나 '예외'로 보는 정태적 관점은 고도 모빌리티를 근간으로 하는 현대사회를 파악하는 데 한계를 지닌다. 나아가 정주주의 사유는 오늘날 모빌리티가 야기하는 계층적 서열화 및 불평등과 같은 문제에 둔감하다. 이 책은 1부에서 정주주의 사상의 이러한 문제들에 대해 진단하는 글들을 싣고 있다.

이러한 정주주의 비판을 토대로 하여 사회과학적 모빌리티 연구를 검토하고 인문학적 사유의 필요성을 제시하는 것이 두 번째 과제이다. 이를 위해 2부에서는 사회과학 영역에서 모빌리티 패러다임이라는 이름으로 진행되어 온 연구들과 인문학적 사유가 만날 수 있는 접점은 무엇인지를 검토하고자 한다.

세 번째 과제는 모빌리티의 인문학적 토대 구축을 위한 동서양 사상 연구이다. 모빌리티인문학의 근간이 될 수 있는 사상적 자원을 발굴하기 위해 동서양 사상사에 있어서 중요한 이론과 개념을 검토하는 것이 3부에서의 이러한 작업이다.

◆　◆　◆

1부에는 정주주의 비판에 초점을 맞춘 세 편의 글이 포함되어 있다.

우선 이상봉의 〈모빌리티의 공간정치학: 장소의 재인식과 사회관계의 재구성〉은 모빌리티 사유의 지형도를 전체적으로 그려 보여 주고 있다. 이 글은 '모빌리티 패러다임'이 지니는 의미를 설명하면서, 모빌리티 증대가 사회 및 삶에 미치는 거대한 영향에 대해 서술한다. 이 글이 지니는 미덕은 여기서 한 걸음 더 들어가서 모빌리티가 특히 '장소'에 미치는 영향에 초점을 맞추고 이러한 분석을 통해 모빌리티에 토대를 두는 대안적 사회 구성을 겨냥한다는 데 있다.

이 글은 특히 하이데거의 '거주' 개념에 깊은 연관을 맺고 있는 정주주의 사고에 대해 비판적으로 고찰한다. 정주주의가 특정 장소에 뿌리내리는 방식을 중시한다면, 모빌리티 급증은 이에 대해 심각한 도전을 제기하기 때문이다. 정주주의 역시 모빌리티를 인정하고 다루지만 이를 정주와의 관계에서 드러나는 부차적인 것으로 다루기 때문에, 보편화된 모빌리티를 설명하는 데 서투를 수밖에 없다. 특히 정주주의는 경계를 중시하므로, 근대적 국민국가를 중심으로 하는 배타적, 폐쇄적, 동질적 공간 인식의 기초가 된다.

따라서 정주주의에 문제를 제기하는 유목주의의 등장은 자연스러운 귀결이다. 유목주의는 정주와 이동 가운데 이동을 더 본질적인 것으로 보면서, 이러한 경계를 해체하고자 한다. 인간의 정주는 끊임없는 이동의 과정에서 나타나는 일시적 현상이다. 그러나 유목주의는 정주주의가 강조하는 장소를 이동과 무관한 것으로 보지는 않는다. 이동은 장소를 전제로 하여 특정 장소와 장소를 연결하는 것이라고 보아 양자가 불가분의 관계에 있다고 이해하는 것이다. 여기에서 주목할 점은 모빌리티 사유가 정주냐 이동이냐의 이항대립을 극복하는 이 글의 제안이다. 그것은 "이동이 야기하는 정주의 의미 변화라는 양자의 변증법적 관계"에 주목한다는 것이다.

이상봉은 모빌리티 패러다임으로 인한 장소의 재구성을 장소의 공간에서 흐름의 공간으로, 뿌리내림의 장소에서 이동하는 장소로, 장소의 상실에서 장소의 확장으로 나아가는 것으로 분석한다. 그리고 모빌리티 패러다임으로 인한 사회관계의 재구성을 모빌리티와 사회적 불평등의 문제, '관계성' 개념, '네트워크 자본' 개념으로 나누어 살펴본다. 특히 네트워크 자본이 자본의 논리에서뿐 아니라 '인간의 논리'에서도 형성될 수 있으며 형성되어야 함을 역설하는 이 글은, 이후 모빌리티의 대안적 네트워크 자본 형성을 위한 하나의 이론적 지침으로 작용할 것이다.

정주주의 비판은 김재인의 〈매끈한 공간 대 홈 파인 공간: 전쟁기계, 또는 공간을 어떻게 구성할 것인가?〉에서는 정주주의의 공간 개념, 즉 '홈 파인 공간'에 대한 비판으로 이어진다. 이 글은 유목주의와 정주주의의 공간 개념화를 대비하면서 모빌리티 패러다임에서 공간이 이동의 공간으로 재개념화됨을 주장한다. 이러한 재개념화를 위한 중요한 사상적 자원이 바로 들뢰즈의 '매끄러운 공간'인 것이다. 물론 홈 파인 공간과 매끄러운 공간의 대비에 있어 유념할 점은 이러한 구별이 권리상 본성의 차이지만 사실상의 혼합을 허용한다는 것이다. 이러한 점을 유념하면서, 김재인은 들뢰즈와 과타리의 해당 논의를 설명하기 위해 장기와 바둑의 차이를 사례로 들고 있다.

들뢰즈와 과타리는 장기와 바둑을 세 가지 관점, 즉 말들의 특성, 말들의 관계, 공간이라는 관점에서 비교한다. 이 중에서 우리의 논의와 관련하여 가장 주목할 점은 바로 공간의 차이이다. 장기의 공간은 닫힌 공간인 반면 바둑의 공간은 열린 공간이다. 따라서 바둑은 이 "열린 공간에 분배되어 공간을 확보하고 그 어떤 지점에서도 출현할 수 있는 가능성을 유지하는 것"이 관건이다. 이처럼 공간의 성격이 다르기 때문에 그 안에서 일어나는 운동도 완전히 다르다. 장기의 공간에서 말은 한 점에서 다른 점으로 순차적으로 이동한다. 반면 바둑의 공간에서 운동은 목적도 목적지도, 출발점도 도착점도 없이 "끝없이 생성"한다. 장기의 공간에서 일어나는 운동이 정태적이라고 여겨지는 것은, 바둑의 공간에서 판 전체가 새롭게 출현하는 끝없는 생성의 운동과 비교될 때이다.

들뢰즈와 과타리가 홈 파인 공간을 '국가' 또는 '폴리스'라 지칭하고 매끈한 공간을 '노모스'라 지칭한다는 점은 현대사회의 공간과 운동을 이해하는 데 주목할 만한 단서를 준다. 특히 '노모스'는 다시 '유목(노마드)'과 연결된다는 점에 유의해야 한다. 노모스에는 일차적으로 '분배'라는 관념이 들어 있는데, 이는 한정되지 않은 공간에 짐승들을 분배하는 일로서 이로부터 노마드가 등장하는 것이다. 여기에서 중요한 것은, 이처럼 한정된 공간은 미리 존재하는 공간이 아니라 만들어 가고 창조해 가는 공간으로서 바로 매끈한 공간을 지칭한다는 것이다.

이러한 유목민들이 발명한 것이 "자기가 구성하고 차지하고 전파할 아주 특별한 공간, 즉 매끈한 공간"을 목표로 삼는 전쟁기계이다. 유목이란 바로 전쟁기계와 매끈한 공간의 조합이다. 김재인의 글은 홈 파인 공간 또는 혼합된 공간을 매끈한 공간으로 변화시킨다는 것이 어떻게 가능하며 어떠한 의미를 지니는지 질문한다. 특히 자본은 예술가나 실험가가 창출한 매끈한 공간으로 침투하여 다시 홈 파인 공간을 만든다. 그렇다면 매끄러운 공간 만들기는 결국 자본의 논리, 신자유주의의 논리를 뒷받침하는 이론이 아닌가? 이러한 심각한 질문은 아마도 모빌리티인문학이 새로운 패러다임 안에서 향후 끊임없이 고민해야 하는 질문이 아닐까?

구체적인 공간, 즉 고도 모빌리티 시대의 독특한 장소 중 하나인 공항 공간을 사례로 들어 정주주의 비판을 수행하는 강혁의 〈테크놀로지와 새로운 거주 양식〉은 모빌리티 철학사상이 구체적 현실과 어떻게 결합할 수 있는지를 잘 보여 준다. 이 글 역시 '거주'의 문제를 다루되, 고도 모빌리티 사회에서 모빌리티 테크놀로지 발달로 인하여 거주 양식이 어떠한 변화를 겪고 있는지에 주목한다. 특히 테크놀로지가 내부성, 장소, 경계 등을 소거하고 해체함에 따라 전 지구적 유동성이 보편화되고 있는 상황에서 전통적인 의미의 거주의 운명은 어떻게 될 것인가에 착목한다.

먼저 이 글은 공항에서의 '거주'에 대해 탐구하고자 두 편의 영화에 대해 성찰한다. 두 영화의 주인공은 모두 고도 모빌리티의 상징이자 '비-장소'로서의 공항 공간과 관계 맺지만, 이들이 이 공간과 맺는 관계는 균등하지 않다. 그리고 이는 모빌리티 사회의 중요한 문제 중 하나인 모빌리티 권리의 문제를 제기한다.

그렇다면 고도 모빌리티 시대에 공항으로 대표되는 이른바 비-장소는 과연 어떠한 공간인가? 비-장소에서의 거주는 가능한가? 이 글에서는 공항이 점차 유목적 거주의 공간으로 변해 가는 현상을 분석하면서, 이러한 유목적 거주가 고도 모빌리티 시대의 보편적 거주 양식이 되어 가고 있다는 진단을 내놓는다. 이러한 맥락에서 이른바 정주의 철학자 하이데거가 근대의 집 없음에 대해 비판적으로 사유한 데 대해, 유목적 거주를 모빌리티 시대 근대인의 실존적 상황으로 받아들일 가능성을 모색하는 것이다.

이 대목에서 이 글은 "불가피한 삶의 양식"으로서의 유목과 "실존적 결단"으로서의 유목을 구분할 것을 제안한다. 전자의 유목은 이 글 첫머리에서 제기한 모빌리티 권리 문제와 곧바로 연결되는데, 특히 하층민 노마드들은 일종의 비자발적 이동으로 강제되기 때문이다. 이에 비해 후자는 고도 모빌리티 사회에서 유목이 "불가피한 삶의 양식"임을 인정하는 동시에 이를 경계를 뛰어넘어 새로운 삶과 사유의 가능성을 추구하는 긍정적 계기로 전화시킨다. 이 글의 이러한 주장은 고도 모빌리티 시대 삶의 양태에 대한 중대한 논점을 제기한다. 우리가 이 논쟁적 주장에 대해 어떠한 태도를 취하는지를 막론하고, 이러한 "새로운 방식의 거주하기"는 모빌리티 시대의 화두로 남을 것이며, 이에 대한 인문학적 성찰은 고도 모빌리티가 인간의 삶에 있어 지니는 의미와 가치를 직접적으로 겨냥하고 있기 때문이다.

◆ ◆ ◆

　1부의 정주주의 비판을 이론적 배경으로 하여 우리는 2부의 모빌리티에 대한 인문학적 사유로 넘어간다.

　도승연의 〈푸코의 '문제화' 방식으로 스마트시티를 사유하기〉에서는 최근 화두가 되고 있는 스마트시티에 대한 인문학적 성찰을 시도한다. 스마트시티는 모빌리티 고도화로 인한 도시 공간의 변혁이 정점에 이르는 하나의 전망으로 작동하고 있다. 인간들과 기술적 존재자들을 비롯한, 도시 공간의 모든 행위자들의 정보가 디지털화되고 하나의 네트워크로 연결되는 스마트시티는 전 세계 선진 국가와 도시들이 앞 다투어 지향하는 하나의 이상향으로 묘사되어 왔다.

　스마트시티에 대한 장밋빛 전망만 무성한 이때, 도승연의 글은 철학적·인문학적 관점에서 이러한 기술낙관론에 중요한 문제를 제기한다는 점에서 인문학의 본령에 맞닿아 있다고 하겠다. 그리고 이러한 문제 제기를 위해 활용하는 이론적 도구가 바로 푸코의 '문제화'이다. 도승연에 따르면 문제화는 특정 사건이나 개념이 특정 시대와 조건 아래 "어떻게 질문, 분석되고, 분류되고, 통제되는가"를 검토하는 것이다. 그렇다면 스마트시티의 문제화는 스마트시티가 고도 모빌리티 시대에 어떻게 질문·분석·분류·통제되는가를 질문하는 것이다. 이는 다시 말해, 스마트시티를 단지 기술적 차원의 문제가 아니라 사회적 차원의 문제로 접근하는 동시에, 이것이 어떠한 맥락에서 현재와 같은 방식으로 대두되었는가라는 역사적 차원의 문제로 접근하여, 궁극적으로 신자유주의 통치성과 스마트시티의 복합적 관계에 주목하는 것이다.

　이러한 스마트시티의 문제화를 위해 도승연은 스마트시티 담론의 대상, 개념, 주체, 전략을 고찰한다. 이 중에서 특히 스마트시티 담론의 주체 문제에 주목할 때, 우리는 거대 자본들의 새로운 시장 개척이라는 측면에서 여기에 접근할 수 있게 된다. 결국 스마트시티 담론은 자본과 그 요구에 부응하는 국가의 공조를 통해 이루어지고 있다는 것이다. 이 문제는 스마트시티의 전략에서 보다 분명하게 드러난다. 여기에서 이 글은 자본의 목표와 정부의 목표를 구분함으로써 보다 섬세한 분석을 수행한다. 자본의 목표가 자본집약적 기술을 도시적 차원에서 적용함으로써 수익을 창출하려는 것이라면, 국가의 목표는 도시의 순환과 안전을 관리하는 통치의 기능을 수행하려는 것이다. 이처럼 자본과 국가의 목표가 스마트시티에서 일치함에 따라 스마트시티는 신자유주의적 통치성의 수단, 목표, 효과가 되는 것이다.

도승연은 푸코의 통치성 이론을 스마트시티에 적용함에 있어 특히 빅데이터, 에브리웨어, 바이오메트릭스 등의 핵심 기술에 주목하고 이들을 통해 전자감시사회가 도래할 가능성을 지적한다. 이는 모빌리티 패러다임을 주창한 존 어리가 《모빌리티》에서 미래의 자동차 사회에 대해 내놓은 불길한 전망과 일치한다. 스마트시티의 주요 구성 요소인 모빌리티 시스템들이 도시의 여러 위험 요인을 관리하고 나아가 지구적 차원의 온난화 문제를 해결하기 위해 모든 모빌리티 시스템들이 초연결되는 네트워크를 이루고자 하지만, 이것은 동전의 양면과 같이 디지털 판옵티콘으로 귀결될 수 있는 것이다.

도승연의 글이 끝나는 지점, 즉 "스마트시티와의 거리 두기"에서 모빌리티인문학의 성찰은 시작해야 할 것이다. 즉, 모빌리티인문학은 기술에 대한 낙관론과 비관론의 양자택일을 넘어, 모빌리티 고도화의 궁극적 형태 중 하나인 스마트시티가 가져올 새로운 삶의 형태와 새로운 사회관계에 대해 선제적으로 성찰하고 그 토대 위에서 스마트시티 담론을 견인하여야 하는 것이다.

김진택의 〈공간화의 새로운 모색: 모바일 아키텍처를 중심으로〉는 모빌리티 시대 새로운 공간화에 대해 사유한다. "사물들의 물리적 이동과 정보의 가상적 이동이 극대화되면서 나타나는 현대의 유목성"을 성찰하는 이 글은 특히 하이데거의 공간화 개념과 들뢰즈의 영토화 개념을 직접적으로 대비하면서, 이러한 추상적인 철학적 개념들을 모바일 아키텍처라는 구체적 사례를 들어 해설한다.

여기에서 특기할 점은, 이 글이 하이데거와 들뢰즈를 각각 정주의 철학자와 유목의 철학자로 대립시키는 데 그치는 것이 아니라, 하이데거의 공간에 대한 사유가 들뢰즈의 영토에 대한 사유의 동인으로 작동하는 지점을 섬세하게 포착한다는 데 있다. 여기에서 우리는 정주와 유목이 "이분법적 이항 개념"을 넘어 서로 긴밀하게 상호침투하는 방식을 이해하게 된다. 모빌리티 테크놀로지의 발달과 모빌리티 고도화로 인해 단순히 정주가 유목으로 변화했다기보다는 "정주의 삶 속에 유목적 삶이 내재화되고 유목적 삶 속에 거주의 삶이 조건화"되었기 때문이다.

이러한 맥락에서 김진택은 이 글의 중심 주제인 모바일 아키텍처라는 "공간화 양식"을 "쉽게 탈영토화의 담론으로 해석"함을 경계하는 것이다. 정주와 유목의 상호침투는 이 글에서 제시하는 네 개의 모바일 아키텍처 사례에서 잘 드러나는데, 가령 머큐리 하우스는 하이데거의 공간론을 배척하지 않으면서 들뢰즈의 유목적 사유를 공간적으로 재현하고 있다. "이동시에는 수평이었던 공간이 정주의 순간에는 수직으로 전환"되는 등, 유동적이고 연속적인 공간 흐름에 의해 절대주의적 공간관을 해체하고 재구성하는 것이다.

이러한 모바일 아키텍처는 고도 모빌리티 시대의 실존적 조건을 반영하면서 그 속에서 새로운 유목적 거주의 방식을 실현하려는 노력으로 해석될 수 있을 것이다. 김진택 자신이 자문하듯이 이러한 시도들이 실용적이고 경제적인 차원에서 어느 정도 실효성을 지니는가라는 문제도 중요하고, 이러한 유목적 거주가 결국 자본의 요구에 복속되는 것이 아닌가라는 회의도 제기될 수 있다. 그럼에도 불구하고 모빌리티 시대의 새로운 거주 양식을 적극적으로 실험하려는 시도는 의미를 지닐 것이며, 이는 특히 모빌리티 철학사상을 구체적 현실에 적용하고 이를 통해 이러한 철학사상에 새로운 피드백을 제시할 수 있다는 점에서도 의미를 지닐 것이다. 이러한 맥락에서 모바일 아키텍처라는 구체적 사례를 들어 유목적 거주의 가능성을 타진하는 이 글의 의미는 깊다고 하겠다.

강진숙의 〈SNS 속도문화와 창조적 저항: 비릴리오와 키틀러의 속도와 주체에 대한 사유를 중심으로〉는 테크놀로지의 발전에 따라 모빌리티 양상이 어떻게 변화하는지를 특히 모빌리티의 가속화에 초점에 맞추어 분석하고 있다. 이 글은 이 주제를 SNS라는 사회현상으로 예각화하여 비릴리오의 질주학dromology과 키틀러의 기록장치라는 이론적 분석틀에 입각하여 고찰하고 있으며, 특히 추상적 이론들을 단지 나열하는 데 그치는 것이 아니라 질적 연구방법을 활용한 구체적 사회과학적 연구에 적용함으로써, 인문학적 사유와 사회과학적 연구를 융합하는 하나의 범례를 보여 주고 있다.

모빌리티 가속화로 인하여 공간과 시간의 경험 및 관념이 근본적으로 변화하는 것은 철도, 자동차, 전신 등의 근대 초기 모빌리티 테크놀로지 도입 시기부터 학자들의 관심을 끌어 왔다. 이러한 모빌리티 가속화는 이제 데이비드 하비가 명명한 '시공간 압축'의 현상으로 이어지고 있다. 다시 말해 모빌리티 테크놀로지 발달과 자본주의 지배로 인하여 시간은 압축되고 공간은 시간에 의해 절멸된다. 이를 '질주정'으로 개념화한 비릴리오는 공간전쟁에서 시간전쟁으로의 이행이 일어나고 있음을 지적한다. 강진숙은 여기에서 미디어를 비롯한 모빌리티 테크놀로지의 속도가 주체를 구성한다는 점을 강조한다. 가령 키틀러의 '소위 인간'이라는 표현은 근대적 인간관을 넘어 인간의 주체성이 테크놀로지에 토대를 둔 사회문화적 구성체임을 강조하고 있다.

그렇다면 이처럼 자본과 국가가 주도하는 미디어를 비롯한 모빌리티 테크놀로지의 가속화에 대해 우리는 어떠한 태도를 취해야 할 것인가? 여기에서 강진숙은 미디어의 속도에 의해 구성되는 주체가 역으로 이러한 속도를 능동적으로 조절할 가능성에 주의를 환기시킨다. 다시 말해 국가 및 자본의 권력재생산을 위해 미디어가 속도를 규제·재조직화하지만, 이러한 시간전쟁에 능동적으로 참여함을 통한 창조적 저항의 가능성도 배제할 수 없다는 것이다.

이 글은 단지 이러한 가능성을 선언적으로 표명하는 것이 아니라, SNS의 속도문화 사례를 통해 구체적으로 모색하고 있다. SNS의 속도문화의 경험, 권력관계, 저항 가능성에 대한 질적 연구를 통해, 향후 보다 심화된 연구를 위한 토대를 구축하고 있는 것이다. 우리는 비록 이 글에서 이 문제에 대해 최종적 답변을 얻지 못할지라도 이 문제를 확인하고 나아가 답변을 모색하는 다양한 방법들의 가능성을 인식할 수 있을 것이다.

• • •

　3부 '동서양의 모빌리티 사상'에서는 모빌리티인문학을 다양한 방향으로 전개하기 위한 철학적 토대로 작용할 수 있을 동서양의 사상을 검토한다.

　고도 모빌리티 시대에 대한 올바른 진단을 위해서는 그 물질적 조건인 모빌리티 테크놀로지에 주목하지 않을 수 없다. 김재희의 〈모빌리티와 기술철학: 시몽동과 스티글러〉는 최근 각광받는 기술철학자 시몽동과 스티글러를 모빌리티 패러다임 안에서 재조명하면서 이러한 논의의 초석을 마련하고 있다.

　앞서 언급한 것처럼 모빌리티가 사람·사물·정보의 이동이라는 현상을 넘어서, 그 물질적 기반으로서의 테크놀로지까지 포괄하는 개념임을 감안한다면, 모빌리티인문학은 단지 이동성의 현상뿐 아니라 그것을 가능하게 하는 모빌리티 테크놀로지가 인간과 사회에 어떠한 의미를 지니는지를 성찰해야 할 것이다. 이러한 성찰은 모빌리티 시대에 호모 모빌리쿠스와 모빌리티 테크놀로지가 상호침투하면서 공진화하는 장면을 포착해야 하는 것이다.

　바로 이러한 점에서 시몽동과 스티글러는 모빌리티인문학의 철학적 토대로 작용할 수 있는 기술철학을 전개한다. 시몽동이 자연·인간·기술적 대상이 공진화하는 기술문화 확립을 역설한다면, 스티글러는 인간의 진화 자체가 '후생계통발생적 기억'이라는 기술적 시스템에 의해 가능한 것으로 보고 있다. 이처럼 시몽동과 스티글러는 인간과 기술이 상호교착하는 과정을 제시하면서 기술적 환경을 인간의 근본 조건으로 인정하지만, 이른바 '사회적 관계의 액체화'에 있어서 개체의 파편화와 탈공동체화를 극복해야 할 문제로 진단하고 있다. 이를 극복하기 위해 시몽동과 스티글러는 개체초월적 혹은 관개체적 관계를 주장한다는 점에서 유사하지만, 시몽동이 이러한 문제 해결 역량이 기술적 대상들에 내재한다는 다소 낙관적 전망을 가지고 있다면 스티글러는 하이퍼-산업 시대의 자동화로 인한 삶의 위기를 진단하고 이를 넘어서기 위해 비판적 개입의 필요성을 주장하고 있다.

두 사상가가 제시하는 해법은 유사한 측면도 있지만, 이들이 처한 시대적 상황에 따라 다소 차이를 보이기도 한다. 그러나 두 사상가의 유사성과 차이를 확인하는 것보다 우리에게 중요한 것은 이러한 해법들을 '지금 여기'의 구체적 현실 속에서 실험하고 실현하는 것일 것이다. 따라서 모빌리티인문학의 기술철학은 이러한 사상들을 '지금 여기' 모빌리티 테크놀로지의 문제와 접목하여 그 타당성을 검증하는 데에서 시작해야 할 것이다.

이명수의 〈최한기의 존재와 인식에 관한 패러다임의 전환〉은 한국철학에 나타난 모빌리티 사상의 원류를 찾고자 한다. 사물의 본질을 정지로 보는 형이상학에 대한 비판이 최한기의 사상에서는 사물의 본질을 운동으로 보는 기철학으로 나타나는 것이다.

이런 입장에서는 이理 역시 고정된 하나의 이치라기보다는 활동운화하는 기氣의 차이에 따라 무궁한 차이로 나타날 수 있다. 따라서 당대 성리학에 대한 비판으로서 최한기의 사상은 사물의 질서를 정태적으로 보는 국가의 이데올로기에서 벗어나기를 추구한다는 점에서 비판적 함의를 지닌다. 따라서 이명수는 이러한 "패러다임의 전환"이 도저한 근대적 사유를 제시한다고 지적한다.

나아가 이러한 기의 운화運化는 존재론적 원리일 뿐 아니라 인식론적 원리이기도 하다. 다시 말해 통通은 사물의 존재론적 운동성인 동시에 인간과 대상의 인식론적 소통이기도 하다. 이러한 인식론적 관점에서 모든 인식의 근본은 타고난 선험적 앎이 아니라 경험에 기초한 '추측'이라는 귀납적 방법이다. 따라서 인식론적 관점에서도 불변하고 고정된 하나의 '이'에 기초한 선험적 인식론에서 벗어나 존재의 운동성, 다양성, 상대성, 혼종성에 상응하는 인식의 운동성, 다양성, 상대성, 혼종성을 주장할 수 있다. 이는 존재의 법칙으로서 물질의 현실적 운동을 곧 인식의 법칙으로 삼는다는 점에서 존재론과 인식론을 일이관지하는 탁월한 모빌리티 사상이라고 할 수 있다.

모빌리티인문학이 이른바 '모빌리티 전환'에 기초한 새로운 모빌리티 패러다임에 기초한다면, 최한기의 새로운 패러다임을 참조할 만하다. 최한기가 "매우 다양하고 복잡하게 역동성을 요구하는 '근대전환기'의 상황"에서 이러한 패러다임 전환을 사상적으로 전개했다면, 지금도 이것이 유효할 것인가? 고도 모빌리티 시대인 후기 근대에 있어서 "운화의 기가 만물과 만사의 근원"이라는 이러한 모빌리티 사상은 중요한 사상적 자원으로 활용할 수 있을 것이며, 따라서 이러한 동양적 사유를 가장 현대적인 맥락에서 재해석하고 재정립하는 것은 모빌리티인문학의 과제일 것이다.

박일준의 〈화이트헤드의 사건적 존재론: 트랜스휴머니즘 시대의 사이-존재로서 새로운 인간 이해〉에서도 사유의 새로운 패러다임이 논의되고 있다. 이 글은 트랜스휴머니즘이라는 키워드를 가지고 개체적이고 원자적인 인간 이해를 넘어 '사건적 존재' 혹은 '사이-존재'로서의 인간 이해로 나아갈 것을 주장하는데, 이는 모빌리티인문학에서 주목하는 호모 모빌리쿠스와 모빌리티 테크놀로지의 공진화에 중요한 단서를 제공한다.

고도 모빌리티 사회는 이미 지역과 국가의 경계를 넘어서 구축된 네트워크로 이루어져 있으며, 이는 "자연과 인간, 문화와 자연, 정신과 자연, 이성과 감정 등의 근대적 이분법"마저 무너뜨리고 있다. 박일준은 라투르의 '행위자-연결망 이론actor-network theory'을 들어 이러한 이분법을 넘어서는 혼종적 집단체에 주목할 것을 촉구한다. 이는 바로 화이트헤드의 "자연의 이분화" 비판과 맥을 같이 한다. 화이트헤드는 이러한 비판을 "잘못 놓여진 구체성의 오류"로서 더욱 구체화하는데, 추상적인 것을 구체적인 것으로 잘못 놓는 이러한 오류는 바로 추상적 위치 개념에 입각하여 특정 사물을 그 과거와 미래라는 맥락으로부터 분리하여 "단순 정위"하는 것이다. 왜냐하면 구체자로서의 만유는 끊임없이 흐르고 변화하는 것이지 특정 시간과 공간에 고정되는 것이 아니기 때문이다. 이처럼 모든 존재가 실체라기보다 사건이고 과정이며 따라서 일종의 '사이-존재'이다.

화이트헤드의 이러한 형이상학적 성찰은 모빌리티인문학에 어떠한 함의를 지니는가? 이는 화이트헤드의 사건적 존재론을 트랜스휴머니즘과 연결하는 박일준의 독창적 해석으로부터 단서를 얻을 수 있다. 특히 스마트폰의 보급과 SNS를 통해 인간은 물리적 시공간을 넘어 타자들과 연결된다. 이러한 가상공간은 그 자체가 생생한 삶의 공간이면서 우리 존재의 연장이다. 이는 일종의 인공보철물로서의 테크놀로지를 통해 인간이 '인간 이상'의 존재로 변화한다는 트랜스휴머니즘의 사유와 맞닿아 있다. 그리고 이러한 분석은 바로 현실적 존재는 네트워크적 존재이며 바로 이러한 네트워크를 통해 인과율을 넘어 새로운 것을 도래하게 하는 '사건'이라는 화이트헤드의 존재론과 결부되는 것이다.

모빌리티 테크놀로지가 인간의 활동을 시공간에 있어 확장하는 도구에 그치는 것이 아니라 바로 인간과 공진화하면서 인간 자체의 본질을 새롭게 구성할 수 있다면, 이러한 현상을 분석하기 위한 사상적 프레임으로 화이트헤드의 사건적 존재론은 매력적이다. 이러한 형이상학적 패러다임 전환이 고도 모빌리티 시대 인간의 삶과 사회에 대한 분석과 구체적으로 어떻게 결합될 수 있을 것인지는 이후 모빌리티인문학이 깊이 성찰할 문제이다.

이른바 인문학의 위기에 대한 여러 진단과 전망들이 있었지만, 그중 중요한 것은 한국의 인문학이 서구 인문학의 이론들을 소개하는 데 그칠 뿐 이를 한국 사회에 적용하려는 노력을 게을리했다거나, 이러한 노력을 했더라도 그 이론들을 주체적이고 선별적으로 받아들여 한국 사회의 현실과 대조하고 이를 통해 새롭고 창조적인 이론으로 전화시키지 못했다는 것이다.

우리는 모빌리티인문학이 인문학에 대한 이러한 비판을 극복하기 바란다. 모빌리티인문학의 과제는 전 세계 어느 국가와 사회에 못지않게 고도 모빌리티 사회인 바로 이곳에서 인문학적 사유를 하는 것이고, 이를 통해 모빌리티 패러다임을 단지 확인할 뿐 아니라 이를 넘어 주요한 비판적 변형을 제안하는 일일 것이다. 이 총서는 그 첫걸음이다. 이러한 취지에 동감하는 더 많은 연구자들이 모빌리티인문학 연구에 동참하기를 기대한다.

1부
정주주의 비판

모빌리티의 공간정치학:

장소의 재인식과 사회관계의 재구성

이상봉

이 글은 《대한정치학회보》 제25권 1호(2017.2)에 게재된 원고를 수정 및 보완하여 재수록한 것이다.

왜 모빌리티에 주목해야 하는가?

글로벌화의 확산과 함께 '모빌리티Mobility'[1]가 사회의 변화를 읽는 중요한 키워드로 대두하고 있다. 물론 '이동'이라는 문제는 '정주'와 함께 오래전부터 인간 삶이나 사회현상을 설명하는 중요한 요소로 여겨졌으며, 모빌리티 또한 오랜 시간을 거치면서 점차 발전해 왔다는 점에서 모빌리티의 증대가 최근에 갑자기 나타난 새로운 현상은 아니다. 하지만 전자·정보통신기술의 발달에 힘입은 최근의 모빌리티 증대는 이전의 그것과는 맥락과 차원을 달리한다는 점에서 새삼 주목을 끌고 있다. 즉, 모빌리티 증대가 사회 변화나 기술 발전의 단순한 결과가 아니라, 그러한 변화를 이끌고 또 성격 지우는 중요한 요인이 되고 있다는 점에서, 이에 대한 정확한 이해 없이는 사회 변화를 제대로 읽기 힘들다는 주장이 힘을 얻고 있다.

모빌리티에 주목하여 사회현상을 보는 새로운 관점, 이른바 '모빌리티 패러다임mobility paradigm'이란 사회공간의 안팎을 넘나드는 다양한 이동에 주목하여, 우선 '모빌리티'가 가진 특성을 파악하고, 이를 통해 그 속에 내재한 다양한 정치적 관계들을 해석하며, 나아가 이러한 모빌리티가 생산·재생산하는 사회관계를 전망하고자 하는 새로운 분석 틀이라고 할 수 있다. 특히 인간 삶에 있어서의 정주와 장소 정체성의 의미에 천착해 온 로컬리티 연구의 관점에서 보면, 모빌리

---

[1] 'Mobility'는 이동성으로 번역되기도 한다. 하지만 '이동성'이라는 말은 이미 고착화된 용례가 있는 데다 학문적 개념어로서의 Mobility가 갖는 다양한 의미를 나타내는 데는 한계가 있다. 따라서 이 글에서는 '모빌리티'라는 영어 발음의 용어를 사용한다. 존 어리의 저서 《Mobility》의 번역서가 《모빌리티》로 소개되어 있는 점도 참고하였다.

티의 증대가 야기한 최근의 변화는 기존의 인식들에 대한 중대한 도전으로 여겨질 수 있다. 나중에 다시 살펴보겠지만, 여기서 말하는 모빌리티는 단순히 물리적 이동이나 이주 그 자체만을 의미하는 것이 아니라, 그것을 통해 생겨나는 다양한 관계들의 의미와 실천을 포함하고 있다. 따라서 모빌리티 연구는 공간의 이동이나 이주와 관련된 정치와 권력에 관한 연구, 즉 공간정치학의 개입을 필요로 한다.

이러한 문제 제기와 시각을 바탕으로, 이 글에서는 모빌리티의 급격한 증대가 사회공간과 사회관계의 재구성에 미치는 영향을 장소의 의미 변화와 관련시켜 분석하고자 한다. 일반적으로 모빌리티 증대가 인간 삶에 미칠 영향에 대해서는 비관적 전망이 적지 않으며, 특히 로컬 공간의 관점에서는 더욱 그러하다. 하지만 이러한 비관적 우려가 커지는 만큼 역설적으로 로컬의 장소에 기반한 대항논리나 운동도 점차 그 의미를 더해 가고 있다.

그렇다면, 모빌리티가 획기적으로 증대되는 추세 속에서, 경계나 장소의 의미와 이에 기반한 사회공간 및 사회관계가 어떻게 재구성되고 있으며, 모빌리티 패러다임은 이와 관련하여 어떠한 새로운 해석과 전망을 제시할 수 있을 것인가? 이에 대한 답을 찾아보고자 한다.

모빌리티 패러다임: 사회공간을 읽는 새로운 틀

이동과 정주의 문제

최근의 급격한 사회변동을 사회공간의 관점에서 바라보면, 모빌리티의 획기적 증대가 그 가운데 자리하고 있음을 알 수 있다. 하비 D. Harvey가 '시 · 공간 압축time-space compression'이라고 적절히 표현했듯이, 과학기술의 발전과 더불어 모빌리티가 급격하게 증대하면서 공간의 거리는 줄어들고 시간은 단축되고 있다. 그에 의하면, 이러한 변화는 모빌리티의 증대를 추동력으로 삼은 자본주의의 변화와 깊이 관련되어 있다. 즉, 시·공간 압축은 포디즘과 케인스주의에 기반한 자본주의가 초래한 축적 위기를 자본의 공간적 범위 확대와 회전시간 가속화speed-up라는 '유연적 축적'을 통해 해결하려는 시도라 할 수 있으며, 이는 공간을 자유로이 넘나드는 순간성과 즉시 통신의 가능성에 의해 촉진되는 모빌리티의 획기적 증대를 기반으로 한다.[2]

여기서 모빌리티는 단순한 물리적 이동을 나타내는 '무브먼트movement'와는 구별된다. 크레스웰T. Cresswell의 설명에 따르면, 무브먼트는 시간의 경과에 따른 공간의 변화, 즉 '시간의 공간화spatialization of time'이자 '공간의 시간화temporalization of space'를 의미하며, 여기서 공간은 '위치'라는 추상적인 의미를 가진다. 이에 비해 모빌리티는 이러한 무브먼트에 사회적 의미를 부여하여 해석하는 것으로, 여기서 공간은 단순한 '위치'가 아니라 사회적 의미를 가진 이른바 '장소'가 된다.[3] 따라서 모빌리티란 특정 장소에서 특정 장소로의 이동이라는 사회적 의미를 가진 개념이라고 할 수 있다.

이처럼 사회적 이동을 의미하는 모빌리티 개념은 '정주주의'라는 대비되는 개념과의 관계 속에서 파악되어 왔다. 정주주의란 인간은 본질적으로 특정 지역에 머물러 사는 존재라는 점을 사고의 기본으로 삼는 것을 말한다. 인간이 오랜 수렵·유목 생활을 거친 후 농경 문명을 이루면서 정착해 산 이래, 이는 인간 삶의 주된 방식이었으

---

2 데이비드 하비, 《포스트모더니티의 조건The Condition of Postmodernity: An Enquiry into the Origin of Cultural Change》[1989], 구동회 옮김, 한울, 2008, 335쪽.
3 T. Cresswell, *On the Move*, New York: Routledge, 2006, p.4.

며 따라서 정주주의는 인간의 본질과 관련한 사고에서 주류적 위치를 차지해 왔다고 할 수 있다. 이러한 정주주의 사고는 하이데거M. Heidegger의 '거주함Wohnen' 개념과 깊은 관련이 있다.[4] 하이데거가 말하는 '거주함'은 특정한 장소에서 만족감이나 편안함을 느끼며 머물거나 살아가는 것을 의미하며, 여기에는 '뿌리내리는 것'이라는 감각이 중요하게 작용한다. 즉, 거주는 인간이 특정한 장소에 결합되고 고정되는 방식이며, 이는 '존재한다Dasein'라는 것과 등치되는 인간의 실존적 조건이라 할 수 있다. 따라서 정주주의에 의하면, 장소는 인간 존재의 공간화이며 이러한 '거주함'이 불안정할 경우 인간의 실존과 정체성에 심각한 위기가 초래된다.

정주주의는 진정성을 갖는 특정한 장소와 이를 구획하는 경계를 중시한다. 즉, 하이데거가 말한 '뿌리내리는 것'이란 일정한 영역을 둘러싸는 경계를 만들어 다른 곳으로는 대체할 수 없는 그곳만의 닫힌 관계성을 가진 특정한 장소를 구축하는 것을 의미한다. 알다시피, 경계와 닫힌 관계성을 강조하는 이러한 정주주의는 국민국가를 중심으로 한 근대적 공간 인식의 중요한 토대가 되었다. 이러한 점에서 보면, 근대적 공간이 가진 배타성·폐쇄성·동질성 등의 속성은 정주주의와 그 궤를 같이하며, 따라서 이에 대한 비판은 정주주의에 대한 비판과 일맥상통한다.

그런데 모빌리티의 급격한 증대는 이러한 정주주의에 심각한 도전을 제기한다. 모빌리티의 증대에 따른 시·공간의 압축은 거주함에 근거를 둔 지역성locality이나 지연적 유대 등의 가치를 약화시키고, 역으로 이에 대비되는 유목주의nomadism의 사고에 힘을 더하는

---

4 M. Heidegger, *basic Writings* ed. by D. Farrell Krell. London: Routledge, 1993, p.361.

경향이 있기 때문이다. 물론 정주주의가 모빌리티 자체를 부정하는 것은 아니다. 다만, 모빌리티 또한 인간 삶의 중요한 요소이지만, 정주주의는 이를 본질이 아니라 정주와의 관계 속에서 나타나는 부차적인 것으로 파악한다. 즉, 인간은 본질적으로 어딘가에 정주하려는 성향을 가지고 있으며 이동은 일시적이고 예외적인 상태라는 것이다. 알다시피, 근대 국민국가는 이러한 정주주의의 사고를 바탕으로 성립하였으며 이의 확립을 위해 줄곧 노력해 왔다고 할 수 있다.

이에 비해, 모빌리티의 증대를 배경으로 삼아 새롭게 관심을 끌고 있는 '유목주의'는 인간은 본질적으로 이동하는 존재라고 보아 '정주'나 '고정'보다 '이동'이나 '유동'을 더 중시한다. 즉, 유목주의는 정주주의가 중시하는 '영역'과 '경계'의 의미를 달리 해석하며, 경계 외부가 가진 차이에 의미를 부여하여 이러한 경계를 해체하고자 한다. 따라서 유목주의에서는 각 개인과 사회가 가진 모빌리티가 무엇보다 중요시된다. 인간이 특정 지역에 정착하는 것은 끊임없는 이동의 과정에서 나타나는 일시적인 것에 불과하며 고정적인 것이 아니라고 보기 때문이다. 따라서 각 지역들은 장소성이나 지역성과 같은 고정적인 특징에 따라 파악될 것이 아니라, 그곳에 들고 나는 횟수나 그 속도 등과 같은 이동의 관점에서 서로 구별되어야 한다고 본다.[5]

하지만 이러한 유목주의 역시 정주주의가 강조하는 장소를 이동과 무관한 것으로 보지는 않는다. 즉, 이동은 장소를 전제로 하여 특정 장소와 특정 장소를 연결하는 것이라고 보아 양자는 불가분의 관계에 있다고 이해한다. 따라서 정주주의와 유목주의의 차이는 정주

---

5 大橋昭一, 〈モビリティー · パラダイム論の展開 : モビリティー資本主義論の提起〉,
   《觀光學》3, 和歌山大学, 2010, p. 13.

와 이동 가운데 어느 것을 더 본질적인 것으로 보는가에 있다고 할 수 있다. 정주와 이동이 함께하는 인간의 삶 속에서 어느 것을 본질적인 것으로 보는가는 중요한 문제이며, 이에 따라 삶이나 사회현상에 대한 해석과 지향점이 크게 달라질 수 있다. 특히 장소, 경계, 영역 등 사회공간을 규정하는 핵심 개념어들의 용법과 의미는 크게 달라진다.

유목주의는 근대성의 토대가 된 정주주의에 대한 강력한 안티테제로서 등장하였다는 점에서 태생적으로 포스트모던적인 대안적 사고와 연결된다. 즉, 유목주의는 탈구조주의나 탈식민주의와 같이 근대성을 성찰하는 포스트모더니즘 계통의 학자들이 주목하는 핵심 주제이다. 현대판 유목민이라 할 수 있는 국제이주자 등의 삶에 주목하여, 거기서 사이공간, 혼종성, 차이의 정치 등과 같은 포스트모던적 가치들을 발견하고자 하는 최근의 일련의 연구 경향들은 이러한 사실을 잘 나타내고 있다. 이 글에서 다루는 모빌리티에 주목하는 사고 역시 이러한 경향에 부합한다는 점에서 한편으로는 유목주의의 논지에 힘을 더한다고 할 수 있다. 하지만 다른 한편으로 이러한 사고는 유목주의와는 다른 새로운 해석을 시도하고 있다. 그 이유는 모빌리티에 주목하는 사고가 정주냐 이동이냐의 양자택일적 관점이 아니라, 이동이 야기하는 정주의 의미 변화라는, 양자의 변증법적 관계에 주목하고 있기 때문이다.

경계와 장소에 대한 새로운 인식

모빌리티의 급속한 증대는 '뿌리내리는 것'이라는 정주주의의 사고와 이에 기반 한 영역성, 즉 경계와 장소에 대한 새로운 인식을 촉구한다. 이와 관련하여, 어리J. Urry는 모빌리티의 증대가 야기한 시간과 공간의 새로운 경험을 '순간적 시간instantaneous time'이라는 개념을 통해 설명한다.[6] 즉, 과학기술의 발전에 힘입어 점차 이동의 속도는 빨라지고 공간적 거리가 축소되어 왔지만, 최근의 정보와 통신기술은 나노초의 속도로 순식간에 공간을 뛰어넘기 때문에 시간의 '순간성instantaneity'이 강화된다는 것이다. 이러한 순간적 시간 속에서는 물리적 거리나 내셔널, 로컬 등과 같이 규모나 영역에 의해 구별되는 공간적 차이가 지닌 의미가 크게 약화되고, 이는 나아가 심리적·관념적인 거리나 경계의 해체로도 이어지게 된다.

이러한 시·공간의 변화를 전형적으로 드러내는 것이 글로벌화라 할 수 있다. 글로벌화란 모빌리티의 증대에 따른 시·공간의 압축과 확장으로 국민국가의 영역성이 글로벌한 규모로 탈-재영역화되는 것으로 볼 수 있기 때문이다. 이와 관련하여 어리는 글로벌화를 '영역region으로서의 사회'라는 메타포가 '네트워크와 유동체로서의 글로벌한 것'이라는 메타포로 치환되는 과정으로 설명한다.[7] 즉, 현재의 글로벌한 사회공간을 잘 파악하기 위해서는, 사회를 중심·권력의 집중·수직적 위계를 가진 '구조'로 파악하는 이른바 '영역의 메타포'를 대신하여, 이를 네트워크나 흐름 등의 탈구조적인 관점에서 보는 이른바 '글로벌 유동체의 메타포'가 필요하다는 것이다. 알다시피 국민국가에 의한 영역화와 내적 동질화 작업은 근대적 시·공간, 즉 절대적 시간과 기하학적 공간의 창출을 통해 이루어졌으며, 이는 경계의 안과 밖, 중심과 주변, 동질성과 차이라는 이분법에 기반한

---

6   존 어리, 《사회를 넘어선 사회학Sociology beyond Society: Mobilities for the Twenty-first Century》[2000], 윤여일 옮김, 휴머니스트, 2012, 208쪽.
7   존 어리, 《사회를 넘어선 사회학》, 63쪽.

영역적 사고를 일반화하여 사람들의 몸과 머리에 각인시켰다. 여기서 글로벌화는 현실적 그리고 정신적으로 이러한 영역성이나 공간에 대한 이분법적 사고를 해체해 가는 과정으로 볼 수 있다. 즉, 글로벌화란 경제나 문화 영역을 중심으로 한 빈번한 초국가적 이동이 국민국가의 경계를 약화(탈영역화)시키고, 나아가 이러한 경계를 넘어 글로벌한 영역에서 새로운 공간 질서를 구축(재영역화)하는 현상인 것이다.

여기서, 근대의 영역적이고 이분법적인 사고에서 벗어나 사회공간을 새롭게 바라보면, 영역을 구획하는 경계는 반드시 필요하거나 고정된 것이 아님을 알 수 있다. 즉, 경계에 대한 재인식이 가능해진다. 여기서 말하는 경계에 대한 재인식은 기존의 경계 구획이 타당 또는 적절한가라는 문제 제기에 그치지 않으며, 경계라는 개념 자체가 가진 의미와 내용의 변화를 포함한다.

구체적으로 경계의 의미 변화는 '질적'인 측면과 '스케일'의 측면으로 나누어 파악될 수 있다. 우선, 경계의 질적 변화란 경계가 가진 '장벽'으로서의 성격, 즉 배타성의 약화나 해체를 의미한다. 경계는 현실적으로 다양한 차이들을 나누는 구획으로 존재하지만 그 의미는 배타적인 것이 아니라 서로 넘나드는 것을 허용하는 개방적인 것이 되어야 한다는 것이다. 배타적 경계가 경계를 넘는 차이들을 동질화하거나 배제하는 일종의 '거름 장치'의 역할을 하였다면, 개방적 경계는 차이들이 서로 횡단하면서 만들어 내는 혼종의 가능성을 허용한다. 다음으로, 경계의 스케일 변화란 경계 지워진 공간의 단위가 다원화·다층화됨을 말한다. 즉, 국민국가를 단위로 한 경계(국경)가 점차 약화되는 대신 다양한 스케일의 경계가 새롭게 등장한다. 유일·유력하던 국민국가 공간은 이제 다원·다층적 공간 가운데 하나로 상대화되며, 이러한 상대화는 서로 다른 규모의 공간들이 가진 상대적 특징은 물론 이들 간의 관계를 유동성과 고정성의 상호관계 속에서 파악할 수 있게 하는 계기를 제공한다.[8]

이에 더하여, 경계의 재인식은 사회공간에 대한 보다 유동적이고 다원적인 인식을 가능하게 한다는 점에서도 중요한 의미를 가진다. 점차 유동화·다원화되어 가는 사회 현실을 제대로 파악하기 위해서는 인식의 유동화·다원화 또한 필요하기 때문이다. 글로벌화에 수반하여 사람·물자·정보·이미지 등이 경계를 횡단하며 빈번히 이동함에 따라 사람들은 자신이 그동안 경험해 온 사회공간과는 다른 다양한 시간과 공간을 체감·인식하게 되었고, 또 이러한 체감·인식을 서로 공유함으로써 사회공간을 보다 유동적·다원적으로 이해하게 되었으며, 이는 영역적 사고가 가진 단일적·고정적·폐쇄적인 인식에 도전하여 다원적·유동적·개방적인 인식을 고양하였다.

'영역'과 '경계'에 대한 유동적 인식은 '장소'의 의미에 대한 새로운 인식으로 이어진다. 이와 관련하여, 요시하라吉原直樹는 장소에 대한 서사에는 크게 두 가지 줄기가 있다고 설명한다. 하나는 장소에는 내향화된 역사로부터 구축되는 단일하고 본질적인 정체성이 있다고 보아 그 기원을 탐색하는 것이며, 다른 하나는 장소를 자본이나 정보의 흐름에 의해 균질화된 지표의 일부로 파악하여, 그러한 공간이 형성된 후의 세계가 창출한 장소의 차이를 문제 삼는 입장이다.[9] 그는 전자가 인문주의, 후자가 마르크스주의라는 깃발을 내걸

---

8 이상봉, 〈트랜스-로컬리티: 포스트모던의 대안적 공간정치〉, 《21세기정치학회보》 24-3, 2014, 57쪽.
9 요시하라 나오키, 《모빌리티와 장소モビリティと場所》[2008], 이상봉·신나경 옮김, 심산, 2010, 123쪽.

고 싸우면서 장소에 대한 정반대의 서사를 구성해 왔다고 본다. 이 글의 취지에 맞춰 이를 해석하자면, 모빌리티의 증대는 표면적으로는 후자의 입장을 강화하는 경향을 보이지만, 그렇다고 전자의 입장에 대치되는 것은 아니며 오히려 이에 대한 성찰과 재인식의 계기로서 작동한다. 즉, '정주하는 것(뿌리내리는 것)'이 장소의 인식에 핵심적이라는 점을 인정하더라도, 이의 변동, 즉 정주가 아닌 이동을 전제로 한 거주 또한 가능하다는 유동적 사고를 통해 장소의 의미에 대한 새로운 인식이 가능해지는 것이다.

모빌리티 패러다임

모빌리티의 증대는 개인적 삶에서부터 도시 내의 공간 배치와 권력관계, 나아가 글로벌한 도시 간의 관계에 이르기까지 다층적 스케일에서 다양한 영향을 미친다. 예를 들어, 대표적인 모빌리티 수단인 철도 · 자동차 · 비행기 등의 대중화가 사회공간에 미친 영향을 살펴보면, 철도는 한편으로는 원거리의 장소들을 직접 연결함으로써 중간에 위치한 많은 장소들을 제거하며 거리를 단축시켰고, 다른 한편으로는 철도가 없었으면 연결되기 힘들었던 장소들을 연결하여 공간을 확장시켰다. 그리고 개인화된 교통수단인 자동차의 보급은 주거의 교외화 등 도로를 중심으로 한 도시 공간의 새로운 배치를 낳았고, 비행기의 보급은 국외 이동의 활성화와 공간의 글로벌화에 크게 기여했음을 확인할 수 있다. 이처럼 새로운 모빌리티 수단이 도입되면 사회공간은 그에 맞춰 적응 · 재편되는 과정을 거치게 된다.

최근의 모빌리티 증대가 이전의 그것과 다른 중요한 특성은 극소전자혁명에 힘입어 공간적 글로벌화와 시간적 순간성이 결합된 전례 없이 고도화된 형태를 나타낸다는 점이다. 특히 이러한 특성은 휴대mobile와 통신network 관련 기술의 발전에 힘입어 크게 증폭된다. 즉, 이동전화와 인터넷의 발전과 보급이 삶이나 사회공간의 재구성은 물론 이에 대한 근본적인 인식의 전환을 촉구하고 있는 것이다. 이처럼 모빌리티의 특성에 주목하여 사회공간이나 사회관계를 새롭게 바라보는 관점을, 어리의 표현을 빌리자면, '모빌리티 패러다임'이라 할 수 있다.[10]

우리가 모빌리티 패러다임을 통해 사회공간이나 사회관계를 새롭게 바라보고자 하는 이유는 그것이 단지 최근의 사회현상들에 대한 분석에 유용할 것이라는 기대 때문만이 아니다. 그보다는 모빌리티에 내재하는 중요한 속성, 즉 유동성과 관계성 등에 대한 이해를 통해 바람직한 사회공간이나 사회관계의 재구성을 도모할 수 있다고 보기 때문이다. 따라서 모빌리티 패러다임은 현실의 우리 삶을 지배하는 자본주의에 대한 새로운 해석과 대안적 삶에 대한 담론적·실천적 지향을 품고 있다. 모빌리티는 현실의 사회적 권력관계를 지배하는 자본주의와 동떨어져 존재할 수 없기 때문이다.

그렇다면, 구체적으로 모빌리티 패러다임은 현실의 자본주의와 관련하여 어떠한 새로운 해석과 전망을 제시할 수 있는가? 이에 답하기 위해서는 현실 자본주의의 특성에 주목할 필요가 있다. 최근의 자본주의는 모빌리티를 강력한 추동력으로 삼고 있다. 즉, 자본주의 또한 모빌리티의 주된 특성인 '흐름flow'을 통해 작동하며 이러한 흐름에는 방향, 속도, 관계 등의 권력성이 내포되어 있다. 글로벌한 규모로 장소들 사이를 잇는 흐름을 만들어 내는 강력한 힘이 자본과

---

10 존 어리,《모빌리티Mobilities》[2007], 강현수·이희상 옮김, 아카넷, 2014, 50쪽.

권력이며, 따라서 모빌리티는 자본의 욕구를 내면화하여 흐름을 통해 실현하고, 권력은 이러한 흐름을 장악함으로써 자신을 더욱 강화한다.

이처럼, 권력과 자본은 자신들의 욕구를 충족하기 위해 글로벌한 흐름을 만들어 내며, 이러한 흐름 속에서 장소는 고유의 의미(장소성)를 잃고 균질화되거나 아니면 차이에 의해 위계화된 새로운 장소성을 부여받게 된다. 문제는 이러한 과정에 권력성이 강하게 작동한다는 것이다. 이러한 권력과 자본의 글로벌한 흐름에서 도시, 특히 대도시는 중요한 역할을 한다. 도시는 '흐름'을 원활하게 하는 결절점node이기 때문이다.

이와 동시에 도시는 많은 사람들이 살아가는 삶터로서의 장소이기도 하다. 여기서 모빌리티(흐름)와 로컬리티(장소)의 관계가 우리의 삶과 관련된 중요한 문제로 부각된다. 즉, 자본과 권력이 주도하는 흐름의 힘이 고유의 장소를 파괴하거나 위기에 빠뜨릴 것이라는 우려가 끊임없이 제기된다. 이러한 상황에서, 과연 그렇게 될 것인가? 만약 그렇다면 장소는 상실되고 마는 것인가? 아니면 이를 회복할 수 있는 방안이 있는가? 그렇다면 그 계기는 어디서 찾을 수 있는가? 등의 이어지는 질문이 제기되며, 이에 대해 모빌리티 패러다임은 답을 제시할 수 있어야 한다.

모빌리티와 장소의 재구성

흐름의 공간 vs 장소의 공간

사회공간의 관점에서 보면, 모빌리티에 의해 추동되는 자본주의는 글로벌한 규모로 시·공간을 확장하고 동시에 압축한다. 자본은 이윤의 확보를 위해 영역의 확장과 순환속도의 가속화를 추구하기 때문이다. 이러한 점에서 글로벌화는 모빌리티 증대가 초래한 전형적인 사회공간의 변화라고 할 수 있다. 즉, 공간의 글로벌화는 그동안 '국민경제national economy'라는 완결된 시장과 '시민권citizenship'이라는 동질적 정체성의 주된 단위가 되어 오던 국민국가의 영역성(국경)을 약화시킨다. 국경이 모빌리티의 무한한 증대를 저해하는 장애 요소가 되기 때문이다.

국민국가의 영역성 약화는 국민국가의 위와 아래의 스케일에 자리한 글로벌과 로컬이 국민국가의 통제에서 벗어나 새로운 관계를 맺을 수 있게 한다. 글로벌과 로컬의 새로운 관계에 관해서는 해석이 분분하지만, 글로벌과 로컬을 이항대립적 관계로 파악하여 결국에는 글로벌한 힘이, 마치 국민국가가 로컬의 다양성을 억압하며 이를 포섭했던 방식과 유사하게, 로컬을 포섭해 갈 것이라는 우려 섞인 전망이 적잖게 나타나고 있다. 물론 이 또한 글로벌과 로컬의 새로운 관계 맺기 방식 가운데 하나일 수 있으며, 그렇게 될 가능성 또한 적지 않다. 하지만 국민국가가 그 영역성을 토대로 다양한 로컬들을 포섭·배제해 온 방식을 글로벌과 로컬의 새로운 관계에 그대로 적용하기에는 상황이 훨씬 복잡하고 유동적이다. 즉, 글로벌과 로컬의 새로운 관계 맺기라는 사회공간의 재구성을 제대로 이해하기 위해서는 모빌리티가 야기한 공간 변화의 양상에 대한 보다 깊이 있는 검토가 선행되어야 한다.

이와 관련하여, 카스텔M. Castells은 '흐름의 공간space of flow'과 '장소의 공간space of place'이라는 서로 대비되는 메타포를 통해 글로벌화에 따른 사회공간의 변화를 설명한다. 즉, 그는 흐름의 공간이란 "시간의 공유, 즉 순간적으로 이루어지는 사회적 실천의 물질적인 조직이며 그러한 실천이 작동하는 것은 다양한 흐름을 통해서이다"라고 설명하면서, 이는 정보사회에 있어서의 중요한 제 과정과 기능을 지지하는 물질적 형태로서, '전자적 교류회로', '네트워크의 노드와 허브', '유력한 경영관리 엘리트의 공간 조직'이라는 3개 층위의 물질적 지지 기반들의 조합에 의해 만들어진다고 설명한다. 그런 다음 그는, 이러한 흐름의 공간에 대치되는 것으로서 장소의 공간을 위치시키고, 이를 역사적인 뿌리가 있는, 공통의 경험에 관한 공간 조직이라고 설명한다.[11]

흐름의 공간이, 앞서 살펴본, 순간적 시간과 다중적인 네트워크라는 최근의 모빌리티가 가진 특성에 의해 주도적으로 창출된다는 점에 주목하면, 이러한 공간이 확산된다는 것은 일차적으로 특정 장소가 가진 영역성(거리와 경계)을 순간적인 것으로 만들어 탈맥락화하면서 동시에 글로벌한 균질성을 강화하는 것을 의미함을 알 수 있다. 즉, 글로벌화란 장소의 공간이 사회의 배경으로 물러나고 흐름의 공간이 전경에 모습을 드러내는 것이며, 이것이 가진 일차적인 의미는 장소성이 부정되고 세계가 흐름의 공간에 의해 지배된다는 것이다. 여기서 흐름의 공간을 생산하고 주도하는 것은 다국적기업이나 초국가적 권력 조직과 같은 '흐름의 권력'이라 할 수 있으며, 이는 자본 이윤의 창출을 위해 자본의 요구에 부합하는 형태로 장소들을 균질화하거나 아니면 장소가 가진 차이를 부각시켜 이를 소비한다.

여기서 주목해야 할 것은, 글로벌화가 흐름의 공간이 장소의 공간을 유린하거나 소비하는 일방적인 과정으로만 진행되지는 않는다는

---

11   M. Castells, *The Rise of Network Society*, Massachusetts: Blackwell publishers Inc, 2000, pp. 410~418.

점이다. 즉, 흐름의 공간이 유인·강요하는 경제적 측면의 위압에도 불구하고 로컬에 기반한 장소의 공간은 문화적 측면에서 그 정체성identity을 지속하고자 하며, 흐름의 공간에의 경제적·기능적 의존과는 별도로 장소가 가진 역사적인 뿌리를 뽑히지 않으려 한다. 모빌리티에 의해 추동되는 자본주의 하에서 경제적 생산은 주로 흐름의 공간에 의해 규정되지만, 사회적 재생산은 여전히 로컬의 구체적 장소에서 이루어지고 있기 때문이다. 다시 말해, 흐름의 공간이 압도적이기는 하지만 이것이 인간 삶의 모든 분야에서 관철되는 것은 아니다. 여전히 대다수의 사람들은 구체적인 장소에 기반하여 생활하고 있으며, 그런 까닭에 자신의 삶이 장소에 뿌리내리고 있다고 여기는 경향이 강하다. 여기서 장소란 로컬에 다름 아니며, 이러한 로컬의 형태, 기능, 의미는 경계 지어진 물리적 근접성을 통해 주로 드러나게 된다.[12] 여기서 글로벌화의 또 하나의 함의를 발견할 수 있다. 즉, 글로벌화는 일방적인 방향으로만 진행되는 것이 아니며, 흐름의 공간을 조직하는 초국가적 권력, 이른바 '장소 없는 흐름의 권력'과 이에 대비되는 장소성에 근거를 둔 사회운동, 이른바 '권력 없는 장소'의 대항을 통하여 새로운 로컬화localization가 모색된다는 점이다.[13]

하지만 모빌리티에 의해 추동되는 자본주의의 공간적 특성을 글로벌 스케일의 흐름의 공간과 로컬 스케일의 장소의 공간과의 대비만으로 파악하는 데는 한계가 있다. 이러한 이분법적 대비에서는 글로벌과 로컬이 지배와 종속이라는 위계적·정태적 관계로 파악되기 쉬우며, 이 경우 종속의 위치에 있는 로컬의 입장에서는 글로벌화의

---

12 Ibid, p. 453.
13 齋藤日出治·岩永眞治,《都市の美学》, 東京: 平凡社, 1996, p. 280.

위압적 흐름에 순응할 것인가 아니면 이에 저항할 것인가의 양자택일만 강요받는 상황이 되기 때문이다. 따라서 양자의 관계를 제대로 읽기 위해서는, 현상적인 공간의 대비보다는 더 본질적이라 할 수 있는, 모빌리티의 증대에 따른 '경계의 의미 변화'에 주목할 필요가 있다. 이를 통해 사회공간의 변화를 보다 유동적이고 관계적으로 이해할 수 있기 때문이다. 즉, 경계를 횡단하는 글로벌한 흐름은 경계 안과 밖의 상호작용을 증대시키고, 그 과정에서 안과 밖이 교차하는 혼종적·유동적인 사이공간을 만들어 내기도 한다.

여기서 또 하나 주목할 것은 글로벌화를 균질화를 촉진시키는 힘과 차이나 혼종을 생산하는 힘의 경합으로 보는 관점이다. 즉, 모빌리티의 증대는 자본이 주도하는 흐름의 공간을 강화하는 쪽으로만 작용하는 것이 아니다. 이러한 힘을 이른바 '위로부터의 글로벌화'라고 한다면, 이에 대항하는 이른바 '아래로부터의 글로벌화'도 동시적으로 전개된다. 경계의 약화에 따른 초국가적 이동에는 자발적인 것만이 아니라 어쩔 수 없는 강제적 이동, 즉 국민국가체제의 주변인이라 할 수 있는 디아스포라나 이주노동자도 포함되어 있기 때문이다. '아래로부터의 글로벌화'라는 관점에서 보면, 영역적으로 고정되지 않고 또 복수의 언어를 사용할 수 있는 이들 디아스포라는 글로벌과 로컬을 잇는 혼종적·유동적 존재로서 새로운 의미를 가지게 된다.

이처럼 흐름의 공간은 논리적으로나 현실적으로 장소에 대비되는 것으로 주로 설명되지만, 이 또한 나름의 장소를 가지고 있으며 또 필요로 한다. 즉, 흐름의 공간에서 흐름이 원활하게 작동하기 위해서는 결절점이 필요하며, 이러한 결절점의 기능을 하는 도시 공간은 나름의 특성을 가진 장소의 공간이기도 하다.[14] 이와 관련하여, 글로벌한 흐름의 공간 속에서 도시 공간이 어떻게 재편되고 또 새로운 장소성을 획득하는가를 설명하는 데는 사센S. Sassen의 논의가 도움이 된다. 즉, 그의 '글로벌 도시The Global City'론은 경제적 재구조화와 동시에 진행되는 사회공간의 재구성을 도시 공간의 관점에서 분석하여, 글로벌한 흐름의 공간에서 도시들이 각각의 역할을 중심으로 위계화·분절화되는 현상을 잘 설명한다.[15] 그가 말하는 글로벌 도시의 저변을 관통하는 힘은 최대 이윤을 추구하는 자본의 원리와 그것을 지지하는 권력이 추진하는 신자유주의 정책이지만, 흐름을 이끌고 제어하는 힘을 갖춘 글로벌 도시 그 자체는 나름의 장소화된 자원을 바탕으로 형성된다. 즉, 도시 공간의 장소성은 흐름의 공간의 영향을 받아 그 특성과 의미가 유동적·관계적으로 재생산되는 것이다.

'뿌리내림의 장소'에서 '이동하는 장소'로

앞서 살펴본 바와 같이, 근대 국민국가의 사회공간은 경계 지어진 영역, 즉 정주와 뿌리내림의 장소를 중심으로 주로 구성되었다. 그러나 모빌리티의 급속한 증대는 이에 기반한 삶을 뒤흔들어 이동과 유동적인 삶의 형태를 확산시켰고, 이러한 변화는 장소에 대한 기존의 인식에 대한 재사유로 이어진다. 즉, 정주주의의 장소 인식이 뿌리내린 삶이나 정체성으로서의 장소성에 주목한 결과 이동을 예외적인 상태로 간주하여 부차적으로 다루어 왔다면, 모빌리티의

---

14   M. Castells, *The Rise of Network Society*, p. 428.
15   S. Sassen, *The Global City: New York, London, Tokyo*, Princeton: Princeton Univ. Press, 2001.

증대는 이동을 전제로 한 새로운 장소성의 이해를 촉구한다. 끊임없이 이동과 유동을 만들어 내는 모빌리티의 공간은 '뿌리내림의 장소'를 대신해 '이동하는 장소'를 그 본질로 삼아야 한다는 것이다.

여기서 말하는 '이동하는 장소'는 렘프E. Relph가 말하는 '무장소성 Placelessness'이나 오제M. Augé가 말하는 '비장소Non-place' 개념과 유사하다. 먼저, 렘프는, "길, 철도, 공항은 그 자체가 무장소이고, 유행과 습관을 몸에 지닌 사람들의 대규모 이동이 가능해지면서 무장소성은 직접적인 영향권을 벗어나 널리 확산되었다"[16]라고 말하면서, 현대 세계는 인간과 장소가 진정한 관계를 맺을 수 없는 무장소의 확산에 직면해 있으며, 이러한 무장소성을 야기한 이유 가운데 하나가 철도나 항공 등의 모빌리티 증대라는 점을 일찌감치 지적한 바 있다. 오제 또한, 렘프처럼 부정적인 의미를 강조하지는 않지만, 비장소가 확산되고 있다는 점이 "오늘날 세계의 동시대성을 특징짓고 있다"고 설명한다.[17] 여기서 그가 말하는 비장소는 순간적·일시적인 특징을 가지며 이동과 여행으로 잘 설명되는 '뿌리 뽑힌' 장소이다. 만약 장소가 관계적이고 역사적이며 정체성과 관련된 것으로서 정의될 수 있다면, 이와 대비되어 관계적이지도 역사적이지도 정체성과 관련되지도 않는 공간이 비장소가 된다.[18] 즉, 어떤 장소가 비장소가 된다는 것은 그곳에 사는 사람들이 만들어 함양해 온 문화나 역사로부터 분리되거나 애초에 고유의 장소성과는 무관한 곳으로 생산되는 것

---

16 E. Relph, *Place and Placelessness*, New York: Pion, 1976, p. 90.

17 マルク・オジェ, 《同時代世界の人類學Pour une antbropologie des mondes contemporains》[1994], 森山工 訳, 東京: 藤原書店, 2002, p. 246.

18 M. Augé, *Non-Places: Introduction to an Anthropology of Supermodernity*, London: Verso, 1995, p. 63.

을 의미한다. 또한 오제는 비장소란 경계가 유동적이며 관계는 복합적이고 특히 다른 장소와의 차이 또한 잘 드러나지 않는 곳이며, 이러한 비장소가 확산되는 것은 우리가 살아가기 위해 필요한 현실적 조건들이 비장소를 통해 기능적으로 구축되는 경우가 많아지기 때문이라고 설명한다.

모빌리티의 발달과 함께 도시 공간은 하나의 거대한 모빌리티 시스템으로 변했다. 즉, 도시 공간은 사람·자본·정보의 급속한 이동과 흐름을 만들어 내기 위한 다양한 장치나 공간들로 넘쳐나고 있다. 그 가운데 공항은 대표적인 비장소라고 할 수 있다. 비행기를 통한 이동은 주로 국경을 넘어 글로벌한 규모로 세계의 도시들을 연결한다는 점에서 국민국가의 안과 밖을 잇는 사이공간이며, 특히 세계의 주요 도시에 위치한 허브 공항은 글로벌한 흐름의 공간이 작동하는 데 핵심적인 곳이기 때문이다. 또한 호텔은 이동이나 일시적 거주를 위한 편리한 공간이며, 쇼핑몰과 카페는 소비와 여가 활동이 모빌리티와 효과적으로 결부된 공간이라 할 수 있다. 오늘날 이러한 비장소의 공간들은 도시 공간에서 살아가는 사람들의 일상적인 삶에 깊게 침투해 있다. 즉, 현대인의 삶은 이러한 비장소 위에서 이루어지는 일시적·유동적인 관계 속에서 영위되고 있다. 여기서 주목할 것은, 이러한 삶에서는 장소에 기반한 정체성과 역사성이 비장소가 가진 일시성과 유동성으로 상당 부분 대체된다는 점이다.

그렇다면 우리는 비장소가 확산되는 이러한 현상을 어떻게 해석해야 하는가? 이와 관련하여 하비는 "정체성의 위기가 심화되는 상황에서 우리는 누구이며 어떤 공간/장소에 소속되어 있는가? 나는 세계시민가, 국민인가, 지방인인가? 아니면 사이버 공간에서 가상적으로 존재할 수 있는가?"라는 의미심장한 질문을 던지면서, 비장소의 확산이 '장소'와 '장소 정체성' 상실이라는 디스토피아적 전망으로 연결될 것을 우려하고 있다.[19] 이처럼 비장소의 확산은 과연 부정적 전망으로 귀결될 수밖에 없는 것일까? 질문의 답을 먼저 말하자면, 모빌리티의 증대로 인해 상실되는 것은 뿌리내림에 기반한 고정적·폐쇄적 장소이지 장소 그 자체는 아니라고 할 수 있다. 그 이유는, 장소를 인간 존재의 본질적인 산물로 보든, 아니면 인간이 의미를 부여하여 구성한 사회구성적인 산물로 보든 관계없이, 장소가 인간의 삶에서 여전히 중심적인 의미를 구성하는 요소임이 여러 논의들을 통해 충분히 확인되고 있기 때문이다.

따라서 장소의 상실을 대신하여 장소의 의미를 새롭게 인식하는 것, 즉 '이동하는 장소'라는 인식 전환이 필요하다. 이러한 관점에서 보면, 오제가 말하는 '비장소'는 장소의 반대 개념이 아니라 장소에 대한 새로운 이해로 볼 수 있다. 즉, '비장소'에는 장소의 속박에 대비되는 자유, 장소의 고정성에 대비되는 유동성이라는 새로운 가치가 포함되어 있다. 따라서 '비장소'에 내재하는 이러한 가치(자유와 유동성)에 주목하면, 그동안 장소에 부여되어 온 의미의 과잉, 즉 낭만적이고 선험적인 장소 이해에서 벗어나 장소를 새롭게 인식하고 창출하는 것이 가능해진다.

'이동하는 장소'라는 새로운 인식은 장소에 대한 유동적이고 관계적인 인식에 다름 아니다. '이동하는 장소'는 고정적이거나 단일하게 존재할 수 없기 때문이다. 따라서 이제 장소는 그곳이 가진 고정적·단일적 특징에 의해 파악되는 것이 아니라 다른 장소들과 비교되거

---

19 D. Harvey, *Justice, Nature & the Geography of Difference*, Massachusetts: Blackwell Publishers, 1996, p. 246.

나 이동의 경로, 즉 다른 장소들에 들어가는 지점인가 아니면 나오는 지점인가 등에 의해 구분된다.[20] 말하자면, 장소는 다른 장소와의 '관계'를 통해 장소성을 획득하는 것이다. 여기서 장소가 다른 장소와 '관계'를 맺는 유력한 방식이 네트워크이며, 이것이 가능해진 것은 모빌리티의 급속한 증대 덕분이라고 할 수 있다. 카스텔의 말대로, 네트워크는 유연성 · 적응성 · 자기조직성이라는 강점에도 불구하고 일정 규모를 넘어서기 힘든 한계를 가지고 있어 그동안 수직적 계층조직보다 열등한 것으로 여겨지기도 했지만, 모빌리티의 증대, 특히 정보통신기술의 발전 덕분에 유연성 · 확장성 · 생존능력 그리고 휴대성이라는 네트워크의 잠재력이 현실화된 것이다.[21]

'장소의 상실'에서 '장소의 확장'으로

장소를 유동적 · 관계적인 것으로 인식하게 되면, 장소는 '고정'된 것이 아니라 '이동'하는 것이며, '사물'이 아니라 '과정'이고, '주어진 것'이 아니라 '구성되는 것'이 된다. 즉, 매시의 주장대로, "장소는 '지금, 여기'에 대한 불가피한 협상으로서의 사건event이라는 것"이 된다.[22] 하지만 장소가 사건이 된다고 해서 장소의 고유성이나 정체성, 즉 장소성이 무의미해지는 것은 아니다. 장소성은 이제 그곳에 '뿌리내린' 사람들이 아니라 '함께 있는' 사람들의 열린 교섭을 통해 유동적 · 관계적인 방식으로 새롭게 구성될 뿐이다. 따라서 장소는 교섭이 이루어지는 '현장locus'이며, 여기서는 당연히 장소의 정치가 발

---

20 존 어리, 《모빌리티》, 192쪽.
21 M, Castells, *The Rise of the Network Society*, p. 152.
22 도린 매시, 《공간을 위하여For Space》[2005], 박경환 · 이영민 · 이용균 옮김, 심산, 2016, 268쪽.

생할 수밖에 없다.

앞서 살펴본 바 있지만, 장소가 가진 경계를 해체하며 장소성의 재생산을 추동하는 중요한 힘은 자본이라고 할 수 있다. 특히 글로 벌한 흐름의 자본은 한편으로는 시장 논리에 따라 로컬의 공간을 균 질화하면서, 다른 한편으로는 로컬의 장소가 가진 차이를 부각시켜 자본의 이익에 맞추어 소비하기도 한다. 즉, 자본의 유연한 축적 양 식에 맞춰 로컬리티가 재구성되는 것이다. 위로부터의 로컬화라고 볼 수 있는 이러한 힘에 대항하기 위해, 카스텔은 로컬의 장소에 기 반한 '저항 정체성'을 강조하고 있다.[23] 여기서 로컬의 장소가 저항 의 근거가 될 수 있는 것은 글로벌한 흐름의 공간이 만들어 내는 탈 맥락적이고 불안정한 시·공간 경험에 대한 반동으로서 장소가 가진 근접성이나 친밀성에의 갈망이 발생하기 때문이다.

그러나 불안이나 위험을 해소하기 위해 장소가 가진 근접성을 다시 호출하는 방식은, 최근에 확산되는 '게이티드 커뮤니티gated community'들에서 극단적으로 표출되는 바와 같이, 배타적 폐쇄성으 로 이어질 개연성이 크다. 즉, 장소는 친밀하고 신뢰할 수 있는 안식 처라는 복고적·낭만적 인식에 기대어 장소의 회복을 주장하는 논리 가, 어리가 말하는 모빌리티의 증대가 야기하는 디스토피아적 전망 [24]과는 또 다른 형태의 새로운 디스토피아적 폐쇄성으로 이어질 가 능성이 있는 것이다. 게다가 흐름의 공간에 의한 장소의 상실에 대

---

[23] M. Castells, *The Power of Identity*, Massachusetts: Blackwell Publishers Inc, 1997, pp. 356-357.
[24] 어리는 모빌리티가 초래할 미래 사회는 오웰주의 혹은 흡스주의의 사이, 악마와 깊은 심해 사이의 진퇴양난 상황에 처할 것이라고 주장한다. 존 어리, 《모빌리티》, 519쪽.

해 고유한 장소성의 회복이라는 논리로 대항하면 될 정도로 현실 사회공간의 의미 변화나 이를 둘러싼 권력관계는 그리 간단하지 않다. 여기서 우리는 존재론적 장소의 의미와 거주함으로서의 장소를 강조한 하이데거식 사유가 전체주의 논리나 배타적 로컬리즘localism으로 이어질 가능성을 배태하고 있었음을 다시 한 번 상기할 필요가 있다. 글로벌한 흐름의 공간을 주도하는 것은 자본의 논리지만, 이미 로컬의 장소 또한 이와 무관한 것이 아니라 거기에 깊게 편입되어 있다. 따라서 장소의 의미는 흐름의 공간과의 관계를 포함해 다양한 장소들과의 관계를 통해 파악되어야 하는 것이다. 여기서 주목할 것은, 이러한 장소에 대한 관계적·유동적 인식이 근대의 이분법적 공간 인식이나 낭만적 장소 인식의 한계를 극복하여 사회공간을 새롭게 바라볼 수 있는 계기가 된다는 점이다.

관계적·유동적 인식을 통해 바라보면, 장소는 글로벌한 흐름과 네트워크 속에서 다른 장소들을 포함한 다양한 관계들에 중층적으로 얽혀 있으며, 장소의 고유성(로컬리티)은 특정 시·공간에서 이러한 관계들이 상호 절합articulation되어 새롭게 구성되는 것으로 파악된다. 이와 관련하여 매시는, "로컬리티의 원천은 공간적 격리와 절합의 내부적 과정에 의한 창발적emergent 효과만이 아니라 그 바깥 너머와의 상호작용에도 있다"는 점을 지적한다.[25] 즉, 로컬리티는 내부적인 것과 외부적인 것의 '절합'의 산물이라는 것이다. 여기서 내부적인 것은 '뿌리내림'에 외부적인 것은 '이동하는'에 대응하며, 양자의 '절합'이란 닫힌 중심화를 지향하지 않고 열린 상호 관계를 만들어가는 것이라고 할 수 있다.

25　도린 매시, 《공간을 위하여》, 130쪽.

이처럼 현대사회의 고도화된 모빌리티 속에서 장소가 다른 장소들과 열린 상호 관계를 맺어 가는 방식은 단지 물리적 공간에만 한정되지 않는다. 즉, 장소는 모빌리티에 힘입어 다양한 추상적 또는 가상적 공간들과도 관계를 맺으며, 이를 통해 다른 장소들과 연결된다. 물론, 이러한 상황은 표면적으로는 장소의 상실로 해석되기 쉽다. 멀리 떨어진 장소들이 인터넷을 통해 '순간적'으로 연결되는 네트워크상에서는 거리에 기반한 장소들 간의 차이가 미약해지기 때문이다. 하지만 좀 더 깊이 있게 살펴보면, 장소의 상실을 의미하는 듯 보이는 추상적·가상적 공간 자체도 어딘가의 구체적 장소에 기반할 때 비로소 그 존재 의미를 가지게 됨을 알 수 있다. 즉, 여전히 장소를 필요로 한다는 것이다. 게다가 흐름의 공간과 네트워크가 현대인의 일상에 침투하여 이를 지배하는 듯 보이지만, 여전히 대다수의 사람들은 장소에 근거하여 생활하고 있으며 자신이 그 장소에 뿌리내리고 있다는 인식을 갖고 있다. 따라서 추상적·가상적 공간과 구체적·현실적 장소는 서로 영향을 주고받는 상호 보완적인 관계로 파악될 필요가 있다. 이 경우 장소의 토대가 되는 '근접성'을 어떻게 해석할 것인가라는 문제가 새롭게 제기된다. 즉, 근접성 없는 장소가 가능하다면 이제 장소와 근접성은 결별한다고 보아야 하는가? 그렇게 볼 필요는 없을 것 같다. 그보다는 오히려 근접성에 대한 새로운 인식이 요구된다. 즉, 근접성 또한 물리적 거리의 관점에서 벗어나 '가치나 인식의 공유'라는 추상적 차원으로까지 그 외연을 확장하여 이해할 필요가 있다. 그것이 가상적이든 공간적이든 근접성은 사회적 공동성을 만들어 내는 가치로 볼 수 있기 때문이다.

흐름의 공간과 장소를 상호 보완적인 것으로 이해할 경우, 흐름의 공간이 장소에 영향을 미치는 것과 마찬가지로 장소 또한 흐름의 공간에 영향을 미치거나 이를 이용할 수 있다. 즉, 흐름의 공간은 자본만의 전유물이 아니다. 자본 주도의 흐름의 공간이 장소를 없애 가며 이를 차지하려 든다면, 장소 또한 역으로 흐름의 공간을 통해 그 의미를 확장할 수 있다. 즉, 모빌리티의 증대가 초래한 글로벌화와 네트워크화를 받아들이면서 동시에 거기에 저항하는 구체적 지점이 되는 것이 장소가 가진 가능성인 것이다. 물론 자본이 주도하는 글로벌한 흐름의 공간이 현실의 사회공간을 압도적으로 지배하고 있는 것이 사실이다. 하지만 현실의 사회공간이 처한 상황과 우리가 지향해야 할 바람직한 사회공간의 구성은 다르며, 현실의 상황을 바람직한 것으로 바꿔 가는 것이 사회운동이 지향해야 할 목표인 것이다.

모빌리티와 사회관계의 재구성

모빌리티와 사회적 불평등

모빌리티의 증대가 우리 삶에 미치는 영향은 양면적이다. 즉, 한편으로 시·공간적 제약을 제거하여 삶을 보다 편리하고 풍요롭게 한 것은 사실이지만, 다른 한편으로 심각한 사회적 불평등과 인간성 상실을 낳고 있다는 우려 또한 끊이지 않고 있다. 모빌리티의 미래를 디스토피아로 전망한 어리는, 모빌리티의 발전을 일방적으로 과신하는 경향을 마르크스가 말한 상품의 물신성에 빗대어 '이동의 물신성fetishism of movement'이라고 경고하고 있다.[26] 특히 그는 모빌리티의 증대가 사회적 불평등으로 이어질 가능성이 크다는 점을 지적한다. 어리의 말대로 걷기, 말, 기차, 자동차, 비행기 등으로 이어지는 이동

---

26 존 어리, 《모빌리티》, 339쪽.

수단의 발전 과정을 보면, 가장 낮은 수준의 모빌리티, 즉 걷기가 가진 사회적 불평등의 정도가 이후의 다른 이동수단에 비해 훨씬 약함을 알 수 있다. 모빌리티가 증대될수록 사회적 불평등의 정도가 커지는 것이다.

모빌리티의 증대가 사회적 불평등으로 이어지는 양상을 잘 이해하는 데는 '모틸리티motility'라는 개념이 유용하다. 즉, 카우프만V. Kaufmann 등은 모빌리티의 능력을 의미하는 용어인 '모틸리티'를 개념어로 제시하는 바, 이는 접근access, 능력competence, 전용appropriation이라는 세 가지 중요한 층위의 요소들로 구성되며, 이들 요소들의 상호작용이 모빌리티의 토대를 형성한다고 본다.[27] 이러한 모틸리티를 결정하는 요인에는 개인의 육체적 특성을 비롯해 열의, 교통, 통신에 대한 접근성, 시·공간의 제약, 지식, 면허 등 다양한 것이 포함되며, 개인들 간의 모빌리티 격차는 이러한 모틸리티의 차이에 의해 나타난다고 볼 수 있다. 특히 모빌리티에 의해 추동되는 자본주의를 살아가는 사람들에게 모틸리티는 경제적·사회적·문화적 자본과 마찬가지인, 이른바 '모빌리티 자본mobility capital'으로 기능한다.[28] 이처럼 모틸리티를 자본의 일종으로 볼 경우 이는 다양한 요인의 영향을 받지만, 기본적으로는 경제력이나 학력 등과 같은 기존의 사회적 위계를 만들어 내는 요인들에 의거하여 불평등하게 나타나는 경향이 강하다. 이와 관련하여, 2005년 미국 뉴올리언스를 덮친 허리

---

27   V. Kaufmann · M. M. Bergaman · D. Joye, "Motility: mobility as capital," *International Journal of Urban and Regional Research* 28-4, 2004, p. 750.

28   T. Ohnmacht · H. Maksim · M. Bergaman, "Mobilities and Inequality-Making Connections" in Timo Ohnmacht · Hanja Maksim · Manfred Max Bergaman eds. *Mobilities and Inequality*, Burlington: Ashgate, 2009, p. 15.

케인 커트리나의 사례는 모빌리티의 불평등성을 잘 드러낸다. 당시 지배집단인 백인 중산계층들은 높은 모빌리티 자본, 즉 자가용을 소유하며 휴대폰 등을 통해 다른 사람들과 신속하고 폭넓게 소통할 수 있어 재난을 미리 피할 수 있었지만, 모틸리티가 낮은 하층민의 상당수는 그럴 수 없었다.

모틸리티의 단위를 개인에서 도시로 바꿔 보면, 각 도시들은 자신의 모틸리티에 따라 글로벌한 흐름의 공간에 의해 균질화되거나 위계적·분절적으로 재배치되며, 이러한 균질화나 재배치는 고도의 권력성을 내포하고 있다. 먼저 공간의 균질화의 관점에서 보면, 글로벌한 흐름의 공간은 자본의 구미에 맞게 도시들의 외형을 균질화할 뿐만 아니라 그곳에 사는 사람들의 인식마저 균질화한다. 즉, 글로벌한 자본은 통화 위기나 경제 파탄을 계기로 이른바 '워싱턴 컨센서스'라는 동질적 인식을 강화하며, 이러한 동질적 인식에 포섭되지 않는 다른 삶의 방식이나 인식들은 배제와 차별의 대상이 된다. 다음으로 공간의 재배치의 관점에서 보면, 흐름의 공간이 만들어 내는 공간의 위계화·분절화는 도시 간의 관계에서만이 아니라 도시 내부의 공간 배치에서도 발생한다. 즉, 포디즘의 시대에는 주로 산업입지에 따라 도시의 기능적 역할이 정해지고 또 차별화되었다면, 모빌리티가 고도화된 포스트포디즘 시대에는 새로운 모빌리티 시스템의 도입에 따라 그것에 관계하는 지역이나 사람들은 큰 영향을 받게 된다. 즉, 새로운 모빌리티에 적응하는 과정에서 수혜 지역이나 계층은 위계의 상층부로 이동하고 그렇지 못한 지역이나 계층은 도태되어 계층이나 지역 간 격차가 더욱 커지게 되는 것이다.

하지만, 모빌리티가 불평등의 요소를 내재하고 있고 그것의 현실적인 발현이 사회적 불평등의 심화로 나타난다고 해서 모빌리티의 미래를 반드시 부정적으로 전망할 필요는 없다. 뒤에서 고찰하듯이, 사회적 불평등이나 차별·배제가 심화될수록 이에 대한 저항 역시 고양되기 때문이다.

'근접성'에서 '관계성'으로

어리의 말대로, 기차와 회중시계가 근대 초기의 사회관계를 상징하는 쌍둥이라면, 자동차와 이동전화는 후기 근대의 사회관계를 상징하는 쌍둥이라고 할 수 있다. 과거의 유선전화가 고정된 장소와 장소를 동시적으로 연결하는 중요한 역할을 했다면, 휴대mobile전화는 고정된 장소에서 벗어나 이동하는 사람과 사람을 연결한다. 이러한 점에서 이는 고정된(뿌리내린) 장소의 인식에서 벗어나는 중요한 계기가 된다. 이처럼 휴대 기술은 장소에 대한 인식을 바꾸고 이를 토대로 새로운 사회관계를 창출한다. 즉, 장소와 장소 간의 연결보다는 개인과 개인의 연결을 강조하는 방식으로 사회관계를 바꾸며, 이는 사이공간interspace과 같은 고정되지 않고 유동적인 사회공간의 중요성 증대로 이어지고 있다.

인간이 살아가면서 맺어 가는 사회관계의 관점에서 볼 때 장소는 중요한 의미를 지녀 왔다. 사회관계의 기반이 되는 공동성은 상호신뢰에 의해 양성되는 바, 이러한 신뢰의 계기가 되는 것이 대면활동을 통한 공감이고,[29] 장소는 그러한 대면활동이 이루어지는 현장locus이기 때문이다. 그런데 모빌리티의 획기적 증대, 특히 휴대 기술과 개인화된 네트워킹의 발달은 대면활동에 큰 영향을 미치며, 일차

---

29 이상봉, 〈도시와 공동성: 탈근대의 대안적 공동성에 대한 탐구〉, 《인문사회과학연구》 51, 호남대 인문사회과학연구소, 2016, 7~10쪽.

적으로 그 영향은 대면활동의 의미나 중요성을 감소시키는 것으로 볼 수 있다. 가상의 네트워크가 대면활동을 대신하는 것으로 여겨지기 때문이다. 이러한 추론은 공동성의 토대가 되는 공감이나 신뢰가 반드시 물리적 근접성, 즉 대면활동을 통해서만 형성되는 것이 아니라 멀리 떨어진 곳이나 가상의 네트워크를 통해서도 충분히 가능하다는 주장들에 의해 지지된다.[30] 이처럼 대면활동의 의미나 필요성이 줄어들게 되면, 그 현장인 장소가 가진 의미 또한 그만큼 약화된다고 볼 수 있다.

하지만 이를 다르게 볼 수도 있다. 즉, 가상의 네트워크를 장소에 기반한 대면활동의 외연을 확장하는, 이른바 '장소의 확장'으로 해석할 수 있는 것이다. 여기서, 앞서 살펴본 장소의 재인식, 즉 유동적·관계적 장소 인식은 이러한 해석을 가능하게 하는 근거가 된다. 우리가 '함께 있음'이라는 개념을 사용할 때 그것을 반드시 특정한 물리적 장소로 한정할 필요는 없다. '함께 있음'은 물리적 '위치'만이 아니라 '관계'로 해석될 수 있기 때문이다. 이와 관련하여, 어리는 "장소는 한편으로는 매우 두터운 공존적인 상호작용을 특징으로 하는 근접성과 다른 한편으로는 그침 없이 흐르면서 신체적·가상적·예상적으로 거리를 초월하여 확산되는 웹이나 네트워크가 만나는 특정의 연쇄"라고 설명한다.[31] 이처럼 장소가 가진 근접성과 가상의 네트워크가 결합할 때 장소의 의미는 더욱 확장·부각되며, 이를 통해 장소가 글로벌한 흐름의 공간에 대한 저항의 거점이 될 수도 있

---

30 존 어리, 《모빌리티》, 299쪽.
31 J. Urry, *Sociology beyond Society-Mobility for the Twenty-first Century*, London: Routledge, 2000, p. 140.

는 것이다.

'관계'로서의 장소는 글로벌한 다른 장소들과 연결되어 있으며, 그 런 의미에서 네트워크를 통해 내부와 외부를 연결하는 경로Path라고 할 수 있다. 또한 '관계'로서의 장소는 상호 관계의 토대를 형성하는 의미의 중심이며, 고정성과 닫힌 경계를 넘어 확장되는 상호 관계의 산물이다. 매시가 말하는 '글로벌 장소감Global Sense of Place'은 장소의 개념을 개방적·혼종적·확장적으로 새롭게 보려는 시도 가운데 하 나이며, 여기서의 장소는 경로이자 상호 관계된 흐름의 산물로 파악 된다.[32] 즉, 영역에 고정된 장소나 흐름만으로 이루어진 공간 양자 모 두 독자적으로는 존립하기 힘들기 때문에, 이 양자가 구체적 시기나 상황에 따라 상호 '관계'를 맺음으로써 새로운 장소성을 만들어 낸 다고 보는 것이다.

장소와 네트워크의 만남 또는 관계를 잘 확인할 수 있는 사례가 최근 도처에서 표출되고 있는 '광장정치'나 '점거운동'이라고 할 수 있다. 최근에 한국사회가 경험한 광화문광장의 촛불집회는 광장이 라는 공공적·구체적인 장소에 네트워크를 매개로 한 가상적 관계 가 결합되어 엄청난 상징적 장소성을 생산해 내고 있는 좋은 사례라 고 할 수 있다. 또한 2011년의 '월스트리트 점거운동Occupy Wall Street' 은 글로벌한 규모로 구체적인 장소와 가상의 네트워크가 연결되는 새로운 사회운동으로서 주목받고 있다. 이러한 사회운동은 보통 인 터넷 네트워크상에서 시작되지만, 점거나 거리시위 등을 통해 구체 적인 장소를 차지함으로써 지속적인 하나의 운동이 된다. 즉, 점거

---

32 D. Massey, "Global Sense of Place", in *Space, Place and Gender*. Minneapolis: University of Minnesota Press, 1994.

운동의 점거자들은 월스트리트라는 상징적인 장소를 차지하기 위해 인터넷 네트워크라는 자율적인 흐름의 공간을 활용했으며, 이러한 네트워크들은 공동체 건설, 대인적 상호작용, 소셜 네트워크와 인터넷 포스팅에 기반을 둔 디지털적이면서 대면적이기도 한 복합 커뮤니케이션의 형식을 띠었다.[33] 이처럼 글로벌한 흐름의 공간에 대항하는 일련의 사회운동들은 로컬의 구체적 장소에 기반하면서도 이를 넘어 글로벌한 규모로 전개된다. 역설적이게도 글로벌화에 저항하는 대항글로벌화의 운동 또한 글로벌한 흐름의 공간에 자신을 투영하지 않고서는 효과적으로 대응할 수 없기 때문이다.

'사회 자본'에서 '네트워크 자본'으로

유동적·관계적 장소 인식은 지역사회의 사회관계를 설명하는 유용한 시도인 이른바 '사회자본론'에 중대한 도전을 제기한다. 알다시피, 퍼트넘R. Putnam은 사회 자본social capital을 "구성원들이 협력을 통해 공유 목적을 효과적으로 달성하게 만드는 신뢰, 규범, 네트워크와 같은 사회조직의 특질"로 파악하고,[34] 이는 근접한 지역사회 내부에서의 대면 활동을 통해 양성된다고 보았다. 하지만, "자주 이동하는 사람이 지역사회와의 연대가 약한 것처럼, (중략) 모빌리티는 시민 참여와 지역사회에 토대를 둔 사회 자본을 약화시킨다"라는 그의 지적처럼,[35] 이론적으로나 현실적으로 모빌리티의 증대가 사회 자본

---

33 마누엘 카스텔, 《분노와 희망의 네트워크Network of Outrage and Hope》[2012], 김양욱 옮김, 한울, 2015, 156쪽.

34 Robert D. Putnam, "Turning In, Turing Out: The Strange Disappearance of Social Capital in America", *Political Science and Politics* 28-4, 1995, p. 664.

35 Robert D. Putnam, *Bowling Alone*, New York: Simon and Schuster, 2000, p. 204.

의 약화로 이어질 수 있다는 점은 부정하기 힘들다. 사람들은 모빌리티를 활용하여 보다 개인적이고 덜 공동적인 방식으로 자신의 사회관계를 만들어 갈 수 있으며, 이는 신뢰와 호혜는 근접한 공동체에서 주로 만들어진다는 사회자본론의 주장을 뒤흔들기 때문이다. 실제로 우리는 멀리 떨어져 있는 사람들끼리 장거리 이동이나 네트워크를 활용해 신뢰나 호혜를 쌓아 가는 경우를 어렵지 않게 볼 수 있다. 근접한 지역공동체의 의미가 약화되는 이러한 현상을, 카스텔은 "로컬 공동체가 상호작용을 조직화하는 중심 형태로서의 네트워크로 대체된 것"으로 파악한다.[36]

고도화된 모빌리티의 시대에는, 모틸리티가 높은 사람일수록 더 많은 사회관계를 맺을 수 있다. 특히 모빌리티가 추동하는 자본주의에서는 개인의 모틸리티가 사회적 경쟁력이라는 측면에서의 '사회 자본' 형성에 매우 중요한 요소가 된다. 즉, 어떤 개인이나 사회가 가진 '사회 자본'은 대체로 모틸리티에 상응하는 경향이 있다. 따라서 모빌리티의 증대는 단순히 빠르고 편리해진다는 기능적 의미를 넘어 사회관계의 구성에 중대한 영향을 미치며, 모빌리티 패러다임이 궁극적으로 주목해야 하는 것 또한 이러한 사회관계의 변화라고 할 수 있다. 이와 관련하여 어리는, 모빌리티의 증대가 사회관계에 미치는 영향을 잘 포착하기 위해, 퍼트넘이 말한 '사회 자본'에 대비되는 의미로, '네트워크 자본Network Capital'이라는 개념을 제시한다. 네트워크 자본이란, "모빌리티가 만들어 내는 실질적이고 잠재적인 사회관계이며, 반드시 근접해 있지는 않지만 감정적·재정적·실질적

---

36 M. Castells, *The Internet Galaxy: Reflections on the Internet, Business, and Society*, New York: Oxford University Press, 2001, p. 127.

인 혜택을 주는 사람들과 사회관계를 형성하고 유지하는 역량"으로 정의된다.[37] 여기서 주목할 것은, 그가 네트워크 자본이라는 새로운 개념을 제시한 궁극적인 목적이, 이를 활용해 자본주의의 치열한 경쟁에서 이기자는 것이 아니라, 이를 통해 사회공간이나 사회관계가 가진 불평등의 문제를 지적하고, 나아가 이를 극복하기 위한 신뢰와 호혜가 거리가 멀리 떨어져 있는 곳에서도 창출될 수 있음을 밝히는 것이라는 점이다.[38]

모빌리티의 증대에 수반하여 사회관계의 범위가 넓어질수록 네트워크 자본의 중요성은 커질 것이고, 이에 따라 사회적 불평등 또한 심화될 것이라는 추론은 부정하기 힘들다. 현실적으로 네트워크 자본은 경제적 자본과 밀접하게 관련되어 있어서 여기서도 자본과 권력의 지배는 용이하게 관철될 수 있기 때문이다. 따라서 사회관계가 네트워크를 장악한 소수에 의해 지배되거나 자본의 논리를 좇아 국제 이주노동자와 같은 강제적 이동이 강요되기도 한다. 하지만 네트워크 자본이 반드시 비민주적 요소에 의해 지배되는 것은 아니다. 오히려 원리적 측면에서 네트워크는 다른 관계들보다 민주적이다. 네트워크에는 하나의 중심이 존재하지 않으며 이를 구성하는 각 노드들은 수평적 상호관계로 연결되어 있기 때문이다. 따라서 이러한 네트워크 기반의 사회관계가 늘어날수록 기존의 위계적·통합적 조직 구조는 약화되고 사회관계의 민주성은 강화될 수 있다.

조직이나 운영 원리의 관점에서 볼 때, 네트워크는 '당사자의 원리'나 '보충성의 원리principle of subsidiarity'와 같은 근접성에 토대를 둔

---

37   존 어리, 《모빌리티》, 357쪽.
38   존 어리, 《모빌리티》, 363쪽.

대안적 민주주의의 원칙과 결합되기 쉽다. 우선, 네트워크가 가진 자율적이고 수평적인 관계의 특성은 누구에게도 양도하거나 침해될 수 없는 자기결정권을 핵심적 원리로 삼는 '당사자의 원리'에 부합한다. 스즈키鈴木庸夫에 의하면, 당사자의 원리는 인격적 존재로서의 자기결정권에 입각해 자신의 필요를 스스로 결정하고 이를 위한 지원도 자신이 결정하는 것을 말한다.[39] 즉, 당사자주의는 주체의 자율성에서 비롯되는 바, 네트워크에서 각 개체가 가진 자율성과 수평적 관계는 그 실천적 기반이 된다. 이러한 당사자의 원리가 보다 범위를 넓혀 자기결정권을 행사하는 방식이 '보충성의 원리'라고 할 수 있다. 알다시피, '보충성의 원리'란 작은 단위에서의 의사 결정을 중시하여 보다 상위의 사회 단위는 이를 보충하는 역할만을 해야 한다는 원리를 말한다. 엔도遠藤乾에 의하면, '보충성의 원리'의 핵심은 어느 단위에도 절대화되지 않고 각 단위가 존재 사유를 완수하면서 역할을 분담한다는 점에 있다고 한다.[40] 이 역시 개체의 자율성에 기반한 수평적 관계가 그 실천의 토대가 된다고 할 수 있다.

앞서 살펴본 바와 같이, 모빌리티의 증대에 따른 사회공간의 재구성을 흐름의 공간이 장소를 유린하거나 대체하는 이분법적 관점이 아니라 장소의 재인식과 외연 확장이라는 변증법적 관점에서 해석할 수 있다면, 사회관계의 재구성 역시 네트워크 자본이 사회 자본을 무력화하는 것이 아니라 역으로 이를 사회 자본의 범주에 포함시켜 해석할 수 있다. 즉, 네트워크 자본은 비록 신뢰를 쌓는 방식은 다

---

39 鈴木庸夫, 〈政策法務と自治體改革の法原理—補完性の原則によせて〉,《自治體學研究》89, 神奈川県公務研修所, 2004, p. 6.
40 遠藤乾, 〈日本における補完性原理の可能性〉, 山口二郎 · 遠藤乾 外編,《グローバル化時代の地方ガバナンス》, 東京: 岩波書店, 2003, p. 262.

르지만 이 또한 인간 상호 간의 친밀한 관계를 통해 작동하는 것이기 때문에 퍼트넘이 말하는 사회 자본의 범주에 포함시킬 수 있다. 이 경우, 사회 자본과 네트워크 자본은 서로 대치되는 것이 아니라 네트워크 자본을 사회 자본의 외연적 확장으로 이해할 수 있다. 즉, 사회 자본이 네트워크 자본으로 연결될 수 있고 네트워크 자본은 다시 사회 자본을 강화시키기도 한다. 이 과정에서 가상적 네트워크가 확산·강화될수록 그 기반이 되는 구체적 장소의 의미는 더욱 중요해진다.

이러한 사실은, 카스텔이 분석한 최근의 글로벌한 사회운동의 사례들을 통해 다시 한 번 확인할 수 있다. 2011년 10월 15일, '세계 변화를 위한 연대'라는 기치 아래, 점거운동의 글로벌 네트워크는 전세계 82개국 951개 도시에서 사회정의와 진정한 민주주의를 요구하며 수십만 명을 결집시켰다. 이러한 운동들은 대개 네트워크상에서 촉발되지만, 광장이나 거리와 같은 공공 공간을 점거함으로써 구체화된다. 카스텔이 '자율 공간'이라 부르는 이러한 공간은 네트워크를 통한 사회관계가 만들어 내는 새로운 공간 형태라고 할 수 있다.[41] 여기서는 쌍방향의 수평적 네트워크가 새로운 사회관계의 핵심이며, 네트워크이기 때문에 운동을 주도하는 중심이 없고 단지 상호작용에 의한 협의와 조정만이 가능한 탈중심적 사회관계가 작동한다.

모빌리티에 기반한 대안적 사회구성을 향하여

이상에서는, 모빌리티의 급속한 증대가 사회공간이나 사회관계의

---

[41]　마누엘 카스텔, 《분노와 희망의 네트워크》, 25쪽.

변화(재구성)에 중대한 영향을 미치고 있다는 사실에 주목하여, 그 변화의 구체적 양상과 의미에 대해 고찰해 보았다. 그 내용을 정리하자면, 우선 모빌리티에 주목하여 사회현상을 새롭게 바라보는 관점을 이른바 '모빌리티 패러다임'으로 제시하고, 이는 기존의 정주에 입각한 공간 인식에 문제를 제기하여 새로운 인식으로의 전환을 촉구한다는 점을 설명했다. 즉, 모빌리티는 영역성에 기반한 '경계'와 '장소'의 의미·내용에 대한 재인식을 요구하며, 그 결과 '경계'는 거름장치나 장벽이 아닌 경로로 파악되어야 하고, 장소는 '뿌리내림의 장소'에서 '이동하는 장소'로 새롭게 인식될 필요가 있음을 논구하였다. 다음으로, 이러한 장소에 대한 재인식은 장소를 단일의 고정적인 것이 아니라 관계적·유동적인 것으로 새롭게 이해할 수 있게 하고, 이는 흐름의 공간에 의해 그 의미가 점차 상실되어 가는 이른바 '장소 상실'의 전망이 아니라, 흐름의 공간을 매개로 그 의미의 외연을 확장하는 이른바 '장소의 확장'의 전망을 가능하게 한다는 점을 주장하였다. 그리고 모빌리티의 증대가 야기하는 사회관계의 재구성과 관련해서는, 모빌리티 증대가 가진 양면성, 즉 한편으로 그것이 심각한 사회적 불평등과 인간성 상실을 초래하고 있다는 점과 다른 한편으로 이에 대한 대항의 논리 및 운동이 로컬의 장소를 중심으로 강화되고 있다는 점을 지적한 후, 새로운 사회관계는 '근접성'에 기반한 퍼트넘식의 '사회 자본'에서 '관계'에 기반한 '네트워크 자본'으로의 전환을 중심으로 재구성되어야 함을 논구하였다.

모빌리티의 증대가 만들어 내는 물리적·가상적 네트워크를 사회관계를 맺어 가는 하나의 새로운 방식으로 본다면, 이는 자본의 논리와 인간의 논리라는 서로 대치되는 논리 모두에 적용될 수 있다. 즉, 이윤과 경쟁을 위한 네트워크 자본의 형성이 가능하다면, 이에 대항하는 공동성 회복을 위한 네트워크 자본의 형성 또한 가능하다. 다만, 자본과 권력의 논리가 네트워크를 지배할 경우 이는 글로벌한 규모에서 심각한 사회적 불평등과 인간성 상실을 초래할 것이고, 이에 따라 이에 대항하는 사회운동의 필요성 또한 증대할 것이다. 자본과 권력의 논리가 글로벌한 네트워크를 통해 작동한다면 이에 대항하는 사회운동 또한 글로벌한 네트워크를 통해 실천될 수밖에 없다. 즉, 사회 변화를 추구하는 사회운동들은 자본 중심의 네트워크에 대항하는 환경, 인권, 경제정의 등의 대안적 네트워크를 연결하여 그 영향력을 강화할 수 있다. 이들 대안적 네트워크 자본은 인식을 공유하는 결절점들을 통해 제약 없이 확장될 수 있으며, 이는 위계적·고정적 조직 구조에 근거한 기존의 사회관계를 보다 민주적인 수평적·유동적 사회관계로 재구성해 갈 가능성을 포함한다.

참고문헌

데이비드 하비, 《포스트모더니티의 조건》, 구동회 옮김, 한울, 2008.(David Harvey, *The Condition of Postmodernity: An Enquiry into the Origin of Cultural Change*, Oxford: Blackwell, 1989.)

도린 매시, 《공간을 위하여》, 박경환 · 이영민 · 이용균 옮김, 심산, 2016.(Doreen Massey, *For Space*, SAGE Publications Ltd, 2005.)

마누엘 카스텔, 《분노와 희망의 네트워크》, 김양욱 옮김, 한울, 2015.(Manuel Castells, *Network of Outrage and Hope*, UK: Wiley, 2012.)

요시하라 나오키, 《모빌리티와 장소》, 이상봉 · 신나경 옮김, 심산, 2010.(吉原 直樹, 《モビリティと場所》, 東京大学出版会, 2008.)

이상봉, 〈트랜스-로컬리티: 포스트모던의 대안적 공간정치〉, 《21세기정치학회보》 24-3, 21세기정치학회, 2014, 51~73쪽.

이상봉, 〈도시와 공동성: 탈근대의 대안적 공동성에 대한 탐구〉, 《인문사회과학연구》 51, 호남대 인문사회과학연구소, 2016, 5~27쪽.

존 어리, 《모빌리티》, 강현수 · 이희상 옮김, 아카넷, 2014.(John Urry, *Mobilities*, Polity, 2007.)

존 어리, 《사회를 넘어선 사회학》, 윤여일 옮김, 휴머니스트, 2012.(John Urry, *Sociology beyond Society: Mobilities for the Twenty-first Century*, Psychology Press, 2000.)

マルク · オジェ, 《同時代世界の人類學》, 森山工 訳, 東京: 藤原書店, 2002.(Marc Auge, *Pour une anthropologie des mondes contemporains*, Paris: Aubier, 1994.)

大橋昭一, 〈モビリティー · パラダイム論の展開：モビリティー資本主義論の提起〉, 《觀光學》 3, 和歌山大学觀光學紀要, 2010.

鈴木庸夫, 〈政策法務と自治體改革の法原理-補完性の原則によせて〉, 《自治體學研究》 89, 神奈川県公務研修所, 2004.

遠藤乾, 〈日本における補完性原理の可能性〉, 《グローバル化時代の地方ガバナンス》, 山口二郎 · 遠藤乾 外編, 岩波書店, 2003.

齋藤日出治 · 岩永眞治,《都市の美学》, 東京: 平凡社, 1996.

Augé, M., *Non-Places: Introduction to an Anthropology of Supermodernity*, London: Verso, 1995.

Castells, M., *The Internet Galaxy: Reflections on the Internet, Business, and Society*, New York: Oxford University Press, 2001.

Castells, M., *The Power of Identity*, Massachusetts: Blackwell Publishers Inc, 1997.

Castells, M., *The Rise of Network Society*, Massachusetts: Blackwell publishers Inc, 2000.

Cresswell, T., *On the Move*, New York: Routledge, 2006.

Harvey, D., *Justice, Nature & the Geography of Difference*, Massachusetts: Blackwell Publishers, 1996.

Heidegger, M., *basic Writings* (ed. by D. Farrell Krell), London: Routledge, 1993.

Kaufmann, V. · Bergaman M. M. · Joye, D., "Motility: mobility as capital," *International Journal of Urban and Regional Research* 28(4), 2004, pp. 745-756.

Massey, D., "Global Sense of Place," in *Space, Place and Gender*, Minneapolis: University of Minnesota Press, 1994.

Ohnmacht, T. · Maksim, H. · Bergaman, M., "Mobilities and Inequality- Making Connections," Ohnmacht, T. · Maksim, H. · Bergaman, M. M.,(eds.) *Mobilities and Inequality*, Burlington: Ashgate, 2009.

Putnam, R. D., "Turning In, Turing Out: The Strange Disappearance of Social Capital in America," *Political Science and Politics* 28(4), 1995, pp. 664-683.

Putnam, R. D., *Bowling Alone*, New York: Simon and Schuster, 2000.

Relph, E., *Place and Placelessness*, New York: Pion, 1976.

Sassen, S., *The Global City: New York, London, Tokyo*, Princeton: Princeton Univ. Press, 2001.

Urry, J., *Sociology beyond Society-Mobility for the Twenty-first Century*, London: Routledge, 2000.

매끈한 공간 대 홈 파인 공간:

전쟁기계, 또는 공간을 어떻게 구성할 것인가?

– 들뢰즈의 공간의 정치철학

김재인

이 글은 《철학과 현상학 연구》 제79집(2018.12)에 게재된 원고를 수정 및 보완하여 재수록한 것이다.

경향성의 구분이라는 방법

　흔히 사람들이 공간을 생각할 때, 선험적이고 균질적이며 수로 측정될 수 있는 절대적 공간을 전제하면서 논하는 경우가 많다. 유클리드 기하학이 표상하는 공간이나 데카르트의 직교좌표계가 그런 공간의 대표적인 예이다. 그런데 들뢰즈에 따르면 공간은 선험적 조건이 아니며, 공간 내 사물들로 측정된 부피를 의미하지도 않는다. 공간은 다른 각도에서 해명되어야 할 특성들을 갖고 있다.

　관련 주제에 대한 국내의 유일한 선행 연구자인 김은주는 두 공간 이해의 차이를 이렇게 정리하고 있다.

　들뢰즈에게 공간은 기하학이 가정하는 질서와 이상적 법칙을 구현하지 않는다. 공간은 그 자체로 변화를 거듭한다. 공간을 규정하는 불변의 형식은 존재하지 않는다. (…) 들뢰즈의 생성의 공간은 공간에 대한 새로운 사유 방식을 제기한다. 공간은 결코 선험적 조건이 아니며, 공간 지형물로 측정된 부피를 의미하지 않는다. (…) 들뢰즈의 생성의 공간은 공간을 물체를 담는 용기나 선재하는 형식으로 상정하는 절대 공간과 각 사물들 간의 상대적 관계에서 비롯되는 위치로 공간을 규명하는 상대적 공간 모두를 비판한다. 들뢰즈의 공간은 공간적으로 사유할 것을 넘어서 공간을 새롭게 정의하며, 공간 생성과 생산의 원리를 해명한다. 이 점에서, 그의 공간론 연구가 공간적 전회의 발전에 기여한 의미는 분명하다.[1]

1　김은주, 〈들뢰즈의 생성의 공간: 변이하는 공간과 공간 생산을 중심으로〉, 《시대와 철학》 2016 제27권 2호(통권 75호), 2016, 10쪽, 30쪽.

김은주의 논의는 들뢰즈(와 과타리)의 공간론의 여러 측면을 두루 살피는 데 반해, 공간의 사회-정치적 측면에 대해서는 짧게 고찰하며 후속 연구를 기약하고 있다. 이 글은 이 문제를 더 깊게 밀고 가며 고찰해 보려 한다.

들뢰즈와 과타리는《천 개의 고원》의 14번째 고원인 '1440년—매끈한 것과 홈 파인 것'을 다음 문장으로 시작한다.[2]

> 매끈한 공간과 홈 파인 공간, 유목 공간과 정주 공간, 전쟁기계가 전개되는 공간과 국가 장치에 의해 설정되는 공간—이 두 공간의 본성은 전혀 다르다.(Deleuze & Guattari 1980, 592/907)

우리는 이 문장을 통해, '매끈한 공간, 유목적 공간, 전쟁기계가 전개되는 공간'이 한편에 있고, '홈 파인 공간, 정주 공간, 국가 장치에 의해 설정되는 공간'이 다른 한편에 있음을 확인할 수 있다. 또한 "유목 공간과 정주 공간, 전쟁기계가 전개되는 공간과 국가 장치에 의해 설정되는 공간"은 12번째 고원인 '1227년—유목론 또는 전쟁기계'와 13번째 고원인 '기원전 7000년—포획장치'에서 방대하면서도 상세하게 다루고 있기 때문에, 그 논의와의 연관 속에서 '매끈한 공간과 홈 파인 공간'이 논의되고 있다는 점도 확인하게 된다.

논의를 시작하면서 제일 먼저 눈에 띄는 논법은 '사실상의 혼합'과 '권리상 본성의 차이'이다.[3] 이 논법은 들뢰즈의 첫 저서인《경험

---

2 Gilles Deleuze & Félix Guattari, *Mille Plateaux. Capitalisme et Schizoprènie 2*, Les éditions de Minuit, 1980. 김재인 옮김,《천 개의 고원》, 새물결, 2001. 이 책의 인용은 592/907와 같이 약어 뒤에 프랑스어 쪽수와 한국어 쪽수를 병기한다.
3 보그의 논문은 여러 가지 면에서 이 글과 궤를 같이 한다. 그렇더라도 두 연구의 유

론과 주체성: 흄의 인간 본성에 대한 시론》(1953)[4]에서부터 드러나지만, 가장 전형적으로 드러나는 저술은 《베르그송주의》(1966)[5]이다. 《베르그송주의》에서 들뢰즈는 '지속'과 '공간'이 권리상 본성의 차이가 있지만, 사실상 혼합물로 존재하기 때문에 많은 혼동을 낳는다고 논술한다.

> 베르그손은 사물들이 현실에 있어, 사실에 있어, 혼합되어 있다는 점을 모르지 않는다. 경험 그 자체는 우리에게 복합물만을 제공한다. 하지만 고약한 점은 거기에 있지 않다. 가령 우리는 시간을 공간이 침투해 있는 표상으로 만든다. 난처한 점은 우리가 더 이상 이 **표상** 안에서 본성상 다른 두 구성 요소, 즉 지속과 연장이라는 두 개의 순수 **현존들**을 구별하는 법을 알지 못한다는 점이다.(Deleuze 1966, 11-12/23)

들뢰즈가 베르그손한테서 발견한 지혜는, 실제로는 섞여 있는 것들 속에서 본성의 차이가 나는 요소들을 구별하는 '나눔'의 방법이다. 그렇게 해서 베르그손이 발견한 것 중 대표적인 것이 지속(시간)과 연장(공간)의 본성의 차이였던 것이다.

들뢰즈는 베르그손의 방법을 경험을 넘어서 경험의 조건으로 가

사성은 들뢰즈(와 과타리)의 원 텍스트에서 비롯되었지, 서로의 참조 속에서 생겨난 것은 아니다. Ronald Bogue, "Nomadism, Globalism and Cultural Studies," *Deleuze's Way. Essays in Transverse Ethics and Aesthetics*, Ashgate Publishing Limited, 2007, pp. 124-131. 특히 보그가 《베르그송주의》에서의 '경향성'의 구분을 논의의 출발점으로 삼고 있다는 점은 본 글과 접근을 같이한다는 점을 밝히고 싶다.

4 Gilles Deleuze, *Empirisme et subjectivité. essai sur la nature humaine selon Hume*, P.U.F., 1953.
5 Gilles Deleuze, *Le Bergsonisme*, P.U.F., 1966. 김재인 옮김, 《베르그송주의》, 문학과지성사, 1996. 인용은 프랑스어본 쪽수/한글본 쪽수를 병기.

기 위한 것으로서 칸트의 초월론적 분석과 유사하다고 말한다. 베르그손의 방법이 칸트와 다른 점은, 칸트에게는 '모든 가능한 경험의 조건'을 밝히는 것이 중요했던 반면 베르그손은 '실제 경험의 조건'을 밝히는 것이 중요했다는 점에 있다. 그런데 베르그손에 따르면 "본성의 차이를 보이는 것만이 순수하다고 얘기될 수 있지만, **경향들만이 본성의 차이가 난다.**"(Deleuze 1966, 12/24) 그렇게 해서 각각 운동과 운동의 방향이라고 정의되는 '지속'과 '연장'이 구분될 수 있었다.

베르그손에 대한 들뢰즈의 논의에서 참조할 수 있는 것은, 우리가 '공간'이라고 얘기하는 것도 사실은 혼합물이고, 따라서 더 분리해서 따져 봐야 하는데, 그 분석의 결과 드러난 것이 '홈 파인 공간'과 '매끈한 공간'이라는 점이다. 베르그손의 나눔의 방법은 들뢰즈에게 고스란히 전수되었다 하겠다.

들뢰즈와 과타리는 1976년에 소책자로 출판했고, 나중에 《천 개의 고원》에 수정해서 서론으로 수록한 '리좀'에서 이 논법을 적극 활용한다. 들뢰즈는 우선 '리좀'과 '나무(또는 뿌리)'가 본성상 다르다고 주장한다. 하지만 그 둘은 현실에서는 뒤섞여 있다. 따라서 '리좀'과 '나무'는 '경향성'에 따른 구분이지 사실의 구분이 아니다. 그렇기에 리좀에서 나무의 경향성이 활발해지면 그것은 더 이상 리좀이 아니고, 나무에서 리좀이 싹트게 되면 그것은 더 이상 나무가 아니다. 그 점을 들뢰즈와 과타리는 이렇게 강조한다.

리좀 안에는 나무 구조들이나 뿌리 구조들이 실존하지만, 역으로 나무의 가지나 뿌리의 분기가 리좀으로 싹트게 될 수도 있다. (…) 나무의 심장에서, 뿌리의 폭 파인 부분에서, 가지의 겨드랑이에서 새로운 리좀이 형성될 수 있다.(Deleuze & Guattari 1980, 23/34-35)

사실의 차이가 아니라 **권리상 본성의 차이**를 강조했다는 점을 놓치게 되면, 들뢰즈와 과타리의 논의는 일관성을 잃고 오락가락하고 있다고 여겨지기 쉽다. 하지만 들뢰즈와 과타리의 실천 전략은 본성의 차이, 즉 경향성을 극대화하는 데 있다. 그것은 어떤 현상에 대한 평가의 기준이기도 하다. 이 점을 들뢰즈와 과타리는 다음과 같이 진술한다.

리좀들에는 나무 형의 혹들이 있고, 뿌리들에는 리좀 형의 발아들이 있다. (…) 중요한 건 뿌리-나무와 수로-리좀이 두 모델로서 대립하는 게 아니라는 점이다. 전자는 자기의 고유한 도주들을 낳을지라도 초월적 모델 및 모사로서 작동한다. 반면 후자는 자기의 고유한 위계들을 구성하고 독재적 수로를 유발할지라도 모델을 전복하고 도면을 스케치하는 내재적 과정으로서 작동한다.(Deleuze & Guattari 1980, 30-31/45-46)

말하자면 나무는 초월성을 가동하며, 리좀은 내재성을 가동한다. 초월성과 내재성이라는 두 경향성, 수직적 위계와 수평적 연결이라는 두 경향성, 그것만이 기준이다. 들뢰즈는 이 구별을 극대화해서, 자신의 중 · 후기 실천철학을 제기한다.

이런 저간의 사정을 잘 알고 있다면, 들뢰즈와 과타리가 매끈한 공간과 홈 파인 공간에 대해 다음과 같이 말하는 것은 전혀 낯설지 않다.

게다가 우리는 이 두 공간이 사실상 둘의 혼합물로만 실존한다는 것을 상기해야만 한다. 매끈한 공간은 끊임없이 홈 파인 공간으로 번역되고 횡단되는 한편, 홈 파인 공간은 부단히 매끈한 공간으로 반송되고 반환

된다. 홈 파인 공간에서는 사막조차 조직화되고, 매끈한 공간에서는 사막이 퍼지고 확장되며, 이 두 일이 동시에 벌어질 수도 있다. 그런데 사실상의 혼합물이 권리상의 구분, 두 공간의 추상적 구분을 막는 건 아니다. 왜냐하면 그 둘이 결코 같은 방식으로 서로 소통하는 건 아니기 때문이다. 권리상의 구분이야말로 사실상의 이런저런 혼합의 형식들을, 이 혼합의 의미의 형식들을 규정한다(매끈한 공간이 홈 파인 공간에게 포획되고 감싸이는가 아니면 홈 파인 공간이 매끈한 공간 속으로 융해되어 매끈한 공간으로 펼치게 해 주는가?).(Deleuze & Guattari 1980, 593/907)

이런 진술에 따르면, 매끈한 공간과 홈 파인 공간은 리좀과 나무의 구별에서 보았던 것과 마찬가지로 **경향성의 구분**이다.[6] 그렇기 때문에 같은 사막일지라도 홈 파인 공간에서는 조직화되는 반면 매끈한 공간에서는 퍼지고 확장되는 것이다.

　그렇다면 어떤 특징, 어떤 본성, 어떤 경향성 때문에 그런 일이 일어나는가? 들뢰즈와 과타리는 이를 설명하기 위해 몇 가지 모델을 검토한다. 기술 모델, 음악 모델, 바다 모델, 수학 모델, 물리학 모델, 미학 모델(유목 예술) 등이 그것이다. 이 사례들을 통한 논의들은 분량은 짧지만 꽤나 압축적이기에, 아래에서는 장기와 바둑을 예로 들고 있는 놀이 모델을 중심으로 이 모델들을 종합해서 들뢰즈와 과타

6　들뢰즈와 과타리는 '여성' 또는 '소수자'를 다룰 때도 "생성이나 과정"으로 접근하느냐 "집합이나 상태"로 접근하느냐에 따라 그 성격이 전혀 다르다고 논한다. 가령 이렇게 말한다. "여성들조차도 여성-생성을 해야만 한다. (…) 여성도 여성-생성을 해야 한다."(Deleuze & Guattari 1980, 356) 본질을 설정하는 식의 본질주의 접근은 변화를 설명하기 어렵기 때문에, 논의의 핵심에는 항상 '경향성'의 구분이 있는 것이다. 관련된 더 깊은 논의는 김재인, 〈여성-생성, n개의 성 또는 생성의 정치학: 들뢰즈와 과타리의 경우〉, 《철학사상》 56호, 2015를 참조할 것.

리의 공간에 대한 논의를 파악해 보려 한다.

장기와 바둑을 통해서 본 홈 파인 공간과 매끈한 공간

들뢰즈와 과타리는 14번째 고원 말미에서 앞서 열거한 모델 말고도 다른 모델이 있다고 말하는데, 놀이 모델의 구체적인 예는 장기와 바둑이다. "놀이 모델. 여기서 게임들은 공간의 유형에 따라 서로 대치하며, 또한 게임 이론도 원리가 같지 않은데, 일례로 바둑의 매끈한 공간과 장기의 홈 파인 공간이 있다."(Deleuze & Guattari 1980, 624/952) 그런데 실은 들뢰즈와 과타리는 이미 12번째 고원에서 이에 대해 자세히 논의한 바 있다. 그래서 이 대목에서는 자세히 다루지 않고 언급만 한 것으로 보인다. 우리는 12번째 고원에서의 더 자세한 논의를 살핌으로써, 공간의 두 유형에 대한 이해를 도울 수 있으리라 본다. 장기와 바둑은 누구나 한 번쯤은 놀아 봤을 친숙한 사례이다. 한 편의 짧은 철학 에세이로도 읽을 수 있는 이 사례를 통해 우리는 서로 본성이 다른 두 유형의 공간에 대한 직관적인 이해에 이를 수 있을 것이다.

장기와 바둑은 뭐가 어떻게 다를까? 들뢰즈와 과타리는 말들의 특성, 말들의 관계, 해당되는 공간이라는 관점에서 장기와 바둑을 비교한다.(Deleuze & Guattari 1980, 436-437/673-675) 먼저 말들의 **특성**을 보자. 장기의 말들은 코드화되어 있으며, 내적 본성을 갖고 있다. 게임이 진행될 때, 이 본성에서부터 "행마, 포석, 대치"가 정해진다. 각자에게는 고유한 자격과 권한이 있어서, 일어날 모든 일은 이로부터 비롯된다. 그래서 우리는 각 말의 고유한 특성과 이동 규칙을 마음대로 바꿀 수 없다. 말들의 이런 내적 본성 때문에 장기판에서 플레이

될 수 있는 놀이는 제약되며, 가끔은 시시하다고 느껴지는 일이 생긴다. 반면 바둑돌은 고유한 특성이 아니라 상황적 특성밖에 갖고 있지 않다. 바둑돌은 "3인칭적 기능"만 있는 "단순한 산술 단위"이다. 그래서 서로 명확히 구별될 수 있는 두 집단으로 분류될 수만 있다면 그것이 돌이건, 나무이건, 상아이건, 심지어 집단 내부에서는 꽤 차이가 나는 어떤 물건들이건 간에 바둑돌이 될 수 있다. 또한 바둑판 내에서 각 돌의 특성은 다른 돌들과의 관계에 따라 늘 변한다. 다 잡힌 사석처럼 보일지라도, 나중에 놓이는 묘수에 따라 큰 집의 초석이 되기도 하는 것이다. 바둑 애호가가 매력을 느끼는 건 이런 변화무쌍함이다.

장기와 바둑에서는 말들의 **관계**도 전혀 다르다. 장기에서 말들은 "내부성의 환경"에서 움직이며, 말들의 기능은 "구조적"이다. 고유한 본성을 갖고 있는 말들이 장기라는 게임의 구조 속에서, 즉 내부성의 환경 안에서 조합되기 때문에, 말들이 구조적으로 기능한다고 얘기되는 것이다. 물론 조합의 경우의 수는 한정되어 있어서, 상대적으로 단순하다. 바둑에서는 돌들이 "외부성의 환경"만 가지며, 일종의 "성운이나 성좌"를 이루는 "외부적 관계"만 갖는다. 바둑돌은 고유한 특성이 없기 때문에, 놓이는 위치 및 다른 돌들과의 관계에 따라 항상 새로운 성운이나 성좌를 구성한다. 별자리를 이루는 별들이 다른 별들과 어떻게 엮이느냐에 따라 서로 다른 별자리가 될 수 있듯 말이다. 가령 북두칠성은 큰곰자리의 일부로 재편될 수 있으며, 이런 일은 언제든 일어날 수 있다. 한 판의 바둑이 진행되는 과정을 지켜보면서 그 변화무쌍함에 놀라게 되는 것은 이런 까닭이다. 바둑돌의 조합의 경우의 수는 우주에 존재하는 원자들의 개수인 10의 80

제곱보다 많다.[7] 그래서 말들의 관계는 극적으로 이렇게 표현된다. "바둑은 단 한 알로도 공시적共時的으로 하나의 성좌 전체를 무효로 만들 수 있는 반면, 장기의 말은 그렇게 할 수 없다(또는 통시적通時的으로만 그렇게 할 수 있다)."(Deleuze & Guattari 1980, 436/674) 바둑에는 공간 자체를 변화시키는 힘이 있는 데 반해, 장기는 공간에 종속된 채로 머문다.

끝으로 언급되는 것은 우리가 관심을 갖는 **공간의 차이**이다. 장기의 경우에는 "닫힌 공간에서 분배되는 것"이 관건인 반면, 바둑의 경우에는 "열린 공간에 분배되어 공간을 확보하고 그 어떤 지점에서도 출현할 수 있는 가능성을 유지하는 것"이 관건이다. 장기에서 공간은 운동을 제약하는 선험적 조건으로 존재하지만, 바둑에서 공간은 선험적 규정 없이 운동을 통해 변화되고 만들어지는 후험적 산물이다. 그런 점에서 장기와 바둑은 본성의 차이가 난다. 그리고 이 본성의 차이는 정태적인 특성이기보다 경향성으로서 드러난다.

들뢰즈와 과타리는 장기의 공간과 바둑의 공간을 지칭하면서 각각 '홈 파인 공간'과 '매끈한 공간'이라고 말한다. 각 공간에서 일어나는 운동은 완전히 다르다. 장기의 공간에서 말은 한 점에서 다른 점으로 순차적으로 이동한다. 반면 바둑의 공간에서 운동은 목적도 목적지도, 출발점도 도착점도 없이, "끝없이 생성"한다. 장기의 공간에서 일어나는 운동이 정태적이라고 여겨지는 것은, 바둑의 공간에서 판 전체가 새롭게 출현하는 끝없는 생성의 운동과 비교될 때이

---

7 19×19 바둑판에서 둘 수 있는 배치의 수는 208,1681,9938,1979,9846,9947,8633,3448,6277,0286,5224,5388,4530,5484,2563,9456,8209,2741,9612,7380,1537,8525,6484,5169,8519,6439,0725,9916,0156,2812,8546,0898,8831,4427,1297,1531,9317,5577,3662,0397,2470,6484,0935이며, 대략 10의 171제곱이다.

다.[8] 이로써 장기와 바둑이 공간의 차이를 잘 드러내는 탁월한 사례임을 우리는 확인했다.

어근 nem-을 통해 본 노모스의 의미

우리는 장기와 바둑의 비교를 통해 홈 파인 공간과 매끈한 공간의 본성의 차이를 엿볼 수 있었다. 다른 한편, 이 글 첫 번째 절의 인용문에서 볼 수 있듯이, 들뢰즈와 과타리가 홈 파인 공간을 '국가' 또는 '폴리스'라 지칭하고 매끈한 공간을 '노모스'라 지칭한다는 점은 현대사회의 공간과 운동을 이해하는 데 주목할 만한 또 다른 단서를 준다. 특히 '노모스'는 다시 '유목(노마드)'과 연결된다는 점에 유의해야 하는데, 이 점은 이미 《차이와 반복》(1968)[9]에서부터 논의되기 시작했고 《천 개의 고원》의 12번째 고원에 이르기까지 자세히 다루어진 바 있다. 여기에서는 '노모스'의 의미 변화를 통해, 공간 이해에 어떤 변화가 생기게 되었는지를, 언어학적-어원적 분석을 통해 추적해 보기로 하겠다. 이 과정에서 '매끈한 공간'과 '홈 파인 공간'의 특성이 다시 한 번 드러날 수 있을 것이고, 특히 전자가 후자로 바뀌는 과정도 확인할 수 있게 될 것이다.

들뢰즈는 에마뉘엘 라로슈의 기념비적인 박사학위논문 《고대 희

---

8 들뢰즈와 과타리는 장기와 바둑의 사례와 유사한 것으로서 뜨개질을 예시하기도 한다(Deleuze & Guattari 1980, 593-594/908). 대바늘 뜨개질과 코바늘 뜨개질이 그것인데, 각각 장기와 바둑에 대응한다. 대바늘과 코바늘이 공간을 만들어가는 방식을 비교하는 것은 흥미를 자아낸다.

9 Gilles Deleuze, *Différence et répétition*, P.U.F., 1968. 질 들뢰즈, 《차이와 반복》, 김상환 옮김, 민음사, 2004. 인용은 프랑스어 본 쪽수/한글 본 쪽수를 병기.

랍에서 어근 nem—의 역사 nemō, nemesis, nomos, nomizō》[10]에 기초해 논의를 전개한다. 들뢰즈가 이 논문을 다루는 맥락을 보면, 《차이와 반복》에서는 존재의 일의성 문제에, 그리고 《천 개의 고원》 12번째 고원에서는 유목민의 문제에 초점이 가 있다. 이처럼 초점은 얼마간 다르지만, 들뢰즈는 라로슈의 논의에서 '분배'라는 주제와 관련된 몇 가지 사항을 추출해 낸다. 요컨대 '분배'를 둘러싸고 분배가 일어나는 공간 자체의 성격에 변화가 있었다는 것이다.

먼저 들뢰즈(와 과타리)의 텍스트에 달려 있는 긴 주석들을 확인하자.

i) 라로슈는 nomos-nemō 안에 있는 분배의 관념은 배당의 관념 temnō, daiō, diaireō과 단순한 관계에 있지 않음을 보여 준다. nemō(방목하다)의 목축적 의미는 나중에서야 땅의 배당을 내포한다. 호메로스 시대의 사회는 방목장의 울타리나 소유지를 알지 못했다. 관건은 땅을 짐승들에게 분배하는 일이 아니라 거꾸로 짐승들을 자체를 분배하는 일, 숲이나 산등성이같이 한정되지 않은 공간 여기저기에(ça et là) 짐승들을 할당하는 일이다. nomos는 일차적으로는 점유 장소를 지칭하지만, 그 장소는 명확한 경계가 없다(가령, 마을 둘레에 펼쳐진 곳). 이로부터 "노마드"〔=유목〕라는 테마도 유래한다.(Deleuze 1968, 54 note/104주)

ii) 어근 "nem-"은 배당이 아니라 분배를 가리킨다. 설령 그 둘이 서로 연계되어 있을지라도 말이다. 하지만 정확히 말해 목축적 의미에서 동물들의 분배는 한정되지 않은 공간에서 행해지며 땅의 배당을 내포하

10   Emmanuel Laroche, *Histoire de la racine NEM-en Grec ancien (nemō, nemesis, nomos, nomizō)*, Paris: Klincksieck, 1949.

지 않는다. "호메로스의 시대에 목자牧者의 직무는 땅의 배당과는 아무 상관이 없었다. 솔론 시대에 농업 문제가 전면에 등장하면서 이 문제가 전혀 다른 어휘로 표현되었다." **방목하기**nemō는 배당하기가 아니라 여기저기에ça et là 배치하기, 짐승들을 분산하기와 관련되어 있다. 노모스가 법과 권리의 원리 Thesmoï와 Dikè를 가리키게 되고, 더 나아가 법 자체와 동일시된 것은 단지 솔론 이후의 일이다. 그전에는 오히려 법에 의해 지배되는 도시 즉 폴리스냐 아니면 노모스의 장소인 교외냐 하는 양자택일이 있었다.(Deleuze & Guattari 1980, 472 n.44/731 주62)

라로슈의 연구에 따르면, "nemō(방목하다)"라는 말의 어근인 nem– 은 고대 희랍에서 중요한 의미 변화를 겪는다. 이 변화는 니체가 《도덕 계보학》[11] 첫 번째 논문에서 분석한 'gut(좋음)'의 의미 변화만큼이나 극적이다. 고대에 '좋음'은 '열악함schlecht'과 대립되는 개념으로, 강자의 힘의 표현 자체였다. 반면 유대인은 '좋음'을 '악함böse'에 대립시켰는데, '악함'이란 강자의 힘의 표현을 뜻했으며, 표출할 힘의 부재를 '좋음'으로 간주했다. 이 과정에서 '좋음'의 의미는 정반대로 바뀌었고, 니체는 이를 도덕에서의 '노예 반란'이라고 불렀다.[12] 라로슈의 nem–에 대한 연구를 들뢰즈가 중요한 전거로 삼은 까닭도 그 연구가 계보학적 분석의 결과물이었기 때문으로 보인다. 그렇다면 언제 어떤 변화가 있었을까?

11 Friedrich Nietzsche, *Zur Genealogie der Moral. Eine Streitschrift*, 1887. Giorgo Golli & Mazzino Montinari (hrs.), *Friedrich Nietzsche, Kritische Studienausgabe in 15 Bänden*, Berlin & New York: Walter de Gruyter, 1999. Band 5.

12 Gilles Deleuze, *Nietzsche et la philosophie*, P.U.F., 1962. 들뢰즈는 이 책 4장 전체를 이 주제에 바치며, 현대성을 규정하는 '노예 도덕'을 어떻게 극복할지 모색한다.

라로슈는 두 시기를 구별한다.[13] 기원전 8세기 호메로스의 시기와 기원전 6세기 솔론 이후의 시기. 솔론(BC 638~558년경)은 고졸기 archaic[14] 아테네의 쇠락에 맞서 새로운 법을 세운 것(BC 594년)으로 유명하다(BC 594년, 이른바 '솔론의 개혁'). 오늘날 우리는 nem-에서 유래한 노모스nomos를 '법'이나 '관습'이라는 뜻으로 알고 있으며, 실제로 이는 기원전 5세기 고전기classical[15] 희랍어의 일반적 의미였다. 하지만 우리는 노모스의 고전기적 의미를 고졸기에 거슬러가 투사하는 오류를 범하고 있다. 즉, 고졸기에서부터도 노모스가 '땅을 여러 조각으로 배당하기partage'라는 뜻이었다고 여긴다. 하지만 호메로스 시기에 nem-을 어근으로 하는 동사 nemō는 '나는 배당한다je partage'는 뜻이 아니라 '나는 분배한다je distribue'는 뜻이었다(Laroche 1949, 7-8). 물론 '부분들로 나누어 배당하기'라는 행위와 '분배하기'라는 행위는 호메로스 시대에도 서로 밀접하게 관련되어 있었다. 가령 전사는 불에 구운 양고기를 부분 부분 자르고, 그 다음에 동료들에게 조각들을 분배한다. 그래서 '부분들로 나누기'와 '배당하기'라는 과정

---

13 이하 라로슈의 원전에서의 인용은 Ronald Bogue, "Nomadism, Globalism and Cultural Studies," *Deleuze's Way. Essays in Transverse Ethics and Aesthetics*, Ashgate Publishing Limited, 2007, pp. 124-131.와 Ismaël Jude, "Une distribution nomade," *Agôn. Revue des arts de la scène* 7, 2015, https://journals.openedition.org/agon/3290. 의 작업에 전적으로 기대었다. 또한 John Sellars, "Deleuze and cosmopolitanism," *Radical Philosophy* 142, 2007는 세계적으로 가장 권위 있는 희랍어 사전 H.G. Liddell and R. Scott, *A Greek-English Lexicon*, rev. H.S. Jones, Clarendon Press: Oxford, 1940을 함께 참조하며, 라로슈의 연구를 보완하는 자료를 제시하고 있다.

14 희랍 역사에서 고졸기는 기원전 8세기부터 기원전 480년 2차 페르시아 침공 사이의 시기를 가리키며, '암흑기'와 '고전기'의 중간 시기이다.

15 희랍 역사에서 고전기는 기원전 5세기와 4세기 약 200년의 시기이다. 일반적으로 기원전 510년에 아테네의 마지막 참주가 몰락한 시기부터 알렉산드로스 대왕이 죽은 기원전 323년까지의 시기로 잡는다.

이 포함되기는 한다. 하지만 중요하면서도 간과해서는 안 될 사실은, nemō는 오직 '분배하기'만을 뜻했다는 점이다. 이때의 분배는 '주기', '제공하기'라는 행위를 가리키는 말이었지, 고전기의 의미인 '부분들로 나누어 배당하기'라는 뜻은 아니었다. 설사 부분들로 나누어 배당하는 일도 포함될 수 있었지만 말이다.[16]

이 점을 더 알아보자. 우선 고졸기에 목축지는 양떼가 할당되는 미리 마련되어 있는 "조각난 땅, 땅뙈기, 얼마 안 되는 땅"이 아니었다. 그것은 "일반적으로 한정되지 않은 공간"으로, "그것은 숲, 강가의 목초지, 산비탈 등 다 상관없다."(Laroche 1949, 116) 이 시기 노모스는 결코 땅의 배당을 가리키지 않았다. 노마드의 "명확한 경계가 없는 거주 장소"(Laroche 1949, 117) 역시도 경계들이 갈라놓은 구획이나 구역이 아니라 한정되지 않은 공간이었다. 오늘날로 말하면, 이는 캠핑장에서 여지가 있는 한 아무 데나 텐트를 치는 일에 비유할 수 있다. 공간의 획정은 캠핑 활동 이후에야 일어난다. 그런데 솔론의 개혁 이후 노모스는 '배정된 땅'을 뜻하게 되었다. 이런 용법은 도시 정주민의 구획이 도시 주변으로 연장되었음을 보여 준다. 이는 아파트에 입주하는 일과 같다고 비유할 수 있다. 반면 고졸기에는 노모스가 도시와 관련되었다 해도 그것은 "행정구역이 되기 전에 도시 둘레에 있는 거주 가능한 땅의 확장"(Laroche 1949, 117)과도 같았다. 라로슈의 결론은, 노모스란 인간이 인정할 필요가 없는, 즉 정부나 국가의 승인이 필요 없는, "동물이나 거주자를 위한 목초지를 가리킬 따름"(Laroche 1949, 117)이다. 고졸기의 노마스nomas는 유목하는 목자와 그의 동물을

---

16 '운명'을 뜻하는 고졸기 희랍어 nemesis도 본래는 분배가 잘못되었을 때 비난을 전가하는 말이었다.

다 가리키는 말이었는데, 목자는 고정된 거주지가 없는 떠돌이 개인이고 목자의 동물은 열린 영토를 가로질러 자유롭게 맘껏 움직이는 존재였기 때문이다.(Laroche 1949, 122)

그렇다면 어떻게 '분배하기'가 '법'이 되었을까? 짐승들을 땅에 마음껏 늘어놓는 일이 한정된 땅에 짐승들을 배당하는 일로 바뀌었을까? 들뢰즈(와 과타리)는 폴리스 또는 국가가 주변으로 **행정력을 확대**하면서 그렇게 되었다고 답한다. 이제 노모스는 애써 힘껏 차지하게 된 공간에서 배정 규칙에 따라 입주하게 될 공간으로 의미가 바뀌었다. 들판은 감옥이 되었다. 노모스의 의미는 전도되었다. 따라서 과제는 이 사건을 역전시키는 실천으로 제기될 수밖에 없다. 고전기의 노모스를 고졸기의 노모스로 돌리기, 즉 '홈 파인 공간'을 '매끈한 공간'으로 변형하기.

보그는 분할되지 않은 풍경을 차지하고 있는 양떼를 유목적인 것의 한 모델로 예시하는데, 그 풍경화는 우리의 이해를 도와준다(Bogue 2007, 126). 양떼는 경사진 표면을 이리저리 다니면서 계곡, 평원, 언덕, 경사면 등의 윤곽을 채우고, 매 경우마다 "역량, 권력puissance, 능력이 닿는 대로 한껏 공간을 차지"한다. 개별 양떼들 간의 관계의 배치 상태는 매번 바뀌고 변하며, 양떼 집단의 모습은 계속 변신 중에 있고, 풍경의 지형학에서 양떼 집단의 모습은 변주variation한다. 양떼가 돌아다닐 때면 바깥쪽 윤곽 모서리의 한계를 계속해서 넘어가는 일이 생기며, 양떼가 전에 차지했던 영토를 떠날 때면 새로운 공간을 채우게 된다. 양떼는 하나의 흐름이요, 나뉘어 있지 않은 열린 공간을 가로지르는 유목적 분배의 변신적, 역동적 과정에 관여하고 있는 다양한 요소들의 유동이다.

보그의 이런 묘사는 한 수 한 수 둘 때마다 판 전체가 변신하고 유동하는 바둑판을 연상시킨다. 노모스 또는 유목적인 것에 대한 이런 상은 매끈한 공간의 본성을 잘 보여 준다는 점에서 의미가 있다. 또한 들뢰즈(와 과타리)가 노모스와 관련해서 "여기저기에ça et là" 분산하고 할당하는 실천을 말할 때, 매끈한 공간은 미리 존재하는 공간이 아니라 만들어 가고 창조해 가는 공간이라는 것을, 나아가 그런 실천의 경향성을 가리킨다는 것을 유념해야 하겠다.

이 점은 김은주 또한 잘 간파해서 지적하고 있다. "들뢰즈의 공간 개념이 지닌 의미는 기존의 공간을 변이하여 새로운 공간을 생산하는 거주의 형식과 스타일을 변이하려는 바에 있다. 생성의 공간이 지닌 의의는 무엇보다도 통제적 공간 구축 방식에서 벗어나 새로운 스타일과 해방의 공간을 창출하기 위한 노력에 있는 것이다."(김은주 2016, 32) 말하자면, 공간의 문제를 논의하는 것은 공간의 특성을 단지 기술하기 위해서가 아니며 공간의 특성을 바꾸는 실천의 출발이다. 이 점에서 어근 nem-에 대한 들뢰즈(와 과타리)의 분석은 이들의 정치철학의 다른 이름인 '분열분석'의 일부를 이룬다고 평가할 수 있다.

전쟁기계, 또는 공간을 어떻게 구성할 것인가?

《천 개의 고원》에서 라로슈가 참조되는 지점은 '전쟁기계'와 '유목민'의 관계가 논의되는 '공리2'와 '명제5'를 설명하는 맥락에서이다 (Deleuze & Guattari 1980, 471-481/729-744). 이 맥락을 더 들여다보면 공간 논의가 갖는 실천적, 정치철학적 의미가 더 잘 드러나리라 본다.

공리2와 명제5의 내용은 다음과 같다.

공리2: 전쟁기계는 유목민의 발명품이다(그것이 국가 장치의 외부에

있고, 군사제도와 구별되는 한에서). (…)

　　명제5: 유목적 실존은 전쟁기계의 조건들을 공간 속에 반드시 실효

화한다.(Deleuze & Guattari 1980, 471/729)

그리고 이 진술은 더 뒤에서

　　명제9: 전쟁은 반드시 전투를 목적으로 삼는 것은 아니다. 특히 전

쟁기계는 반드시 전쟁을 목적으로 삼고 있는 것은 아니다. (특정 조건

들 아래에서는) 전쟁기계에서 전투와 전쟁이 반드시 나올지라도 말이

다.(Deleuze & Guattari 1980, 518/797-798)

라는 저 유명하면서도 베일에 싸인 진술과 만나게 된다. 이 공리와
명제들에서 '전쟁기계는 유목민의 발명품'이자, '유목적 실존은 전쟁
기계의 조건을 공간 속에 반드시nécessairement(필연적으로) 실효화한다'
고, 나아가 '전쟁기계는 반드시 전쟁을 목표로 하고 있는 것은 아니'
라고 진술되고 있다. 우리는 이 글을 시작하면서 '매끈한 공간, 유목
적 공간, 전쟁기계가 전개되는 공간'이 서로 긴밀한 관계에 있음을
확인한 바 있는데, 이제 마지막 쟁점인 '전쟁기계'의 문제를 다룰 차
례이다.
　　방금 본 공리와 명제들을 이해하기 위해 들뢰즈가 제시한 바 있는
비교적 짧은 길을 가 보면 어떨까? 들뢰즈는《천 개의 고원》이 출판
된 후 1980년 가을에 인터뷰를 통해 이렇게 말한다.

　　우리는 "전쟁기계"를 도주선들 위에서 자신을 구성하는 선형 배치체un
agencement linéaire라고 정의한다. 이런 의미에서 전쟁기계는 결코 전쟁을

목표로 삼고 있지 않다. 전쟁기계는 자기가 구성하고 차지하고 전파할 아주 특별한 공간, 즉 **매끈한 공간**을 목표로 삼는다. **유목**nomadisme이란 바로 전쟁기계와 매끈한 공간의 이 조합이다. 우리는 어떻게 그리고 어떤 경우에 전쟁기계가 전쟁을 목표로 삼는지 보여 주려고 노력했다(국가 장치가 처음에는 자신에게 속하지 않았던 전쟁기계를 전유할 때 그런 일이 벌어진다). 전쟁기계는 혁명적 또는 예술적일 수 있는데, 전쟁과 관련되기보다 훨씬 더 그렇다.[17]

이 인터뷰에 언급된 '유목'이라는 개념은 명제5에 나온 '유목적 실존existence nomade'의 다른 표현이며, 비슷한 말로 '유목적 삶'이라는 말을 쓰기도 한다. 유목 또는 유목적 실존은 고졸기 노모스에서의 노마스nomas의 삶이다. 그것은 '여기저기에' 분배하는 실천을 가리키며, 이 실천 및 결과가 바로 매끈한 공간의 본성이다. 이 실천을 들뢰즈와 과타리는 역설적이게도 '전쟁기계'라고 명명했다. 이 이름이 역설적인 건 정작 전쟁기계가 반드시 '전쟁'을 목적으로 삼는 것도 아니고, 전쟁 또한 반드시 '전투'를 목적으로 삼는 것도 아니기 때문이다. 전쟁기계의 목적은 오직 매끈한 공간일 뿐이다.[18]

사정이 이렇다면 전쟁기계가 '혁명적 또는 예술적일 수 있다'는 진술도 납득 가능하다. 홈 파인 공간에서 운동은 각자에게 지정된 고유한 특성에 따라 한정된 길을 따라가며 일어난다. 그것은 땅

---

17 Gilles Deleuze, *Pourparlers*, Paris: Les éditions de Minuit, 1990, pp. 50-51.

18 '전쟁기계'라는 명칭과 개념이 적절하지 않다는 비판이 제기되는 건 이런 이유 때문이다. 들뢰즈와 과타리는 왜 하필 이 표현을 썼을까? 이 물음에 대한 답은 다른 논의를 필요로 한다. 이 글에서는 '현존하는 나쁜 기성 질서'(국가 장치)가 전제된다는 점을 통해 전투와 전쟁이 불가피하다는 암시를 남기는 정도로 하겠다.

의 배당에 해당하며, 장기에서 말의 운동이 이루어지는 방식이다. 그 운동은 정해진 법에 따르기에 예속적일 수밖에 없다. 그 법은 내가 제정한 것이 아니다. 좁은 시각에서 볼 때 자유롭게 보이는 운동일지라도 공간 전체의 관점에서 보면 예속적이다. 한편, 바둑에서는 늘 새로운 수가 발견된다. 엄밀히 말하면 불가능한 수는 아니기에 '발견'이라고 부를 수 있겠지만, 무한에 가까운 경우의 수를 염두에 둔다면 차라리 '발명'이나 '창조'라는 말이 더 어울린다. 기존의 정석定石은 깨지고 새로운 정석이 출현한다. 내가 새로 열리는 공간에 새로운 법을 제정하는 것과도 같다. 먼저 운동이 있고 법이 만들어진다. 그렇기에 '혁명'과 '예술'은 이 실천에 부응하는 적합한 명칭일 수 있다.

14번째 고원은 혼합된 공간을 어떻게 매끈한 공간 쪽으로 바꿀 수 있는지에 대한 고민으로 끝맺고 있다.

특히 우리의 관심을 끄는 것은 홈 파기와 매끈하게 하기라는 조작에서의 이행들과 조합들이다. 어떻게 공간은 그 안에서 행사되는 힘들의 강제 아래에서 끊임없이 홈 파이는 걸까? 또 어떻게 공간은 이 과정에서 다른 힘들을 전개하고 홈 파기를 가로질러 새로운 매끈한 공간들을 토해 내는 걸까? 가장 홈 파인 도시조차도 매끈한 공간들을 토해 낸다. 도시에서 유목민이나 혈거인으로 거주하기. 빠름이나 느림이라는 운동만으로도 종종 매끈한 공간을 다시 만들어 내기에 충분하다. 물론 매끈한 공간들이 그 자체로 해방적인 건 아니다. 하지만 바로 매끈한 공간들에서 투쟁은 바뀌고 이전하며, 삶은 도박을 재건하고 새로운 장애물과 대결하고 새로운 거동들을 발명하고 적들을 변화시킨다. 우리를 구원하기 위해 하나의 매끈한 공간으로 충분하다고는 절대로 믿지 말

라.(Deleuze & Guattari 1980, 624-625/953)

여기에서 논의되고 있는 것은 매끈한 공간을 '상태'로 이해하느냐 '경향성'으로 이해하느냐의 문제이다. 매끈한 공간이 경향성으로 이해되어야 한다면, 그에 걸맞은 실천이 동반되어야 한다. 상태로서 이해하게 되면 매끈한 공간조차도 다시 홈 파인 공간으로 가는 경향성에 따를 여지가 남게 되기 때문이다. 특히 '우리를 구원하기 위해서는 매끈한 공간만으로 충분하지 않다'는 마지막 문장의 경고는 실천의 또 다른 전략을 고민케 한다. 유목적 삶은 한 수마다 새로운 발명을 요청한다. 그에 응수하는 것은 우리 각자의 몫이다.

매끈한 공간 만들기 말고 다른 실천이 없기에

왜 들뢰즈는 매끈한 공간의 생성을 국가에 대항하는 전쟁기계의 실천으로 제시했을까? 들뢰즈가 직접 답하고 있지 않은 이 물음에 답을 시도해 보자. 우리는 일단 현존하는 질서인 홈 파인 공간에서 출발해야 하며, 그럴 수밖에 없다. 홈 파인 공간이 있다는 건, 그렇게 홈을 판 존재와 그렇게 한 목표나 의도가 있었으리라 짐작케 한다. 가령 국가나 자본의 의도가 있을 수 있다. 들뢰즈에게는 기성 질서가 있다는 전제가 항상 논의의 출발점이다. 구체적인 상황과 문제가 없다면 철학적 논의는 시작될 필요조차 없다고 들뢰즈는 반복해서 말한다. 공간에 대한 논의 역시 마찬가지이다.

그 다음에 이런 조건에서 자유롭게 살아갈 수 있으려면 어떻게 해야 할까? 결국은 그 홈에서 빠져나와야 한다. 빠져나오기 위해서는 일차적으로 그 홈을 메꾸고 매끈하게 만드는 작업이 있어야 한다.

그것이 매끈한 공간을 만드는 실천이요, 들뢰즈가 보기에 이것이야말로 구체적인 혁명적 실천이다. 그래야 다른 대안적인 삶을 살 수 있을 것이다.

들뢰즈와 과타리에 따르면, 자본이 파 놓은 홈의 대표적인 사례로는 빚(부채)이 있다. 현대 자본주의사회에서 개개인을 관리하는 대표적인 방식이 빚이라는 것이다. 빚 때문에 원치 않는 일일지라도 자발적으로 행하게 된다는 것이다.[19] 빚의 악순환에서 빠져나가는 방법은 신용불량자가 되는 길밖에 없을까? 어렵지만 계속해서 답을 찾아야 할 실천적 물음이다.

한편 홈 파인 공간 또는 혼합된 공간을 매끈한 공간으로 변화시킨다는 것은 무엇을 의미할까? 매끈한 공간을 만들어 냈다 해도 그것이 금세 홈 파인 공간으로 바뀌고 만다면, 전쟁기계가 수행하는 실천은 어떻게 정당화될 수 있을까? 실제 현실에서도 예술가나 실험가가 매끈한 공간을 창출하면, 자본은 이윤을 추출하기 위해 다시 홈을 파며 흘러온다. 도심 인근 낙후 지역이 활성화되면서 돈과 외부인이 유입되며 원주민이 밀려나는 이른바 '젠트리피케이션gentrification' 현상이 대표적이다. 일이 이런 식으로 반복된다면, 매끈한 공간 만들기가 무슨 의미가 있을까? 그건 자본의 논리, 신자유주의의 논리를 뒷받침하는 이론 아닐까?

이런 물음을 던질 때 한 가지 유념할 점은, 어떤 사태의 사실관계를 기술describe하는 문제는 그게 옳거나 좋다는 진단prescribe을 뜻하

---

19 이에 대한 논의로는 다음 두 책을 참조할 수 있다. 마우리치오 라자라토, 《부채인간: 인간 억압 조건에 관한 에세이》, 허경·양진성 옮김, 메디치, 2012; 김재인, 《혁명의 거리에서 들뢰즈를 읽자》, 느티나무책방, 2016.

는 건 아니라는 점이다. 어떤 공간을 가치 있게 만든다는 것이 무엇인지를 기술하고 있다고 볼 수 있으며, 이 점에서는 오히려 오히려 들뢰즈와 과타리는 사실관계를 파악하는 일에서는 선견지명이 있었다고 평가할 수 있다.

더 깊게 따져 본다면, 예술가나 실험가에게 공간을 매끈하게 만드는 일 말고 다른 실천이 있을까? 들뢰즈는 역사와 생성을 대비하면서 역사를 비판한다. 모든 역사가는 혁명의 쇠락과 실패를 강조하지만, 이는 결국 혁명하지 말자는 얘기로 귀결될 뿐이다. 혁명의 순간으로 돌아가는 게 중요하지, 나중을 고려하는 건 중요하지 않다. 유한한 인생인데 한정된 시간 안에서 어떻게 살 것인지를 물어야 한다. 나중에 보니까 변절하고 배반했더라는 건 부차적이며, 혁명의 순간의 떨림을 함께하는 게 일차적이다.

자본은 늘 우리를 포획하고 있다. 그렇다 할지라도 우리는 다른 길이 없지 않느냐는 필연성에 맞닥뜨리게 되고, 달리 할 수 없었기 때문에 해야만 하는 운명의 길을 가지 않을 수 없다. 달리 할 수 없는 일들의 연속, 그것이 니체가 말하는 '운명애'이다. 달리 할 수 없기 때문에, 매끈한 공간을 만드는 실천을 하는 것이다. 그러다 보면 혹 국지적인 시도들이 공진하는 때도 오지 않을까? 국지적으로 매끈한 공간이 확보된다는 조건이 성숙하면, 함께 떨리는 때가 오지 않을까? 이게 조금은 더 낫지 않을까 하는 것이 들뢰즈의 입장이라고 해석할 수 있다.[20] 혹 더 나은 실천이 있다면 제안해 보라는 것이 들뢰즈의 태도인 것이다.

---

[20] 김재인, 〈무의식을 생산하라: 들뢰즈의 정치철학〉, 《철학, 혁명을 말하다: 68혁명 50주년》, 한국프랑스철학회 편, 이학사, 2018. 참조.

참고문헌

김은주, 〈들뢰즈의 생성의 공간: 변이하는 공간과 공간 생산을 중심으로〉, 《시대
와 철학》 2016 제27권 2호(통권 75호), 2016.

김재인, 〈여성-생성, n개의 성 또는 생성의 정치학: 들뢰즈와 과타리의 경우〉, 《철
학사상》 56호, 2015.

_____, 《혁명의 거리에서 들뢰즈를 읽자》, 느티나무책방, 2016.

_____, 〈무의식을 생산하라: 들뢰즈의 정치철학〉, 《철학, 혁명을 말하다: 68
혁명 50주년》, 한국프랑스철학회 편, 이학사, 2018.

마우리치오 라자라토, 《부채인간: 인간 억압 조건에 관한 에세이》, 허경 · 양진성
옮김, 메디치, 2012.

Bogue, Ronald, "Nomadism, Globalism and Cultural Studies", in *Deleuze's
Way. Essays in Transverse Ethics and Aesthetics*, Ashgate Publishing
Limited, 2007, pp. 124-131.

Deleuze, Gilles, *Empirisme et subjectivité. essai sur la nature humaine selon
Hume*, P.U.F., 1953.

_____, *Nietzsche et la philosophie*, P.U.F., 1962.

_____, *Le Bergsonisme*, P.U.F., 1966. (김재인 옮김, 《베르그송주의》, 문학
과지성사, 1996.)

_____, Différence et répétition, P.U.F., 1968. (김상환 옮김, 《차이와 반복》,
민음사, 2004.)

_____, *Pourparlers*, Les éditions de Minuit, 1990.

Deleuze, Gilles & Guattari, Félix, *Mille Plateaux. Capitalisme et Schizoprènie 2*,
Les éditions de Minuit, 1980. (김재인 옮김, 《천 개의 고원》, 새물결, 2001.)

Liddell, H.G. & Scott, R, *A Greek-English Lexicon*, rev. H.S. Jones, Clarendon
Press: Oxford, 1940.

Jude, Ismaël, "Une distribution nomade," in *Agôn. Revue des arts de la scène* 7,
2015, https://journals.openedition.org/agon/3290.

Laroche, Emmanuel, *Histoire de la racine NEM- en Grec ancien* (nemō, nemesis, nomos, nomizō), Paris: Klincksieck, 1949.

Nietzsche, Friedrich, *Zur Genealogie der Moral. Eine Streitschrift*, 1887. in Giorgo Golli & Mazzino Montinari (hrs.), Friedrich Nietzsche, Kritische Studienausgabe in 15 Bänden, Berlin & New York: Walter de Gruyter, Band 5., 1999.

Sellars, John, "Deleuze and cosmopolitanism," *Radical Philosophy* 142, 2007.

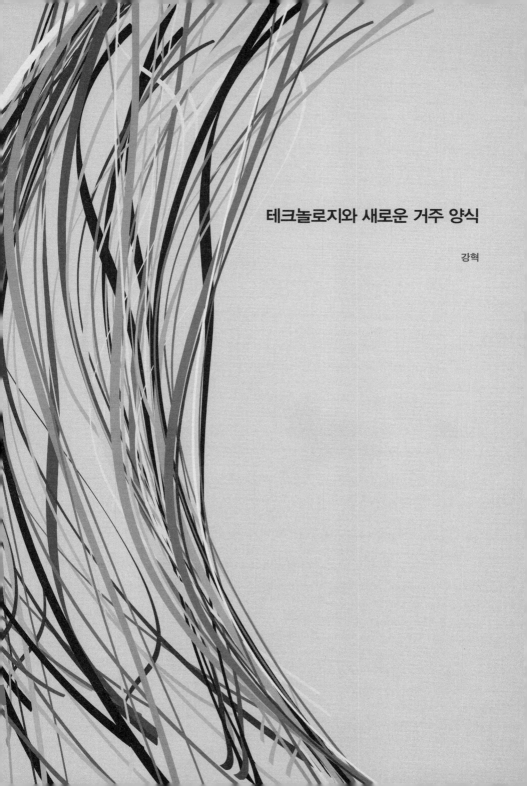

테크놀로지와 새로운 거주 양식

강혁

이 글은 《인문학논총》 제34집(2014.2)에 게재된 원고를 수정 및 보완하여 재수록한 것이다.

조지 클루니가 출연하고 제이슨 라이트먼이 감독한 영화 〈인 디에어Up in the Air〉는 전 미국을 돌아다니며 고용주를 대신해 해고를 통보하는 특수 전문직(소위 직업전환전문가)인 한 남자에 관한 이야기이다.[1] 주인공인 라이언 빙행(조지 클루니)은 1년 중 322일은 비행기에서 보낼 만큼—43일만 집에서—여행이 삶 자체인 인물로 짐 싸기의 달인이다. 땅에 발붙이고 있는 시간보다 하늘에 떠 있는 시간이 더 많은 그는 공항과 호텔과 비행기 안을 집보다 더 안락하게 여기는 우리 시대의 대표적 유목민이다.

그는 인생의 모든 부담을 벗어던진 삶을 살고자 하며 그런 삶에 자부심과 애정을 갖고 있다. '동기부여가'라는 직함으로 직장인을 상대로 하는 강연에서 그는 무거운 것을 다 버리고 가볍게 살라는 '빈 가방'의 철학을 설파한다.[2] 그에게 유일한 삶의 목표라면 천만 마일리지 비행의 달성이다. 그런 그에게도 곤란한 문제가 생긴다. 회사에 새로 들어온 영악한 후배가 이제까지의 대면 해고 방식 대신 컴퓨터의 화상을 이용한 온라인 원격 해고 시스템을 도입하자는 제안을 내놨기 때문이다. 실의에 빠진 해고자들에게 조금의 온정과 격려도 제공할 수 없는 새 시스템의 도입에 반대하는 라이언은 이 프로그램의 개발자인 젊은 여성 엘리트 후배와 마찰을 일으키게 되고, 결국 회사의 지시로 자신의 노하우를 전수하기 위해 함께 출장길에 오르게 된다.

그런데 알고 보니 거리와 이동을 무효화시킬 첨단 방식을 제안한 여성 후배는 현실에서는 연인과의 안정된 삶을 추구하는 보수적 성

---

[1] 〈Up in the Air〉, directed by J. Reitman, Paramaunt Pictures, 2009.
[2] 특히 무거운 (인간)관계라는 짐을 내려놓으라고 말한다.

향의 여성일 뿐이었다. 한편 라이언은 자기와 거의 닮은꼴의 삶을 사는 한 여인에게 빠져들고 쿨한 만남을 지속하지만 그녀를 자기 삶속에 어떻게 개입시킬지에 대해 깊이 고민하게 된다. 하지만 이중적인 생활을 하는 그녀 역시 그와는 전혀 다른 삶의 방식을 지닌 여인이었다. 이런 방황을 겪은 후 라이언은 다시 미지의 낯선 이에게 해고 통지를 하기 위해 의연하게 비행기에 오른다. 마침내 그는 하늘 위에서 천만 마일 비행을 맞이하고 미국에서 일곱 번째로 플래티늄 카드를 받는다.[3]

스티븐 스필버그가 감독하고 톰 행크스가 주연을 맡은 〈터미널〉(2004)은 의도하지 않게 공항에 머물게 된 한 남자의 이야기이다.[4] 가상의 동유럽 국가인 크라코지아에서 미국 뉴욕의 JFK 공항으로 입국하려던 빅터 나보스키(톰 행크스)는 고국에 쿠데타가 발발하고 정권이 바뀌면서 여권이 취소되는 바람에 졸지에 무국적자가 된다. 비자를 받을 수 없기에 미국으로의 입국은 불가능하고, 그렇다고 고국으로의 귀환도 가능하지 않은 그가 할 수 있는 것이라곤 무작정 공항의 환승 라운지에서 지내는 일뿐이다. 나보스키의 9개월에 걸친 공항 거주가 시작된다. 하지만 그의 '거주 아닌 거주'가 순조로울 리 없다. 남들은 잠시 거쳐 지나가는 곳인 공항이 이방인인 그에게는 먹고 자고 뭔가를 해야 하는 생활공간이 된 것이다.

외면적으로 화려하고 쾌적한 공항 입국장은 주인공에겐 불안과 공포의 장소에 불과하다. 그는 공항에 꼼짝없이 갇혀서 출입국 고위 직원에게 이유 없는 괴롭힘을 당하는 등 온갖 불편과 적대를 감수한

---

3 영화는 월터 킴Walter Kim의 동명 소설 《Up in the Air》를 영화한 것이다.
4 〈Terminal〉, directed by S. Spielberg, Dreamworks Pictures, 2004.

다. 영어 한 마디 못하는 그는 좌충우돌하며 이런저런 방식으로 점차 생존 요령을 터득해 갈 수밖에 없다. 그런 가운데 나보스키는 공항 내의 낯선 공간들과도 익숙해지고 보이지 않는 곳에서 힘들게 일하는 (유색인) 노동자들과도 친해진다. 급기야 위기에 처한 여행객을 구하는 선행을 하기도 하고, 애정 문제로 고민하는 아름다운 스튜어디스(케서린 제타 존스)와도 허물없는 사이가 된다. 이제 공항이 머물 만한 곳이 되려는 시점에 그에게 마침내 잠깐 동안의 입국 허가가 떨어진다. 그가 미국에 방문하려는 이유는 허망하게도 재즈광인 그의 아버지가 원하는 유명 뮤지션의 사인을 받기 위한 것이었다.

이 있을 법하지 않은 이야기는 1988년 유엔이 발행한 난민증명서를 잃어버리는 바람에 파리 드골 공항에서 16년간 숙식을 해결해야 했던 이란인 남자의 기막힌 사연에서 비롯됐다.[5] 그러나 스필버그의 영화 〈터미널〉은 끔찍한 실화를 가벼운 코미디 감각의 휴먼 드라마로 바꾸어 놓는다. 영화엔 외국인 타자가 미국 입국 시 겪게 되는 모욕감이나 입국장의 살벌함에 대한 어떠한 통찰도 없다. 대신 JFK공항은 이방인이 안착할 만한 환대의 공간으로 묘사되며, 그 뒤엔 개인의 고투에 부응해 그의 꿈을 이루도록 도와주는 아름다운 아메리카가 있을 뿐이다.

〈인 디 에어〉의 주인공 라이언은 유목적이고 탈지리적인 엘리트이다. 그의 직업에 대한 자부심, 그의 특권의 원천은 비행이 가능케

---

[5] 그는 1888년부터 16년간 파리 드골공항에서 오도 가도 못하고 노숙자 신세로 지냈던 메하란 카하란 나시미Mehran Karimi Nasseri라는 인물이다. 이란 왕정에 시위한 전력으로 영국 입국이 좌절된 그는 드골공항 제1터미널에 눌러앉게 되었다. 그의 자서전이 영화의 기초가 되었다. 박은영, 〈휴머니즘의 엔터테인먼트〉, 《씨네 21》, 2004년 8월 24일자.

해 준 공간적 이동성, 속도에 있다. 그의 우월함은 그가 하늘에 '거하는'—사실은 항상 움직이는—사람이라는 것과 깊은 관계가 있다. 반면 그에게 해고 통지를 받는 이는 지상에 머물러 있는 자들이다. 가볍게 무장하고 날렵하게 움직이는 라이언에 비해 땅에 묶인 이들은 직장과 가족과 온갖 의무에 구속된 상태이다. 휴대폰과 노트북, 플라스틱 카드와 수트케이스 하나만 들고 미국 대도시를 날아다니는 라이언은 자유와 기동성과 변화 가능성을 상징한다. 반짝이는 백금 재질의 천만 마일 마일리지 카드는 그런 그의 삶의 방식을 표상하는 증표이다.

하지만 잘나가는 그에게도 화상에 의한 해고 통지 프로그램의 도입은 충분히 위협적이다. 직접 날아다니면서 대면적 해고 업무를 수행해 온 그에게 컴퓨터를 이용한 원격 해고 프로그램은 신체의 이동과 물리적 공간 거리를 단번에 무화시키는 신종 기술이다. 더 우월한 테크놀로지가 야기할 공간적, 시간적 차이는 그의 이동과 활동을 무의미한 것으로 만든다. 라이언은 화상 해고가 비인간적인 처사라고 항변한다. 하지만 고용주를 대신해 해고 통지를 하는 자신의 역할이 어떤 것인지는 성찰하지 않는다. 그리고 특권적인 그의 지위와 경력 역시 새로운 기술의 등장으로 한 방에 날아갈 수 있음을 깨닫지도 못했다. 곡절 끝에 생존하긴 했지만 라이언 역시 세계화가 초래한 가혹한 고용시장에서 마냥 안전하지는 않다.

〈터미널〉의 주인공 나보스키는 아무도 머무르려 하지 않고, 머무는 곳도 아닌 공항에서 노숙자 신분으로 9개월간을 살아간다. 남들은 잠깐 스쳐 지나가는 공간에서 그는 묶여서 할 일 없이 거주해야만 한다. 마음대로 나갈 수 없다는 점에서 공항은 그에게 섬island과도 같은 공간이다. 어떤 이들에게는 자유롭게 드나드는 비상의 공간이 그에게는 감금의 장소가 되었다. 이동 공간인 공항 터미널이 거주 공간으로 역전된 것은 무국적자라는 라보스키의 처지 때문이다.

일종의 로맨틱 판타지이자 불편한 우화로 비치는 스필버그의 〈터미널〉을 그래도 주목해 보게 되는 것은 영화가 다음 사실을 생각하게 하기 때문이다. 이동의 공간이자 교통의 공간인 공항 터미널에서 거주한다는 것에 대하여, 그리고 누구는 자유롭게 통과하면서 다른 세계로 가는 관문인 공항이 다른 누구에게는 거대한 장벽이고 폐쇄된 문턱이기도 하다는 사실에 대해서이다. 불법입국자, 이민자, 노동자들에게 공항은 환대의 장소가 아니다. 입성이 거절되고 배제와 차별을 뼈저리게 느끼는 공간이며 내부자와 타자를 구별하는 경계의 공간이기도 하다. 라보스키에게 일어났던 일이 (실제로는) 결코 일어나지 않는 곳이 국제공항이라고 말하는 것이 더 정확할 것이다.

그가 머문 JFK공항의 입국 터미널은 뉴욕에 있으나 뉴욕에 속하지 않는 공간이며, 장소라 불리지만 결코 장소일 수 없는 공간이다. 스필버그는 영화를 찍으려 거액의 돈을 들여 JFK국제공항 터미널의 세트를 지었다. 진짜는 아니지만 실물과 똑같이 보이는 이 화려하고 매끈한 공간은 현실의 JFK공항이 진짜 장소가 될 수 없는 (가상적인) 공간임을 잊게 하는 효과를 발휘한다. 공항 터미널은 화려하고 쾌적하며 편리하고 기능적인 공간이다. 하지만 우리는 그런 공항에 잠시 머무를 뿐이다. 그곳이 아무리 좋아 보여도 호텔에서 살지 않듯이 우리는 공항에서도 살지 않을 것이다.[6] 아마도 공항이 기억이나 의

---

6 세계적인 부호이자 베르그루엔거버넌스연구소의 창립자이고 최근 인터넷매체 월드포스트(www.theworldpost.com)를 출범시킨 베르그루엔은 집을 가지지 않고 호텔에서 살고 있는 특이한 인물이다. 전 지구를 돌아다니며 세계 정세에 관여하는 진정한 의미의 첨단적 유목민인 그가 사는 방식은 이 글의 주제와 관련하여 의미심장하다.

미와는 무관한 공간이기 때문일 것이다.

　그러나 과연 그러한가? 〈인 디 에어〉의 라이언이 그러하듯 이런 공간이 더 친근하고 안락하다고 느끼는 이들이 늘어나고 있지 않은가? 자발적이든 비자발적이든 이런 성격의 공간에서 우리가 보내는 시간이 더 많아지고 있지 않은가? 혹시 우리가 사는 메트로폴리스/세계가 점점 공항과 같은 공간이 되어 가는 것은 아닌가? 그리고 그것은 오늘의 우리의 삶/거주의 양식이 송두리째 바뀌고 있음을 뜻하는 것은 아닐까? 그렇다면 그 현상의 배후엔 과연 무엇이 도사리고 있는가?

공항이란 공간, 혹은 장소

　알랭 드 보통은 런던 히드로공항에서 상주 경험을 바탕으로《공항에서의 일주일을》이란 수상집을 썼다.[7] 공항 관계자의 초청을 받아들여 공항 곳곳을 일주일 간 자유롭게 돌아다니며 느끼고 생각한 상념을 기록한 책이다. 저자인 보통은 공항이란 공간에 대한 매혹과 애정을 감추지 않는다. 물론 그는 공항에 살지는 않지만 공항에 머무를 때 행복하다고 고백한다. 그러면서 공항이라는 특별한 공간이 주는 경험, 그곳에서 얻게 되는 정서적 흥분과 심미적 쾌감, 현대적 삶에 대한 성찰 등을 말하고 있다. 아울러 그가 관찰한 다양한 양상과 그가 만나고 대화를 나눈 이들에 대해 언급하면서 공항에 대한 견해를 피력한다.

7　알랭 드 보통,《공항에서 일주일을A Week at the Airport》, 정영목 옮김, 청미래, 2010.

건축에 대해 특별한 관심을 가지고 있는 알랭 드 보통은 공항 건축의 미학적 특성과 성취에 대해 언급한다.[8] "물결이 이는 듯한, 유리와 강철 구조물은 이 나라에서 가장 거대한 건축물로, 40미터 높이에 길이는 400미터에 이른다. 축구장 네 개가 들어갈 만한 크기인 것이다." "1만 8,000톤의 지붕의 무게는 그것을 받치는 강철 기둥들에 의해" 중력을 의식하지 못한 채 가뿐하게 지지되면서 "우아함이라 부르는 미적 자질을 갖추었다." (현대) "테크놀로지가 구현한 아름다움을 갖추고 있는" 이 대상 앞에서 그는 신비와 경이감을 느낀다. "터미널은 우아함과 논리가 지배하는 멋지고 흥미로운 피난처"이다.[9]

그는 공항을 묘사하면서 "우리 문명을 관통하는 다양한 주제들을 깔끔하게 포착한 단 하나의 장소에 데려간다면, 가야 할 곳은 당연히 공항의 라운지밖에 없을 것"이라고 단언한다. 동시대의 첨단 테크놀로지를 사용해 건립되었고 도처에 최신 장비와 설비가 깔려 있는 공항은 별 어려움 없이, 아니 기적—혹은 마술—과도 같이 우리를 저편의 세계로 데려다주는 항공 운송을 위한 인프라이다. 중요한 사실은 그러한 이동mobility이 이제 희귀한 일이 아니라 일상적인 행위가 되었다는 것이다. 공항이 그렇게 거대하고 복잡한 공간이 된 것은 날마다 무리 없이 수많은 대중을 실어 나르는 장치라는 것과 관계가 깊다. 온갖 사건과 행위와 교류가 일어나는 삶의 무대이자 소비와 노동과 통제의 현장이기도 한 공항은 우리가 세계를 사는 방식을 표상하는 유력한 장소가 되었다. 보통도 언급하고 있지만 비행

---

8 알랭 드 보통은 건축에 대한 책도 썼다. 알랭 드 보통, 《행복의 건축》, 정영목 옮김, 이레, 2011.(Alain de Botton, *Architecture of Happiness*, Vintage, 2008.)
9 Alain de Botton, *A Week at the Airport*, pp. 15-17.

의 체험은 기차로 여행하는 체험과는 근본적으로 다르다.[10] 현대인
은 비행 체험을 통해 이전과는 전혀 다른 시공간을 갖게 되었다.

알랭 드 보통이 일주일간 머물렀던 공항은 히드로공항의 '터미널
5'이다. 영국이 자랑하는 하이테크 건축가 리처드 로저스 경이 디자
인한 최신 건축물이다.[11] 강철과 유리로 된 그 거대한 기계는 한 치
의 오차도 없이 수많은 사람과 물자와 정보의 흐름을 관장한다. 현
대의 최첨단 공항을 대표하는 터미널 5는 과할 정도로 테크놀로지
를 시각적으로 드러내면서 기계 미학을 과시한다. 터미널 5만 이런
특성을 갖는 것은 아니다. 최근 지어진 많은 공항들이 이런 속성을
공유하고 있다. 대부분의 공항들이 대동소이한 구조와 설비 시스템
을 노출하고 있고 내부에 장대한 실내 공간을 갖고 있다. 중력에 저
항해 엄청난 하중을 가볍게 들어 올리는 높고 가느다란 철골 기둥과
투명하고 미끈한 유리 표면의 끝없는 펼쳐짐, 컴퓨터가 그려 낸 복
잡한 기하학의 지붕 곡선과 그 아래 공간들의 유연한 흐름 역시 대
동소이하다. 거기엔 현대 건축이 달성한 차가운 아름다움이 있다.
공항이 주로 하이테크 건축인 이유는 테크놀로지의 가시적 표출을
주요한 표현 양식으로 삼아서이기도 하지만, 공항 시스템의 기술적
정교함과 완벽성 그리고 첨단성을 사람들에게 각인시키기 위해서이

---

10 앞의 책, p. 115.
11 영국은 '하이테크 건축'이라 불리는 기술 표상적 건축 양식을 대표하는 세계적인
　　건축가들을 다수 배출했다. 리처드 로저스, 노먼 포스터, 마이클 홉킨스, 니콜라스
　　그림쇼 등이 그 면면이다. 그들의 영향 하에 하이테크 양식은 국제적인 조류의 하
　　나가 되었으며 그들은 전 세계 주요 시설의 디자인을 수주하면서 이목을 끌었다.
　　그들의 배후에는 세계 최고의 건축 엔지니어링인 회사인 오베 아럽Ove Arup이 있
　　다. The British counsil and authors, *British Architecture Today*, trans. by G. A. Marson,
　　Milano, Electa, 1991.

기도 하다(로저스의 라이벌인 노먼 포스터 경의 홍콩국제공항이나 베이징 수도공항을 비롯해, 렌조 피아노의 오사카 간사이공항, 그리고 시카고 · 샌프란시스코 · 덴버 · 싱가포르 등의 최일류 공항들과 한국의 인천공항에 이르기까지).

　오늘날 공항은 현대 건축에서 가장 선도적인 영역이다. 기술과 미학, 시설과 서비스 측면에서 치열한 경연장이기도 하다. 세계 각국과 글로벌 시티들이 공항 건축을 두고 각축전을 벌이고 있다 한 국가와 도시의 관문인 공항은 한 국가와 메트로폴리스의 인상을 결정 짓고 문화를 대변하는 역할도 한다. 공항은 이제 단순히 기능을 수행하는 공간이기를 넘어 현대인의 삶과 밀접한 장소가 되었다.

　"떠나는 공항이 아닌 머무는 공항"이 디자인의 모토가 되었다고 공항 설계의 최전선에 있는 겐슬러사의 사장 키스 톰슨은 말한다.[12] 비행을 위한 출발과 도착의 공간이 머무름의 공간이 되고 있다는 아이러니가 현대 공항이 처한 상황을 대변한다. 떠나고 들어오기 위해 잠깐 지나치는 공간이 마치 거주하는 곳과 같은 친근한 공간이 되어야 하는 것이다. 그러기 위해서 공간은 모든 것을 다 구비한 장소가 되어 가고 있다. 그래서 오늘의 공항은 호텔이기도 하고 쇼핑몰이기도 하며, 정보센터이면서 벤처기업인가 하면, 문화 공간이자 녹색 정원이기도 하다. 이발소, 사우나, 구멍가게, 갤러리, 카페와 바가 있고 구치소가 있는가 하면 심지어 영안실과 예배당까지 도입되고 있다.[13] 공항 도시 혹은 하늘도시sky city라는 말이 새로 쓰이기 시작했는데, 이는 공항의 도시적 성격과 기존 대도시에 미치는 영향을 뜻

---

12 〈나비가 날고, 호텔보다 낫고…세계는 공항전쟁 중〉, 《중앙일보》, 2013년 10월 18일자, 24면.

13 Tom Avemaete, ed., *Architecture, Modernity and the Public Sphere*, 2009, p. 15.(구영민 옮김, 《건축적 입장들》, 시공사, 2011.)

하는 것이지만, 오히려 오늘의 현대 도시가 공항 같은 곳이 되어 간다는 것은 은폐하고 있다.

김우창은 〈국제공항, 포스트모더니즘의 상황에 대한 명상〉이라는 에세이에서[14] 오늘의 비행이 가져다준 여행/이동의 용이성과 일상화를 가리켜 가히 혁명적이라고 언급한다. 더불어 국제공항 시설이 지닌 편의성과 효율성에 감탄하면서도, 그러나 공항이 '뿌리내리고 살만한 곳'이라는 느낌을 주는 곳이 아니라는 것을 부정할 수 없다고 지적한다.[15] 공항 공간의 압도적인 거대성은 그 안의 인간으로 하여금 전체를 파악할 수 없고 방향감orientation을 상실하게 한다. 현대 테크놀로지가 뒷받침하는 공항의 서비스 시스템은 그 극단적인 합리성과 기능주의로 말미암아 비인간적인 분위기를 띤다. 공항 공간의 스케일은 우리를 주눅 들게 하며 미로 같은 공간은 우리의 인식 범위를 벗어난다. 또한 공항의 구조적 · 기능적 장치의 노출, 아트리움 공간 같은 현대 건축의 양식적 표현은 기계의 아름다움이며 거기에서 항구성을 찾아볼 수는 없다고 말한다. 공항의 형태와 공간은 기능 위주이며 기술적 의도 혹은 관리의 의도에서 비롯된 것이다. 실용적 목적에 복무하는 그 서늘한 아름다움은 진정한 심미성과는 거리가 멀며, 중후함의 반대인 공항 건축의 가벼움과 표피적임이 현대 문화와 삶의 특징을 이루고 있다. 오늘의 기술문명을 대표하는 공항은 인간을 그 안에 감싸 안는다. 그러면서도 그렇게 감싸져 있다는 것을 알아차리지 못하게 함으로써 다른 자유와 다른 가능성을

---

14 김우창,《심미적 이성의 탐구》, 솔, 1992, 345~359 쪽.
15 앞의 책, 348쪽.

봉쇄한다고 김우창은 비판한다.[16]

김우창은 현대 건축의 총아인 공항에서 현대 기술문명의 징후를 읽는다. 공항이 살 만한 곳이 못 되듯이 동시대 현실 삶의 공간도 그러한 곳이 되어 가고, 더불어 우리의 삶도 얄팍한 것이 되어 가고 있다는 것이다. 김우창의 비판을 경청한다면 공항을 스쳐 지나가는 곳에서 머무를 만한 곳으로 만든다는 겐슬러사 사장 톰슨의 언명은 실상을 호도하는 기만적 발언에 불과하다.

공항, 특히 공항 터미널은 이곳에서 저곳으로 날아가기 위한 통과의 공간이자 전이 공간transient space이다. 이동을 위한 흐르는 공간flow space이며 익명의 중립 공간neutral space이기도 하다. 외양상 환대의 분위기가 넘치며, 미지의 세계에 대한 기대에 부합하는 환상적인 공간, 그래서 현실 같지 않고 드라마틱하고 스펙터클한 공간이기도 하다. 쾌적하고 편리한 공간에서 완비된 완벽한 서비스와 자동화된 설비 체계는 빠져나갈 데 없는 완전한 환경, 극도의 인공 환경이다. 그러나 그 이면에는 보이지 않는 통제와 조정과 감시가 숨겨져 있는 곳이기도 하다.

거주는 장소를 전제로 한다. 그러나 공항이 "장소 아닌 장소"라면 그곳에서의 거주는 불가능하다. 우리가 공항에 머무를지언정 살 수는 없는 이유이다. 그러나 우리가 공항에서 살아야 한다면? 혹은 우리가 사는 곳이 실은 공항과 같은 곳이라면? 그때 그런 거주는 아마도 "거주 아닌 거주"가 될 것이다. 그리고 거기에 오늘의 삶, 혹은 현대적 삶의 양식, 다른 말로 존재에 대한 논의의 핵심이 있을 것이다. "거주 아닌 거주"라는 말에서 앞의 거주는 진정한 거주를 뜻하는 것

---

16 앞의 책, 356쪽.

일 것이며 뒤의 말은 거기에서 벗어난 비정상적인 거주를 뜻할 것인데, 과연 후자의 거주를 어떻게 볼 것인가에서부터 그러한 거주의 속성은 어떠한 것인지에 대한 질문이 제기될 수 있을 것이다.

공항 터미널에서 우리가 보안 검색을 마치고 출국대를 통과하였을 때 우리는 '보딩boarding(탑승)' 상태에 있게 된다. 비록 우리의 몸은 지상에 있지만 형식적으로 비행기를 타고 하늘을 날고 있는 것과 같다. 지상에 있지만 비행 공간에 있다고도 볼 수 있는 상태, 여기에 있지만 저기에 있는 것과도 다를 바 없는 '보딩'의 처지야말로 현대인이 처한 거주의 본질을 내포하고 있는 것은 아닐까? 길리언 풀러는 《아비오폴리스Aviopolis》에서 공항 터미널에서의 상태를 "출발과 도착 사이의 명계冥界 공간에서의 머무름held between the nether space of departure and arrive"이라고 표현한다.[17] 그곳은 지상과는 다른 공간이다. 많은 이들은 그곳을 "흐름의 공간the space of flow"이라 부른다. 혹자는 '유동flux'이라고 이름 붙이기도 한다.[18] 실제로 우리는 공항 터미널이나 출국장에서 '떠 있음'(부유)의 감각을 느끼곤 한다. 공항의 유선형 건축은 운동과 흐름을 암시하고 있다. 문제는 이런 유형의 공간이 점점 더 현실에서 확장되고 있거나 혹은 그런 방향으로 변질되고 있다는 것이다.[19]

공항은 "정체성, 관계, 역사에 대한 상징적 표현이 없는 공간"이다.

---

17 Gillian Fuller, *Aviopolis: A Book about Airport,* Black Dog Publishing, 2005. Christopher Dickey, 〈하늘 도시Sky cities〉,《뉴스위크 한국판》, 2012년 9월 26일자, 51쪽 인용.
18 앞의 글, 51쪽.
19 이런 트렌드를 현실 건축에 도입하여 가장 성공한 사람은 이라크 출신 여성 건축가 자하 하디드이다. 그녀는 세계 도처에 흐르는 곡선이 도입된 독특한 건축을 짓고 잇다. 최근에는 한국 서울의 DDP를 완성했다.

마르크 오제는 그런 공간을 일러 "비-장소non-place"라고 불렀다.[20] 그곳은 의미가 부여되지 않는 공간이다. 장소라면 기억과 맥락과 지형이 새겨져야 할 터인데 거기엔 그런 것이 없다. 지그문트 바우만은 익명의 공간인 비-장소를 "집에서처럼 행동해서는 안 되지만 집에 있는 것처럼 느껴야feel at home" 하는 공간이라고 설명하고 있다.[21] 우리 시대에 이런 비-장소는 계속 증식하고 있다. 구체적으로 공항·버스터미널·기차역사·지하철역 같은 교통 공간, 비행기·지하철·자동차·도로 같은 이동 공간, 백화점·쇼핑몰·마트·아울렛 같은 소비 공간, 컨벤션 센터 같은 군집 공간이나 테마파크 같은 가상simulated 공간, 호텔과 모텔 같은 숙박 공간, 그리고 수많은 유흥과 위락의 공간이 다 비-장소들이다. 이런 곳에서 우리는 잠시 공간을 점유할 뿐 항구적으로 머무르지 않는다. 하지만 전체적으로 보자면 이런 비-장소에서 보내는 시간은 점점 많아지고 있다.

영화 〈인 디 에어〉에서 라이언이 삶의 닻을 내린 곳은 공항과 호텔과 비행기 안이다. 그는 그런 비-장소적 공간들과 친근하며 그 안에서 더 편안하고 행복하다. 그는 진짜 집보다 그곳에서 더 오랜 시간을 지낸다. 그에게 그곳은 또 하나의 집인 셈이다. 그의 우월한 지위와 경력은 이들 공간을 자유로이 넘나드는 능력, 즉 기동성과 속도에서 비롯된다. 그의 탈장소적이고 탈지리적인 삶은 어디에도 매이지 않는 삶과 직결되며, 언제든 떠날 수 있음과 변화 가능성으로 요약된다. 그의 '거주 아닌 거주'는 그의 가볍고 자유로운 삶을 가능

20 Marc Auge, *Non-Lieux*, Paris: Seuil, 1992. Zigmund Bauman, *Liquid Modernity*, 2000. 지그문트 바우만, 《액체근대》, 이일수 옮김, 강, 2005, 166쪽, 재인용.
21 앞의 책, 167쪽.

케 하는데, 이는 세계화와 신자유주의로 규정되는 시대에 상위 계층
이 향유하는 삶의 방식이기도 하다.

근대의 거주[22]

오늘날 많은 이들이 호모 노마드나 유목적 삶에 대하여 말한다.
유목이 새로운 삶의 양식life style, 나아가 거주 양식이 되었다는 것이
다. 유목은 동시대 인간이 처한 실존적 상황이기도 하다.

유목은 뿌리내리는 삶, 즉 정주settlement에 대한 대립항으로서 존
재한다. 인류가 농경문명을 이루고 땅에 정착한 후에 정주는 인간의
보편적인 거주 양식이었다. 정주와 더불어 인간에게 의미 있는 공간
인 장소place의 형성이 본격적으로 시작되었다. 장소는 바깥을 배제
하고 경계 지운 안內의 공간이었다. 영토이자 영역인 그것은 우리us
의 공간이고 질서order의 공간이며, 친근하며 안전한 공동체의 공간
이기도 했다. 그러한 장소에 귀속된 삶이 정주였다. 정주의 공간은
때론 고향이기도 하고 때론 촌락/도시이기도 했으며 때론 나라/민
족이기도 했다.

그러나 근대에 들어서면서 정주에 일대 위기가 초래됐고 과거와
전혀 다른 거주 양식이 등장했다. 근대에 들어 테크놀로지의 발달이
가져온 이동과 통신수단에 의한 공간 거리의 극복은 근대적 시공간
구조의 탄생을 초래했다. 근대화는 근대 메트로폴리스의 출현을 가

---

22 이후의 내용은 필자의 글 〈정주와 유목 사이〉에서 상당 부분을 재인용하고 또 변형
하여 서술되었다. 강혁, 〈정주와 유목 사이 (1): 짓기와 살기의 관계〉,《이상건축》
105, 이상건축사, 2001, 152~163쪽; 강혁, 〈정주와 유목 사이 (2): 그 이론적 탐색〉,
《이상건축》108, 이상건축사, 2001, 118~131쪽.

져왔고 농경과 정주에 근거한 삶을 소멸시키면서 고향을 떠난 이들을 도시의 노동자 대중으로 변환했다.

　건축에서 모더니티의 프로젝트는—여러 측면에서 규정할 수 있겠으나—근대화라는 역사적 과정이 야기한 근본적인 변화에 대응하여 인간에게 새로운 거주dwelling를 마련하는 일, 곧 근대적 삶의 공간을 제공하는 일이었다.[23] 그것은 근대적인 삶의 양식의 제안이고 근대적 생활세계Lewenswelt를 구성하는 일이기도 했다. 이렇게 보자면 근대 건축과 도시의 역사는 근대적 상황 안에서 거주의 가능성을 모색하려는 대장정으로 정의할 수 있을 것이다. 그것은 메트로폴리스와 모던한 건축물이 근대적 생활세계를 채우는 양상으로 귀결되었다.

　근대적 거주의 제공은 무엇보다도 근대 주거Modern Housing, 즉 근대인인 도시의 보통 사람(대중)을 위한 집을 건립하는 일이었다. 근대적 주거의 건립은 철과 유리와 콘크리트로 대표되는 근대 테크놀로지를 이용해 표준화와 규격화, 조립화를 수단으로 다수 노동자/중산층에게 평등한 주거를 대량으로 공급하는 것이었다.[24] 구체적으로 도시의 집합주택 혹은 공동주거가 그것이었는데, 타자인 이웃과 벽 하나를 경계로 살아야 하는 모둠살이의 방식이었다. 근대 주거의 우선적 가치는 생활의 합리화와 편의성, 위생과 청결 같은 것이었다. 대신 거주의 정신적이고 정서적인 측면들은 무시되거나 대폭 사상되었다.

23　강혁, 〈정주와 유목 사이(2): 그 이론적 탐색〉, 125쪽.
24　근대 건축에는 사회주의 이념이 적지 않게 스며들었다. 모더니스트들에게 도시의 주거문제는 해결해야 할 더 큰 과제였고 그 수혜자는 보통 사람, 대중, 노동자였다.

    규격화된 집합주거의 형식과 구성은 근대의 막사, 공장, 병원의 배치와 그리 멀지 않다. 근대 주거는 삶의 균질화와 획일화, 추상화과 익명화를 상징하는 공간이다. 숫자와 번호가 자기의 집임을 가르쳐 주는 곳, 친근성 대신 낯섦이 더 우세한 곳, 그곳이 근대 집합주거의 적나라한 모습이다. 더욱이 자본주의 시장에서 도시의 집합주거는 대량 생산되고 대량 거래되는 시장의 상품으로 존재한다.

    근대 건축의 거장이자 도시계획가인 르 코르뷔지에는 주거를 일러 "살기 위한 기계machine for living in"라고 설파했다.[25] 근대 테크놀로지의 산물인 기계는 집이 닮아야 할 이념적 모델로 제시됐다. 합목적적이고 기능적이며 생산성을 상징하는 기계의 질적 특성이 근대적 주거에 담기길 소망하였던 것이다. 그는 근대 이전의 낡은 삶의 방식과 건립의 방식이 더 이상 허용될 수 없음을 알았다. 그가 제안한 새로운 주거 형식의 커다란 성공은 근대사회의 요청에 일정 부분 부응했기 때문일 것이다. 그러나 집을 기계로 은유한 데는 어떤 결핍이 있었다. 집은 "잘 작동하는" 데 그쳐서는 안 되는 법이다. 거기엔 과거의 집들이 지녔던 어떤 무언가가 결여되어 있었다. 집을 매개로 한 사물과 인간 사이의 친근한 관계가 사라진 대신 섬뜩한 낯섦이 들어섰다. 삶과 집 사이 관계의 전도와 소외, 그것이 근대적 거주의 실상이 되었다.[26] 그러므로 근대의 주거는 분명 거주의 공간이

---

25 Le Corbusier, *Toward a New Architecture*, N. Y., Preager Publisher, 1960(1927), p. 100.
26 이 사실은 집을 소재로 한 수많은 영화가 잘 보여 준다. 근대 테크놀로지가 가져다 준 새로운 예술 형식인 영화에서 즐겨 다룬 내용의 하나는 근대 주거와 그 안에서의 삶의 실상에 대한 것이었다. 주거를 현장으로 삼은 공포영화에서부터 가정 내 불화와 폭력에 관한 것까지 다 그러하다. 히치콕의 〈사이코〉를 위시한 영화를 비롯해 최근 알레한드로 아메나바르의 〈디 아더스〉, 한국의 〈장화 홍련〉이 다 집의 그

기는 하되 저마다의 꿈과 기억이 서린 곳이 아니라, 임시적인/잠정적인 머묾의 장소에 불과할 뿐이다.

여하튼 근대 건축은 지구촌의 환경과 도시를 덮었고 일상적 삶을 구성하고 지배했다. 근대인에게 골고루 쾌적하고 편리한 집을 제공하려는 이 대담한 유토피아적 시도는 절반의 성공으로 끝났다. 모더니스트 건축가들이 근대 세계와 새로운 거주 양식을 열었다는 엄연한 사실을 부인할 수는 없다.[27] 그러나 그들의 이상처럼 근대적 건립 방식을 통한 근대적 주거의 제공이 거주/삶의 문제를 해결한 것은 아니었다. 새로운 주거 형식을 제공함으로써 새로운 삶의 가능성을 제공한 것은 맞지만, 그것이 '진정한' 거주의 모습인가에는 회의와 비판이 뒤따랐다. 도시 환경은 동일성이 지배하는 균질화되고 추상화된 익명의 공간이 되었다. 근대 건축가들은 낯설고 건조하며 단조로운 생활 환경의 원인이자 주범으로 비난을 들어야 했다.

이러한 근대의 거주의 위기/상실에 대해 가장 통렬한 비판을 가한 것은 철학자 하이데거였다. 근대인은 오늘날 건물에 단지 거할 뿐이지 진정한authentic 거주를 하고 있다고 말할 수 없다.[28] 그것은 거주의 본래 모습을 잃어버리고 거주의 참뜻을 망각하였기 때문이다. 하이데거는 그 원인을 근대에 들어서 한층 두드러진, 존재에 대한 테크놀로지적 이해, 세계와 인간에 대한 과학기술적 지배에로 돌린다.

런 정황을 그리고 있다.

27 근대성을 "미완의 프로젝트"라 주장하는 하버마스는 근대 건축의 결함과 한계를 인정하면서도 그 긍정적 성과와 가능성을 옹호한다. Jurgen Habermas, "Modern and Post Modern Architecture," *Plus* 70, 1993, pp. 162-165.

28 Martin Heideger, "Bauen, Wohnen, Denken," *Holzwege*, ("Building Dwelling, Thinking," *Poetry, Language, Thought*), trans. by A. Hofstadter, N.Y., Harper & Row, pp. 145-161.

그러한 삶의 태도와 생존 방식은 인간을 닦달하고 한 방향으로만 몰아세워,[29] 아주 특별한 사물인 집과 인간이 맺어야 할 의미 있는 관계, 집과 더불어 인간이 존재해야 할 본래적인 삶의 모습을 파괴하고, 집을 한갓 물품으로 전락시킨다.

근대성은 집(건축)이라는 아주 특별한 사물과 인간 상호 간에 가꿔 왔던 친근하고 내밀한 관계를 파괴했다. 집은 과거 지녔던 고유한 분위기와 신비로움을 상실했다. 고향 상실과 뿌리 뽑힘은 근대인의 존재 양식이다. 그는 이를 가리켜 "안주할 곳이 없음Unheimlich, Unhomly"이라고 불렀다. 그가 강조하는 현실 속의 인간Dasein의 실존적 모습인 불안과 소외는 바로 Unheimlich, 즉 진정한 거주를 상실한 자의 근본적인 불안정성에서 기인하는 것이다.

하이데거는 거주가 단순히 거처를 마련하는 일take the shelter은 아니라고 말한다. 하이데거는 우리가 (온전히) 거주한다면, 시적詩的으로 거주한poetically dwelling다고 말한다.[30] 문제는 우리 현대인들이 건립하고 있으나 거주하고 있지 못한 자들이라는 데 있다. 우리는 진정한 거주를 할 수 없는 자들이다.[31] 근대의 기술 지배와 메트로폴리스의 상황이 우리로 하여금 진정한 거주를 할 수 없게 하고 있다. 집에 대해 말하자면 거기서 우리는 안식하지feel at home 못하므로 우리는 집에 머물러도 집에 있는 것이 아니다. 그래서 "집은 어디에나 있으나

---

29 획일화된 기술 지배의 세계는 하이데거를 빌자면 모든 존재자를 몰아세우는 세계로, 그는 이를 'Ge-stell'이라고 표현하고 있다. 이기상은 이를 닦달로 번역하였다.

30 Martin Heidegger, "Poetically Man Dwells," *Poetry, Language, Thought*, pp. 214~222.

31 M. Heidegger, *An Introduction to Metaphysics*, trans. by R. Manheim, Newhaven, Yale Univ. Press, 1959, p. 167. M. Wigly, "Heidegger's House,;The Violence of the Domestic," *cba* 1, N.Y. Rizzoli, 1992, p. 97. 재인용.

어느 곳에도 있지 않다." 그에 의하면 근대 테크놀로지가 초래한 공간의 소멸, 거리의 소멸은 거주를 위한 내부, 경계라는 것을 사라지게 하고 있다. 이런 상황에서 하이데거가 이야기하는 거주에서 생겨나는 사물과의 '친밀함'과 '가까움'과 '보전'이 허용되지 않는다. 테크놀로지는 사물들을 소외시킨다.

이렇게 보면 하이데거와 대척점에 서 있는 것처럼 보이는 건축 역사가/비평가 타푸리의 "인간은 시적으로 거주하지 않는다"는 주장은 사실 하이데거와 그다지 멀지 않다. 그는 집 없음ʰᵒᵐᵉˡᵉˢˢⁿᵉˢˢ이 근대 거주의 적나라한 실상이라는 것을 직시한다. 다만 그는 하이데거가 지닌 진정한 거주에 대한 향수를 지니고 있지 않을 뿐이다. 그러기에 그는 근대성이 초래한 거주의 상실을 건립을 통해서 다시 회복할 수 있을 것처럼 믿는 건축가들의 헛된 기대 혹은 자기기만에 가혹하게 비판적이다.[32]

타푸리에 공감하는 철학자 동료 마씨모 카치아리가 보기에 근대성의 본질은 바로 '집 없음'이다. 오늘날 메트로폴리스의 현실에서 하이데거가 이야기하는 식의 거주는 불가능하다. "거주와 건립이 통합된 그런 집은 과거의 것이 되었고 이제 그러한 집은 더 이상 존재하지 않는다."[33] 거주와 건립 간의 분리를 극복하고 화해시키는 일은 결코 가능하지 않다. 하이데거가 "언어는 존재의 집"이라고 이야기했을 때의 그러한 의미의 집은 사라졌다. 이제 우리에게 집은 잠시

---

32 타푸리가 보기에 건축가들의 거주의 회복에 대한 희망이 바로 유토피아인데, 현대 자본주의체제와 메트로폴리스에서 실현될 수 없는 무망한 기대이다. Manfredo Tafuri, *Architecture and Utopia*, Cambridge: The MIT Press, 1979(1973).

33 Massimo Cacciari, "Euparinos or Architecture," *Opposition* 21, Cambridge: The MIT Press, 1980, p. 112.

동안의 거처에 불과하다. 근대에서, 대도시에서 우리 모두는 세입자이거나 하숙인이다. '거주의 부재' 혹은 "시적이지 않은 거주"가 근대적인 삶의 모습이다. 그러므로 대도시는 거주가 추방된 곳이고 비거주non-dwelling가 본질적인 특징이 된다.

여기서 우리는 하이데거의 나치 협력에 대해 생각해 볼 필요가 있다. 그의 나치 협조가 잠깐의 착각이나 실수가 아니라 그의 철학의 연장선상에서 '진정한 거주'를 회복하고자 하는 열망에서 비롯한 것임은 명백하다.[34] 그는 고향 상실과 뿌리 뽑힘이라는 근대성의 폐해에 대한 구원의 가능성을 '피와 땅blood and earth'의 수복을 외치는 나치의 기획에서 보았다. 그러나 독일 민족 공동체의 수복에 의해 거주를 회복하려는 기도는 참담한 비극으로 끝이 났고, 그의 기대는 무망한 것으로 입증되었다.[35]

그가 말하는 거주의 자리, 그리고 집은 구체적인 장소로서 공간이다. 거기서 인간은 안정성과 지속성의 느낌, 귀속감과 친밀감과 편안함을 얻는다. 즉 거주의 감각이다. 그것은 특정한 물리적 장소의 생성을 통해서이고 제도적, 심리적 공동체의 형성을 통해서이다. 거주로서 건립은 그러한 자리의 마련이며 그것은 바로 대지 위에 '내부'를 만듦으로써 생겨난다. 외부와 구별되는 내부, 바깥으로부터 구획 짓고 경계 지워진 안의 공간, 거기에 평화롭게 머물 때 우리의 삶은 행복하고 유의미하다. 내부로서 장소는 외부의 혼돈으로부터 구별된 질서가 지배하는 공간, 특권화된 공간이다. 자기를 세계의 중

---

34 박찬국, 《하이데거와 나치즘》, 문예출판사, 2001.(M. Kaplan, "Lesson of Fascism: Heidegger and Nazism," *DBR* 22, Cambridge: The MIT Press, 1991, pp. 13-15).
35 그의 기획은 결국 "타자의 배제에 기반을 둔 궁극적인 공동체의 축"이었다. 가라타니 고진, 《은유로서 건축: 언어, 수, 화폐》, 김재희 옮김, 한나래, 1998(1995), 229쪽.

심으로 세우는 건립으로부터 나와 우리, 그리고 공동체가 생겨난다. 우리 삶의 근거와 행복은 그 거주의 자리인 집, 마을, 고향, 직장, 민족, 국가, 종교, 인종에 터 잡는다. 그러한 거주는 귀속감을 주고 정체성을 제공한다. 그러므로 하이데거의 거주는 바로 정주의 사상이 된다. 근대성의 비판자, 근대적 거주의 비판자인 하이데거는 정주의 옹호자, 정주의 철학자로서인 것이다.

유목적 거주

우리는 하이데거의 근대 도시와 주거가 세인世人 · das Mann의 집단 수용소로 변질했다는 경고를 부인하지 못한다. 고향 상실과 뿌리 뽑힘은 근대인의 실존적 모습이다. 건립을 통해 거주하고 있는 듯 보이지만 진정으로 거주하지 못하고 있기에 '집 없음'이 근대인의 거주의 실상이라는 지적, 오늘의 거주의 진정한 곤경은 우리가 거주 상실의 상태에 있다는 사실조차 깨닫지 못한 데 있다는 지적은 설득력이 있다. 그러나 과연 우리가 그의 말대로 거주하기를 배울 수 있을지는 의문이다. 그의 말마따나 근대인은 진정한 거주에 대한 욕구를 가지고 있지 않기 때문이다.

그러나 더 근본적인 것은 근대가 그가 희구하는 정주가 불가능한 시대, 정주가 가능한 장소가 사라진 시대라는 것이다. 근대에 장소가 사라졌다는 것은 근대 이전에 있었던 공간의 질적 차이가 없어지고 균질한 공간이 되었기 때문이다. 근대에서의 장소의 증발과 공간의 균질화는 말할 것도 없이 근대 과학과 기술의 발달에 의해 일어난 보편적 사태이다.

그러므로 거주의 상실은 근대 생활세계의 엄연한 현실이며 건립을 전문으로 하는 건축을 초과하는 문제이다. 현대 도시에서의 거주 상실과 집 없음은 현기증 나는 속도와 혼돈, 장소의 소멸에 따른 길 잃음의 느낌, 범죄와 사고와 위험에의 노출, 그리고 공간적 깊이의 상실에 따른 비현실성과 낯섦의 감각들로 구성된다. 근대 도시와 건축에서의 이러한 거주 양식은 근대인을 분열적인 자아로 바꾸어 놓았다.

진정 거주할 줄 모르는 우리는 집에 있어도 진정한 평안^{at home}을 얻지 못한다. 나는 나의 집을 장소로 만들지 못하고 친근한 공간으로 만들지 못한다. 즉, 나의 집은 나와 하나가 되지 못한다. 나의 동네, 나의 도시와 그렇지 못함은 말할 것도 없다. 일치는커녕, 그것은 내게 낯설고 불편한 공간으로 다가온다. 그래서 집에서의 안주함 homely · Heimlich이 갑자기 안주하지 못함^{unhomeley · Unheimlich}이 된다. 친근하고 편안하며 안정된 공간이 갑자기 불안하며 섬뜩한 공간이 되는 것이다. 프로이드는 Unheimlich(uncanny)가 바로 Heimlich라고 말한다.[36] 일단 어머니의 자궁에서 던져져 나온 이상, 우리가 그 안식의 감각으로 다시 복귀할 수 없는 것처럼 근대인에게 Unheimlich는 근본적이다. 그것은 마치 집의 지하실처럼 의식 아래 숨어 있다가 불쑥 불쑥 나타나기도 한다.[37] 그러므로 우리는 집에 (육체적으로) 있어도 (정신적으로는) 집 없음의 경험을 한다. 근대성의 근본적인 체험이 '집 없음'인 이유이다.

특기할 사실은 많은 이들이 과거의 전통적인 집에서보다 모던한 주거에서 그러한 낯섦과 섬뜩함의 느낌을 더 많이 받는다고 고백한

---

36   Anthony Vidler, *Architectural Uncanny*, Cambridge, The MIT Press, 1992, p. 55.
37   M. Wigly, 앞의 글, p. 97.

다는 점이다.[38] 바슐라르에 의하면 집다운 집은 지붕과 다락, 그리고 지하실이 있어야 한다. "파리에는 집이 없다. 포개진 상자 속에 도시 사람들은 살아간다." "집은 수평성에 지나지 않게 되었고" 하늘과 자연을 잃어버린 거기에는 "내밀한 삶이 없다." 장식이 사라지고 낯선 사물과 추상 기하학이 자리 잡은 그곳에서 사람들은 안온함과 친근성을 경험하지 못한다. 저명 건축가들의 이름난 모던 주택들은 시각적으로는 아름답지만 언캐니uncanny를 내장한 '유령의 집ghost house'에 불과한 것이다.[39]

정주할 수 없게 된/할 줄 모르는 근대인이 이동하는 것은 당연하다. '세입자'이고 '하숙인'인 근대인은 유랑하는 자가 되었다. 생존을 위해서, 자신의 욕망을 좇아서, 약간의 이익을 좇아서, 혹은 새로운 기회를 좇아서, 그들은 끊임없이 움직인다. 근대의 테크놀로지가 가져다준 수송 수단과 이동 속도가 그러한 가능성을 제공해 주었다. 이제 집은 더 이상 근대인의 마음이 머무는 곳이 아니다. 실제로도 그들은 집에 오래 머무르지 않는다. 부단한 이동은 도시민의 일상사가 되었다. 한 곳에 오래 머무는 자는 무능하거나 뒤처진 자이다.

자크 아탈리는 21세기 인간 삶의 양태를 유목으로 규정한다. 일할 곳, 돈 벌 곳, 배울 곳, 구경하고 놀 곳 등을 찾아서 끊임없이 이동하는 것이 인간의 보편적 모습이 될 것이라는 것이다. 사실 이동은 근대로부터 시작된 삶의 양태로 근대 이후에 더욱 가속되고 있을 뿐이다.

---

38 A. Vidler는 앞의 책에서 집 없음과 그에 따른 공간에서의 섬뜩함을 근대, 탈근대 건축의 일반적인 거주의 실상으로 파악하고 그 건축적 출물을 탐색한다.
39 리차드 잉거솔은 현대의 저명 건축가들의 작품 주택을 일러 유령의 집이라 싸잡아 비판하고 있다. Richard Ingersol, "resistable little house," *DBR* 37/38, Cambridge: The MIT Press, 1996/97, p. 5.

인류는 오늘날 오랜 정주에서 벗어나 유목의 가능성을 실험하고 있다. 근대는 인간을 땅으로부터 해방시켰다. 근대의 교통과 통신이 가져다준 시공간의 개변과 이동의 확대는 근대 이후에 들어서 전혀 다른 차원으로 양상을 옮겨 가고 있다. 시공간의 압축과 거리의 소멸, 실재와 가상 사이의 경계의 소멸이 일상적인 경험이 되었다.[40] 이미지와 기호의 편재, 복수複數의 공간의 현전, 거주 공간으로의 정보 미디어와 인터넷의 침입 등은 우리의 몸은 이곳에 있어도 정신은 저곳에 거하는 일을 가능케 하고 있다. 거주의 동시화이자 분열인 셈이다.

지구 전체와 대도시를 둘러싼 망網상의 교통망도 우리를 부단한 이동으로 몰아가고 있다. 전 세계를 연결하는 항공 운송망과 실시간의 전자통신망 위를 부유하며 사는 것이 현대인homo nomad의 삶이 됐다. 혹은 '어디에도 없는 장소nowhere'에서 머물고 '아무 곳anywhere'에서나 지내는 삶이라고 말할 수도 있겠다. 그곳은 통과하거나 넘나드는 비장소non-place들이다. 그래서 유목은 "장소 아닌 장소"에서 "거주 아닌 거주"를 사는 일이 된다.

한편 메트로폴리스는 점차 거주의 공간이 아니라 비거주의 공간이 되어 가고 있으며, 장소적 차이는 소멸하고 있다. 이곳과 저곳의 장소적 차이의 사라짐은 모든 곳을 '임의의 장소anyplace'로 바꾸어 놓고 있다. 생활세계 전체가 '비-장소'로 전환되면서 모든 곳이 동일한 공간이 되어 가고 있다. 모든 곳이 임의의 장소가 되는 상황에서 우리가 특정한 곳에서 지내기를/뿌리내리기를 고집할 필요는 없을 것

---

40 데이비드 하비,《포스트모더니티의 조건The Condition of Postmodernity》, 구동화 · 박영민 옮김, 한울, 1989, 317~373쪽.

이다. 어느 곳에 가든, 어느 곳에서 지내든, 비슷한 체험을 하게 된다면 존재의 장소귀속성은 사라지게 될 것이다. 처음 간 곳도 그리 낯설지 않은가 하면, 익숙하고 편한 그곳이 고향은 아닌 것이다. 따라서 가능하다면 가장 유익하고 즐거운 장소를 찾아 머무르면 될 것이고, 효용이 다하면 뜨면 될 것이다. 한 장소에 정착하거나 집착해야 할 아무런 이유가 없다. 다만 이런 가능성이 누구에게나 열려 있는 것은 아님은 분명하다.

유목의 시대에 일상적 거주 공간이 급격히 비장소가 되는 것은 현대 테크놀로지가 내부/장소의 소거, 경계의 해체를 가속화하기 때문이다. '전 지구적 유동성'이 동시대의 중요한 화두가 되었다.[41] 현대 테크놀로지에 의해 물자, 돈, 이미지, 그리고 사람이 순간적으로 흐르며, 영역을 초월해 넘나든다.[42] 그 결과로 이전의 모든 닫힌 공간은 파열되어 외부로 열리고 있다. 그 벌어진 틈새와 갈라진 영토 사이로 신체와 정신의 횡단이 더욱 용이해지고 있다.[43] 그래서 영화 〈인 디 에어〉에서 라이언이 거하는 공간들에서 보듯이 우리 시대의 장소는 사이in-between 공간, 전이의 공간, 경계의 공간, 흐름의 공간의 성격을 띠어 가고 있다. 따라서 유목의 시대에 거주는 더 이상 이전 같은 장소에서 이루어지지 않는다. '사이'가 바로 거주의 공간이다. 이동이 곧 머무름이며 머무름이 동시에 이동이기도 한 상황은 모든 곳이 거주의 공간

---

[41] 바우만은 우리가 현재 근대 역사에서 새로운 단계에 진입하고 있으며 그것의 가장 큰 특징은 일체의 모든 것과 관계가 유동적liquid인 것이 된 것이라고 지적한다(지그문트 바우만, 《액체근대》).
[42] 요시하라 나오키, 《모빌리티와 장소》, 이상봉 · 신나경 옮김, 심산, 2010(2008), 67쪽.
[43] 최근 정보통신의 발달이 이런 현상을 가속화하고 증폭하고 있다. 인터넷과 휴대전화는 사적 공간의 증발을 가져왔고 동시에 공적 공간에서도 사적인 소통이 가능하게 하고 있다.

이면서 또한 아니라는 이중성을 수반한다. 장소의 실체감이 휘발되면서 이전의 견고한 장소는 더 이상 존재하지 않는다.

유목의 시대에 해체되는 것은 유대, 연대, 결속, 동반, 신뢰, 헌신, 안정, 지속, 영역, 공동체, 대의 같은 것들이다. 모두 정주/장소와 연관된 것이며 지역과 공동체가 오랫동안 고수해 온 가치들이다. 대신 순간성, 즉각성, 우발성, 유동성, 유연성, 가변성, 가상성, 일시성, 일회성, 잠정적임과 같은 특성이 들어섰다. 유목이 주는 자유, 선택의 무한한 확대는 불확실한 삶, 불투명한 삶, 불안정한 삶을 뜻하며 불안의 일상화를 뜻하기도 한다. 최근 회자되고 있고 현대 테크놀로지와도 깊은 연관을 지닌 용어인 '네트워크'와 '접속connection'에서 주목할 것은 연결이 아니다. 반대로 언제든 끊어질(단락) 수 있음이다.

물론 유목이라고 다 같은 유목은 아니다. 이 시대에 유목은 누구도 피할 수 없는 실존적 상황이지만 그것의 양상은 판이하다. 자발적 유목인과 강제된 유목인forced nomad 간의 심연은 깊고도 넓다. 엘리트 계급인 자발적 유목인은 회의, 거래, 교류, 관광, 쇼핑을 위해 자유롭게 넘나드는 이들이다. 그들은 이곳에 있으면서 저곳과 소통하며 손끝 하나로 큰 변화를 일으키는 이들이기도 하다. 최고의 고객이자 최상의 소비자이고, 쾌락의 수집가이며 심미적 호사가이기도 하다. 맘대로의 도피와 잠적과 은둔조차 가능한 이들이다.[44] 반면 강제된 유목민들은 비자발적인 이동에 내몰린 자들이다. 정착이 불가능하거나 자기 땅에서 버림받은 자들이다. 혹은 생계를 위해 떠나

---

44   바우만에 따르면 그들은 "우연히 특정한 공간에 존재할 때조차도 공간 외적인 존재가 되어 버린다." 지그문트 바우만,《지구화, 야누스의 두 얼굴Globalization: Human Consquence》, 김동택 옮김, 2003, 62쪽.

야하는 자들이다. 주변부에 속하면서 떠밀린 그들은 이민자, 난민, 노동자들이다. 전 지구적으로 상부층^{upper class} 노마드가 느끼는 만큼 이들 하층민 노마드의 숫자도 급격히 늘고 있다. 기술이 추동해 온 지구화의 양면성이다.[45]

현대의 거주 양식으로 유목을 어떻게 받아들여야 하는가의 문제와 별개로 그것은 부인할 수 없는 엄연한 현실이 되었다. 긍정적으로 보자면 유목은 우리 몸의 지각과 경험의 확장이고 삶의 선택지의 확대이다. 자유와 기회와 교류의 확대인 것이다. 그러나 부정적으로 보자면 그것은 삶의 고단함과 뿌리 뽑힘의 심화이다. 이동이 가속화될수록 현대인은 고단한 몸을 뉘일 아늑한 공간을 더욱 절실히 필요로 한다.[46]

우리는 여기서 유목의 사유에 주목해 볼 필요가 있다. 그것은 존재=거주=장소라는 도식에 심각한 질문을 제기한다. 유목은 정주가 옹호하는 내부와 중심과 동일성을 회의하고 외부의 이질성과 차이를 도입해 그것을 해체하고자 한다. 유목은 정주의 사유를 넘어 경계를 가로지르는 탈주의 사유, 횡단의 사유이다. 뿌리박고 안정을 정초하려는 절망적인 욕망 대신에, 경계 바깥으로 질주하며 새로운 영역과의 만남과 대화를 시도하는 일인 것이다. 그것은 거주/삶에

---

45 앞의 책, 4장

46 하이데거가 거주를 존재와 관련하여 논했다면 레비나스는 우선적으로 몸과 관련 짓는다. 잠자는 존재로서 인간은 요나 콤플렉스로 상징되는 모태의 자궁과 같은 거주의 자리가 필요하다고 말한다. 그는 몸과 잠을 말하면서 '향유로서 거주'를 말한다. 인간이 몸을 갖고 사는 존재인 한 요람과 이불과 방, 무덤을 필요로 한다. 유목의 시대에도 내밀하고 친밀한 거주에 대한 갈망은 어찌할 수 없다(에마뉘엘 레비나스, 《시간과 타자Le Temps et L'autre》, 강영안 옮김, 문예출판사, 1998). 강영안, 〈향유와 거주, 레비나스의 존재경제론〉, 《문학과 사회》 32, 문학과지성사, 1995, 1539~1541쪽.

대한 새로운 사고와 태도를 요구한다.

존재의 집에 거주하는 하이데거의 정주의 철학이 게르만의 '숲의 사상'이라면 유대인의 출애굽기Exodus는 '유목의 사상'이다.[47] "너의 고향을 떠나라"는 신의 명령에 따라 오랜 거주의 자리(고향)를 포기하는 아브라함에게 지상의 집은 잠시 머물다 가는 곳으로서 천막이다. 이 세상에 잠시 머물다 갈 존재인 인간에게 주거는 본질적으로 잠정적인 거처에 불과하다. 근대에 들어 세계는 살 만하지 않은 낯선 거처가 되었다. 그래서 카치아리는 이 시대의 진정한 거주는 머묾이 아니라 여행, 혹은 방랑wayfaring이라고 말한다.[48] 유목의 사유를 따르자면, 고정되고 닫힌 것이 아니라 열리고 교통하며 새로운 무엇이 벌어지고 생성되는 공간이 이 시대가 요구하는 거주이다. 거주로서 유목은 점으로서가 아니라 "수많은 선들이 교차하는 십자로 같은 것"이며 이제까지 드러나지 않았던 새로운 장소성의 모색이다. 가라타니 고진은 정주의 공간인 고향/공동체가 섬이라면 유목의 공간은 해양이거나 사막이라고 비유한다.[49] 해양 혹은 사막을 건너는 일로서 유목은 여행이며, 교환이고, 타자의 장소로 이동하는 것이다. 그 이동을 위한 공간이 거주의 공간이 되려면 어떻게 해야 할까? 아마도 우리는 새로운 방식의 거주하기를 배워야 할 것이다.

정주의 삶이 주는 깊은 안도감과 의미심장함, 뿌리 뽑힘과 집 없음

---

47 아사다 아키라, 《도주론》, 문아영 옮김, 민음사, 1999(1984), p. 85.
48 M. Cacciari, "To dwell, to think," *Casabella* 662/663, Milano, 1999, p. 112. 에세이의 제목에서 보듯 카치아리는 거주에 대해 하이데거를 참조하면서 대결하고 있다.
49 가라타니 고진, 〈교통공간에 관한 노트〉, 《Anywhere: 공간의 논리》, 현대건축사, 1998, 177~179쪽.

의 현실에 따른 고뇌, 그리고 그에 따른 복귀에의 향수를 우리는 부인 못한다. 그러나 정주가 불가능한 오늘의 현실을 인정하지 않고 오히려 정주의 수복/복귀의 프로젝트에 매달린다면 그것은 어리석고 불행한 것이 될 것이다. 장소와 연동된 내부, 즉 지역, 민족, 인종, 계급, 성, 집단, 조직에 귀의함으로써 안정과 행복을 보장해 주리라는 믿음은 시대착오적이고 근거 없는 것이다.[50]

나와 우리의 정주의 공간에 특권적 지위를 부여하고 불변의 정체성을 부여하려는 시도는 타자와의 대면과 소통, 공존과 공생이 필수적인 동시대의 정신에 적합하지 않고 또 가능하지도 않다. 그것은 이 시대에 테크놀로지 없는 삶이 가능한 듯한 태도를 취하는 것만큼이나 기만적이다. 그러나 테크놀로지와 함께하는 삶이, 꼭 그것에의 굴종이나 포획을 뜻하는 것이 아니더라도 커다란 실존적 곤경을 제공하듯, 유목적 삶/거주가 그러한 것도 사실이다. 그러므로 이 시대의 유목적 삶의 가능성에 대해서 진지하게 물어봐야 할 것이다.

유목화의 경향에는 분명 양면성이 존재한다. 전 지구적 유동성의 시대에 그것은 지구촌 전 주민을 가혹한 삶의 환경으로 내몰고 '집 없음'에 따른 난민화를 가속화하고 있다.[51] 최소한의 거주 공간조차 허용받지 못한 채 떠돌며 머물 곳을 희구하는 이들이 늘어나고 있는

---

50 동시대의 절망적인 많은 민족분쟁이나 지역 갈등, 인종문제의 큰 원인이기도 하다. 이는 타자 없는 우리의 삶이 가능하고 행복하리라는 불가능한 망상에 기초한다. 그리고 내부(우리)는 다시 타자(그들)를 재생산한다는 사실을 망각하는 것이기도 하다.
51 바우만은 그들이 '인간 쓰레기'로 전락했으며 "이 지상에서 설 곳을 잃은 채 존재하지 않는 곳에 내던져졌다고" 말한다. 지그문트 바우만, 《모두스 비벤디Liquid Times》, 한상석 옮김, 후마니타스, 2010, 52쪽, 76쪽.

것이다. 한편 영화 〈인 디 에어〉의 주인공처럼 오늘의 유목적 삶의 선두 주자들이 금융자본주의와 신자유주의의 첨병이라는 사실도 직시할 필요가 있다.

그러나 우리는 오늘의 불가피한 삶의 양식으로서 유목과 실존적 결단으로서 유목을 구분할 필요가 있다. 전자와 후자는 무관하지 않지만 후자의 유목적 거주는 존재에의 용기를 필요로 한다. 미셸 드 세르토는 "'거기에' 함께 있음이라는 안전함에서 벗어날 때 다른 종류의 여정으로 이루어진 다른 시간이 시작된다"고 했다.[52] 그것은 안주하는 삶이 아니라 타자와 대면하고 타문화와 소통하는 삶일 것이다. 유목의 시대에 현대인이 자신의 삶의 자리에서 이방인이나 여행자의 느낌을 갖는 것은 당연하다. 그러나 오히려 이 시대 존재자의 자연스런 모습이 이방인, 여행자, 이주자, 방문자, 방랑자임을 인정할 때 자발적이고 주체적으로 자신을 바깥으로 내모는 자세가 생겨날 것이다. 그것은 더 큰 고독과 고단, 모험과 위험을 기꺼이 감수하는 삶이다. 사이드는 '자발적 추방자', 곧 망명객의 자리가 지식인의 존재 양식이라고 설파했다.[53] 역사적으로 보자면 시인, 예술가, 지식인은 다른 사고를 하고 다른 삶을 꿈꾸고 실천하던 자들이었다. 그들은 일찌감치 유목민이었다. 내부적 사고와 안內의 안온한 삶의 방식에 회의하고 스스로를 경계 밖으로 내몰아 바깥의 사유로 새로운 삶을 연 이들이었다. 그래서 유목적 거주는 은유하자면 망명객exile 혹은 유랑자diaspora의 삶의 양태가 될 것이다. 한 곳에 귀속되지 않는

52　마이크 크랭, 〈미셸 드 세르토의 저작에서 유물, 장소, 그리고 쓰이지 않은 자리〉, 《공간적 사유Thinking Space》, 최병두 옮김, 에코리브르, 2013, 239쪽.
53　에드워드 사이드, 《지식인의 표상Representations of the Intellectual》, 최유준 옮김, 마티, 2012, 3장 참조.

삶, 안착하지 않는 삶, 경계를 넘어가는 삶이다. 그건 정주의 편집증과 강박에서 벗어나—기성 문화와 관습적 사고에—길들여짐과 식민화를 거부하고 다른 삶의 가능성을 시도하고 실천하는 삶일 것이다.[54] 그것은 공간을 차지하는 대신 지나가는 것이 될 것이며, '비결정성의 가능성'이 열린 공간으로 세계를 확장하는 일이기도 할 것이다.

사이드는 망명객의 표상으로 아도르노를 든다. 유대계인 아도르노는 실제 삶으로나 정신적으로나 망명객이었다. 그는 일찍이 "제대로 된 의미의 거주는 불가능하다. 우리가 성장한 전통적인 '집'은 견딜 수 없는 것이 되어 버렸다"고 말한 바 있다. 더불어 "집은 과거지사가 되었다. 자기 집에 있으면서도 집처럼 편안하게 느끼지 않는 것이 도덕적이다." "더 이상 고향이 없는 사람에게 글쓰기는 거주가 된다"라고도 말한다.[55]

테크놀로지가 인간 삶의 한 가능성을 차단한다면 다른 한편으로는 다른 지평을 열어 준다는 것은 부인할 수 없는 사실이다.[56] 정주와 유목도 그런 것이 아닐까? 저 유명한 경구, "고향을 감미롭게 생각하는 이는 아직 허약한 미숙아이다. 모든 곳을 고향이라 느낄 수 있는 이는 상당히 성숙한 사람이다. 그러나 전 세계를 타향이라고 느끼는 이야말로, 완벽한 인간이다"는 생 빅토르 후고(1096~1141)가 한 말이다.[57] 그걸 아우에르바하가 인용하고 사이드가 재인용하였

---

54 사이드의 말을 빌면 중심화된 권위에서 벗어나 주변을 향해 사고하는 것이다. 앞의 책, 77쪽.
55 앞의 책, 70~71쪽.
56 그러므로 양자는 피할 수 없는 현실인 동시에 도전이다.
57 생 빅토르 후고는 수도사였다. 인용된 아포리즘은 그의 주저 《디다스칼리온 Didasicalion》에 있는 구절이다.

다.[58] 아주 오래전, 중세 초에 이미 유목적 거주를 삶의 양식으로 받아들인 이들이 있었다. 안정된 질서의 특권적 장소에 머무르는 대신 세계를 타향으로 삼고 스스로를 타자의 자리에 위치시킨 이들이었다.[59] 그런 삶의 방식이야말로 진정한 유목일 것이다. 그렇다면 필요한 것은 유목적 거주에 대한 결단일지도 모른다.

---

58 에드워드 사이드, 《오리엔탈리즘》, 박홍규 옮김, 교보문고, 1991, 416쪽. 사이드는 이어서 "인간은 자신의 문화적 고향을 떠나면 떠날수록 참된 비전에 필요한 정신적 초연성과 관용성을 '동시에' 얻고, 고향과 전 세계를 더욱 쉽게 판단할 수 있게 된다"고 말한다.
59 중세의 수도자들은 당시의 농민들과 달리 한 곳에 머물지 않고(진리와 사역을 위해) 옮겨 다녔다. 그들은 순례자이기도 했다. 그들에게는 고향이나 국가 개념보다 더 높은 이상이 있었다.

참고문헌

Anthony Vidler, *Architectural Uncanny*, Cambridge: The MIT Press, 1992.

Gillian Fuller, *Aviopolis:A Book about Airport*, Black Dog Publishing, 2005.

Le Corbusier, *Toward a New Architecture*, N. Y., Preager Publisher, 1960(1927).

Manfredo Tafuri, *Architecture and Utopia*, Cambridge: The MIT Press, 1979(1973).

Marc Auge, *Non-Lieux*, Paris, Seuil, 1992.

Martin Heideger, *Holzwege*, ("Building Dwelling, Thinking," in *Poetry, Language, Thought*), trans. by A. Hofstadter, N.Y., Harper & Row, M. Heidegger, *An Introduction to Metaphysics*, trans. by R. Manheim, Newhaven, Yale Univ. Press, 1959.

The British counsil and authors, *British Architecture Today*, trans. by G. A. Marson, Milano, Electa, 1991.

Tom Avermaete · Klaske Havik · Hans Teerds,《건축, 공공영역에 대한 건축적 입장들Architecture, Modernity and the Public Sphere》, 권영민 옮김, 시공문화사, 2011.

가라타니 고진,《은유로서 건축: 언어, 수, 화폐》, 김재희 옮김, 한나래, 1998(1995).

강혁, 〈테크놀로지와 새로운 거주 양식〉,《인문학논총》제34집, 2014, 69~102쪽.

김우창,《심미적 이성의 탐구》, 솔, 1992.

데이비드 하비,《포스트모더니티의 조건The Condition of Postmodernity》, 구동화 · 박영민 옮김, 한울, 1989.

마이크 크랭,《공간적 사유Thinking Space》, 최병두 옮김, 에코리브르, 2013.

박찬국,《하이데거와 나치즘》, 문예출판사, 2001.

알랭 드 보통,《공항에서 일주일을A Week at the Airport》, 정영목 옮김, 청미래, 2009.

알랭 드 보통,《행복의 건축Architecture of Happiness》, 정영목 옮김, 이레, 2007.

에드워드 사이드,《오리엔탈리즘Orientalism》, 박홍규 옮김, 교보문고, 1991.

에드워드 사이드,《지식인의 표상Representations of the Intellectual》, 최유준 옮김, 마티, 2012.

요시하라 나오키,《모빌리티와 장소》, 이상봉·신나경 옮김, 심산, 2010(2008).

지그문트 바우만,《액체근대Liquid Modernity》, 이일수 옮김, 강, 2005.

지그문트 바우만,《모두스 비벤디Liquid Times》, 한상석 옮김, 후마니타스, 2010.

2부

모빌리티에 대한
인문학적 사유

미셸 푸코의 '문제화' 방식으로 스마트시티를 사유하기

도승연

이 글은 《공간과사회》 제59호(2017.3)에 게재된 원고를 수정 및 보완하여 재수록
한 것이다.

미셸 푸코는 "문제화의 방식으로 사유하라thinking problematically"[1]는 제안을 통해 '문제화'의 태도를 다음과 같이 정의하고 있다. 문제화란 구체적인 사건이나 특정한 개념을 논쟁의 대상으로 다루거나 특정 현안에 대해 유일한 답변을 추구하는 것이 아니라 역사적 조건 아래 그것이 "어떻게 질문, 분석되고 분류되고, 통제되는가"[2]를 검토하는 방식이다. 그러한 의미에서 필자는 종교적이거나 사법적, 혹은 전쟁 모델로서의 '논쟁'[3]이 아닌 '문제화'의 방식에서 스마트시티, 혹은 스마트시티 담론을 다루고자 한다.

4차 산업혁명으로 대변되는 과학기술의 엄청난 발전은 비단 산업의 지형만이 아니라 인간 정체성과 실존의 조건까지도 새롭게 질문하게 하는 거대한 문명사적 변화를 이끌고 있다. 불과 몇 십 년 사이

---

[1] Foucault, M, *Language, Counter-Memory, Practice: Selected Essays and Interviews*, 1977, p. 185.

[2] Deacon, *Theory as practice: Foucault'concept of problematization*, Telos 118, 2000, p. 127.

[3] 푸코는 '논쟁polemics'이라고 지적한 일련의 행위들, 이를테면 비판적 토론에 기생하는 몇몇 모델들—종교적, 사법적, 전쟁적 모델—에 기반할 경우 토론으로서의 생산적 논의를 이끌지 못한다고 주장하며 이를 거부한다. "종교적 모델은 이단론이 그러하듯이 논적이 소홀히 취급했거나 무시했거나 또는 어겼다고 여겨지는 근본적이고도 필수적인 교리의 불가해한 지점을 대한 논의를 도덕적 타락이라고 비난하는 종류의 논쟁을 말한다. 둘째, 사법적 모델은 대담자들이 동등한 자격에서 토론을 하는 것이 아니라 마치 용의자를 기소하듯이 상대방의 유죄를 증명하는 증거를 수집하고, 위반 행위를 지적하고, 배심원의 판결을 선고하고 집행하듯이 토론을 전개하면서 자신이 자임하는 권위에 의거해서 진리를 말하는 경우이다. 가장 강력한 논쟁 모델은 전쟁 모델로서 스스로를 우군으로 정의하며 지지자를 충원하고 이해관계나 의견을 모으며 논적이 항복하거나 소멸해 버리는 순간까지 싸워야 한다고 생각하는 방식이다." 그러한 의미에서 문제화의 방식은 위에서 언급한 논쟁의 모델로부터 일탈하여 좀 더 세심한 방식에서 사건과 정치와의 관계에 대해 논의하고자 하는 비판의 한 형식이라 할 수 있다. Foucault, "Polemics, Politics, and Problematization," *Essential Works of Foucault* Vol. Ethics, 1984, pp. 111-113.

에 인간 지각 능력의 확장으로서의 '정보기술IT'과 감각 능력의 확장인 '커뮤니케이션기술CT'이 '정보통신기술ICT'로 융합되었고 빅데이터, 인공지능, 클라우드, 사물인터넷, 모바일과 같은 일련의 소프트웨어에 기반을 둔 기술들이 상호 연결됨으로써 과거와 다른 새로운 장치, 환경이 구축되었다. 뿐만 아니라 인간과 비인간 존재자가 전달하고 순환하는 엄청난 정보와 데이터가 세계의 언어가 되고 있다. 스마트시티는 위에서 언급한 이 모든 장치들의 기술적 효과가 우리의 거주 공간에서 지속적으로 경험되는 실천의 모델이 된다. 모든 새로운 도시의 야망이 그러하듯이 스마트시티 담론의 주류를 형성하는 기술낙관론자들은 이 새로운 도시 모델이 현재 도시가 직면한 도시화 문제뿐 아니라 미래 도시에서 예상되는 위험을 관리, 조절할 것이라고 주장한다.[4]

스마트시티는 도시 운영을 위한 서비스와 시스템, 전기 그리드부터 공공 교통, 운영에 이르기까지 그것의 최적화를 위해 정보통신기술을 전제하지만 그것의 실제적 구현은 기술이 실천되는 도시 기반, 역사, 시민성에 따라 달라지기 때문에 스마트시티의 명확한 정의를 도출하는 것은 매우 어려운 일이다. 하지만 적어도 스마트시티들이 공유하는 몇 가지 특성[5]을 열거함으로써 작동의 방식, 그 목표와 효과를 짐작할 수 있다. 첫째, 스마트시티 담론은 데이터의 생성, 취합, 가공을 통해 도시 체계의 디지털화를 강조한다. 둘째, 스마트시티

---

4 Kichin과 Dodge(2011), Townsend(2013)를 위시하여 스마트시티에 대한 탁월한 비판 담론을 주장하는 학자들이 없는 것은 아니지만, 스마트시티를 미래의 성장동력으로 간주하는 기업과 정부 주도 담론의 영향력에 비하면 좀 더 많은 논의가 필요하다.

5 Klauser, F. and Söderström O, "Smart-city initiatives and the Foucaudian logics of governing through code," *Smart Urbanism: Utopian vision or false dawn?*, 2016, p. 108.

담론은 일상적 삶에서 취합한 다양한 형식의 데이터들의 상호 연결의 기능성을 도시 발전으로 간주한다. 셋째, 스마스시티 담론은 소프트웨어에 의한 자동화가 도시 운영을 담당할 것이라고 주장한다. 결국 이 모든 전제들을 종합하면, 스마트시티 담론의 핵심은 이것이 질서와 조절이 최적화된 세계라는 것, 이 세계가 소프트웨어로의 코딩화로 가능하다는 것이다.

그렇다면 스마트시티를 문제화의 방식으로 사유한다는 것은 무엇을 의미하는가? 이는 스마트시티가 작동하기 위한 기술의 실현 가능성 여부, 혹은 그러한 실현이 야기할 수 있는 직접적인 부정의 결과물―프라이버시 침해, 해킹의 가능성―을 지적하고 비판하는 일, 그 이상을 지시한다. 문제화의 방식에서 사유되는 스마트시티는 첫째, 도시의 문제를 기술 적용의 문제가 아닌 사회적 차원의 문제로서 접근하는 것이다. 이는 스마트시티의 주류 담론이 주장하듯이 희소 자원을 최적화함으로써 위험을 관리하는 도시 운영의 측면만을 간주하는 것이 아니라 그 작동의 실질적 주체가 누구인지, 기회와 이익의 주체가 무엇, 혹은 누구인지 추적함으로써 사회적 차원에서 이 사태를 전략적으로 다루어야 한다는 의미이다. 즉, 소프트웨어에 기반을 둔 매끈한 도시 운영에 접근 가능한 주체가 제한적일 때. 이것을 희소 자원의 불평등한 분배로 포착하고, 빈곤율을 심화시키는 사회적 차원의 도시 문제로 대응하는 것, 나아가 권력의 효과로 반응하는 태도를 뜻한다. 둘째, 앞서 설명했듯이 문제화는 특정한 개념이나 현상이 "어떻게, 왜 특정한 시대의 문제가 되었는지, 그리고 그 구성의 역사적 조건에 대해 질문하는 일"[6]이다. 즉, 그렇다면 문

---

6 Foucault, M. *Discourse and Truth: The Problematization of Parrhesia*, 1985, p. 115.

제화의 또 다른 측면은 스마트시티가 특정한 현상으로서 우리의 사회적 현실 안에서 어떻게 구성되는지, 이것이 도시 적용의 개념으로 등장한 맥락을 그것의 달력과 지도를 통해 살펴보는 일이 될 것이다. 스마트시티가 전제하는 핵심 기술들을 사회적 차원에서 문제화하게 되면 기술의 오남용 때문이 아니라 기술의 내재적 특성에 의해 스마트시티가 신자유주의 질서에 기반을 둔 현대적 통치성의 수단이며 결과이고 동시에 효과가 된다는 것을 밝힐 수 있을 것이다.

첨단 과학기술들이 자본집약적일 수밖에 없다는 점에서 스마트시티에 대한 담론 역시 저항과 비판의 논조보다는 이를 기존 도시 문제를 해결할 수 있는 혁신 시스템으로, 혹은 도시 브랜딩이나 마케팅 전략으로 활용하는 것이 대다수이다. 혹 스마트시티에 대한 비판적 논의가 이루어진다 해도 늘 사후적 차원에 머물 뿐이다. 하지만 과학기술의 시대라는 강력한 자장 안에서 우리의 사회적 현실과 실존의 조건이 구성되는 것이라면 스마트시티가 함축하는 위험이 기회의 설파보다 비판적으로 다루어져야 함은 당연한 일이다. 그러한 의미에서 문제화의 방식에서의 스마트시티에 대한 본 연구는 현재 만연해 있는 기술 중심, 기업 중심, 도시 중심의 시각에서 벗어나 사회의 차원에서, 도시민의 입장에서 어떻게 살 것인가라는 오래된 질문을 새롭게 제기하게 될 것이다.

스마트시티 담론: 대상, 주체, 개념, 전략을 중심으로

본 절에서는 스마트시티가 어떻게 "질문되고, 분석되고, 분류되고, 통제됨으로써 특정한 권력의 효과를 발생시키는가"를 질문하기 위해 스마트시티 담론이 출현한 구체적인 현실을 개념, 대상, 주체, 전략적 차원에서 간명하게 검토하고 이를 기반으로 푸코가 주장하는 신자유주의적 통치성과 스마트시티가 맺고 있는 복합적 관계에 주목할 것이다.

대상: 왜, 지금 스마트시티인가

최첨단 기술을 도시 모델 안에서 실험하고 적용하려는 세계적 흐름은 1990년대 3차 산업혁명, 지식정보사회의 태동 이후부터 줄곧 존재해 왔다. 사이버 시티, 유비쿼터스 시티, 프로그램 시티, 인터넷 시티 등으로 다양한 기술적 명명들이 새로이 등장하고 사라지기도 하면서 미래 도시를 위한 구상은 더욱 정교해졌다. 2008년 이후 본격화된 스마트폰의 대중화가 스마트시티라는 도시의 명명에 영향을 끼쳤지만, 그 이전의 다양한 도시의 명명에서 알 수 있듯이 첨단 통신기술 산업과 접목된 도시 모델의 이상은 결코 짧지 않은 역사를 가진 셈이다. 특히 모바일 인터넷의 엄청난 보급과 사용, 전 세계 인구를 훌쩍 넘어선 사물인터넷의 폭발적 증가[7]는 사물과 사물, 사물과 인간과의 상호 연결을 가속화시키면서 미래 사회로의 구상은 더 이상 상상 속 이야기가 아니라 현재 상용화될 시장과 도시정책의 현실이 되었다.

하지만 스마트시티 담론이 대상으로서 실증성을 띠고 출현하게 된 배경에는 보다 현실적인 이유가 존재한다. 이는 단순히 이상적인 기술의 실현 차원이 아니라 미래 사회와 인류의 존속에 대한 사회적

---

7 Evans, D., "The Internet of Things: How the Next Evolution of the Internet Is Changing Everything"(2011), https://www.cisco.com/c/dam/en_us/about/ac79/docs/innov/IoT_IBSG_0411FINAL.pdf, p. 3.

필요가 강력하게 대두했기 때문이었다. 2015년 이후 전 세계 인구의 50퍼센트 이상이, 2050년이 되면 무려 75퍼센트가 도시에 거주할 것이라는 미래의 급격한 도시화와 세계 인구의 지속적인 증가라는 예측 아래 에너지 수급의 불균형, 대기 오염, 바이러스의 출현 등 각종 다양한 도시 문제가 전 세계적인 현안으로 부상했다. 이에 대해 스마트시티는 희소 자원을 최적화하기 위한 자동화된 시스템을 전제로 도시의 환경지속성, 경제 효율성이라는 사회적 필요에 적극적으로 대응할 수 있는 가장 강력한 해법으로 등장했다.

개념: 스마트시티는 어떻게 개념화되는가

스마트시티는 다음의 세 가지 목적을 이룰 수 있는 도시로서 개념화된다. 첫째 스마트시티는 코드의 알고리즘에 따른 자동화를 통해 질서와 조절을 이룬 도시이다. 스마트 그리드와 같은 자동화된 에너지 관리 시스템을 통해 환경지속성을 높이고 도시의 재난과 위험을 예방, 대처함으로써 자본화된 생활세계의 주된 목표를 최적의 수준에서 이룰 것이다. 둘째, 스마트시티는 공간적 차원에서 이해되었던 도시라는 기존의 물적 기반에 디바이스와 플랫폼이 네트워크를 통해 상호 연결됨으로써 도시의 모든 것을 효율적으로 순환시킨다. 이때의 모든 것이란 인적자원에서 사회 인프라, 물리적 흐름으로서의 교통수단에서 정보와 에너지의 흐름, 개별 서비스에서 전체 시스템에 이르는 모든 것을 지칭하며, 이것의 순환을 통해 희소한 자원을 배분하고 가능한 위험에 대처함으로써 도시의 통치를 이끈다. 셋째, 이 모든 것에 대한 데이터의 취합과 축적, 분석과 활용에 기반을 둔 코드적 통치는 과잉과 결핍이 아닌 최적의 결과를 유도함으로써 앞서 언급했던 환경지속성과 경제 효율성을 높이는 도시가 될 것이다.

주체: 누가 스마트시티를 말하는가

스마트시티가 첨단 과학기술의 도시적 적용을 의미한다는 점에서 스마트시티 담론을 생산·유통할 수 있는 주체는 현실적으로 솔루션 중심의 거대기업들일 수밖에 없으며, 이때의 주체는 실체적인 관점에서의 그 누군가가 아니며 주체로서 발화 가능한 맥락과 위치라는 관계적 관점에 의한 일종의 자리로서 간주된다.

2008년 세계 금융위기 이후 ICT 기술 중심의 IBM, CISCO, INTEL 등의 세계적 거대기업들이 포화된 기존 시장을 뒤로 하고 솔루션 중심의 도시 기반시설과 공공 부문으로 급격히 전환하면서 스마트시티 담론을 주도하였다. 그런데 상호 연결성에 기반을 둔 소프트웨어의 적용을 도시 전체에 적용한다는 점에서 그 적극성의 차이는 있을지라도 스마트시티의 실천화는 기업과 국가의 강력한 공조 체계로 이루어질 수밖에 없었고, 그런 점에서 보다 명확하게 말하자면 스마트시티의 실질적인 주체는 기업과 정부라고 할 수 있다. 또한 이러한 공조에는 단순히 사업의 효율성을 위한 관산 협력 체계나 정부의 친기업적인 정책으로 단순화할 수 없는 보다 복합적인 요소가 개입하는데, 이는 기업과 정부가 스마트시티에 대해 갖고 있는 수단, 목표, 효과가 공유와 분리, 중첩과 강화로 다층적으로 작동하기 때문이다. 이는 스마트시티의 전략적 차원에서 좀 더 자세하게 검토될 것이다.

전략: 스마트시티가 지향하는 목표와 효과는 무엇인가

스마트시티의 전략은 결국 도시 운영을 통해서 어떠한 목표와 효과를 얻을 것인가에 대한 물음이다. 하지만 이 물음이 궁극적 목적으로서의 텔로스^{telos}가 아니라 전략^{strategy}이라는 개념 안에서 해석되어야 하는 이유는, 스마트시티의 존재 이유가 보편성 · 규칙성의 지향이나 모든 가능한 것들의 실현으로서의 완벽한 도시라는 이상에 있지 않기 때문이다. 전략이란 특정한 상황에서 실현될 수 있는 가능한 선택들, 그리고 이들이 이끈 최적의 결과라는 비개연성을 염두에 두며 그 상황을 설명하기 위한 해석의 틀이다. 따라서 스마트시티가 희소한 자원의 최적화된 운영, 도시 안의 순환과 배치와 이에 관한 일련의 효과라는 점에서 이것은 응당 전략이라는 틀에서 해석되어야 하는 대상이다.

스마트시티를 담론화하고 실천하는 주체의 전략은 크게 수단, 목표, 효과의 측면에서 실천된다. ICT에 기반을 둔 도시 운영이 질서와 조절을 가능하게 한다는 스마트시티의 수단적 기능은 이것을 발전된 도시 운영 방식으로 간주한다는 점이다. 그리고 이러한 도시 운영이 환경지속성과 경제 활성화를 견인함으로써 향후 심각한 도시 문제에 대한 현실적 해법이 된다는 사실은 기업과 정부 양자 모두 적극적으로 공유하는 전제이다. 하지만 그 수단을 통해 획득하려는 목표에서는 기업과 정부는 각각 구별적인 역할을 수행한다. 기업은 자본집약적 기술의 적용을 도시적 차원에서 실현함으로써 최대의 이익을 추구한다면, 정부는 도시의 모든 것의 순환과 안전을 관리하는 통치의 역할을 수행한다는 점에서 그러하다. 그리고 결과적으로 기업과 정부가 각각의 목표를 수행함으로써 발휘되는 효과는 경쟁에 따른 효율화를 최고의 미덕으로 삼는 신자유주의적 통치성 안에서 교차, 결합, 중첩된다. 특히 정부의 경우 도시의 위험을 조절하고 안전을 지향하려는 통치성이 스마트시티에서 가장 효율적으로 가능하기 때문이다. 그러한 점에서 도시의 모든 것의 최적화된 순환을 실천하려는 스마트시티의 이상은 도시 지역의 수요와 도시민의 참여를 중심으로 이루어진 것이 아니었으며, 특히 신자유주의 확산에 따른 솔루션 중심 기업의 도시 운영 개입은 감시 사회부터 정부의 기업화에 이르기까지 많은 우려를 낳고 있다. 그러한 의미에서 스마트시티 전략은 해당 담론이 대상으로서 출현한, 개념화되고 특정한 주체로부터 발화된 현실, 신자유주의에 기반을 둔 현대의 '통치성governmentality' 안에서 좀 더 적극적으로 해석되어야만 한다. 이어질 논의에서는 18세기 이후 근대 국가의 통치성에 관한 푸코의 계보학적 연구에 기대어 현대의 통치성의 특성을 검토하고, 스마트시티가 현대의 통치성의 수단, 목표, 효과가 되는 과정을 스마트시티가 전제하는 핵심 기술의 작동 원리에 집중하여 설명할 것이다.

현대국가 통치성의 수단, 목표, 효과로서의 스마트시티

규율적 권력에서 통치성으로[8]

권력에 대한 푸코의 문제의식을 좀 더 명확하게 이해하기 위해서는 그에게 권력은 언제나 권력과 지식, 혹은 권력과 주체, 지식과 주체라는 중첩적 차원에서 제기되었다는 사실에서 출발해야 할 것이다. 잘 알려졌듯이 《감시와 처벌》에서 근대적 형벌의 방식을 통해 주체의 예속화가 억압/금지가 아닌 담론적 실천에 근거함으로써만 가능하다는 것을 실증적으로 주장했다면, 《성의 역사》 1권에서 그는 성적 욕망을 통해 구성되는 서구 근대인들의 주체성을 중심으로 논의의 범위를 확대시킨다. 이후 '생명관리권력Bio-power'을 토대로 삼

---

8 본 절은 도승연, 〈우리 시대가 위험에 빠진 신체에 대처하는 한 방식: 푸코의 《안전, 영토, 인구》를 중심으로〉, 《현대 사상과 도시》, 2012, 258~265쪽을 참조, 요약하였다.

아 본격화된 푸코의 논의는 고대에서부터 존재했고 사목 권력을 통해 정교화된 통치의 기술이 어떻게 18세기 자본주의적인 질서의 팽창과 함께 한 국가의 인구를 대상으로 하는 통치성의 활동이 되는가의 문제를 다루기 시작한다.[9]

이때 넓은 의미에서의 통치는 "정치적인 구조나 국가의 관리라는 의미로 국한되지 않으며 오히려 이것은 개인이나 집단의 행위를 이끄는 방식으로서 구성되었다 아이들에 대한 통치, 영혼에 대한, 공동체에 대한, 기족에 대한, 병자에 대한 통치들이 있다. 통치한다는 말은 타인의 가능한 행위의 장을 구조화하는 것"을 뜻한다.[10] 통치의 가장 기본적인 단위가 가정에서의 통치에서 비롯되었듯이, 고대의 통치는 부유한 가정을 만들기 위해서 구성원의 역량을 강화하고 그들의 재화를 안전하게 관리하는 오이코스^{oikos}적 활동이었다. 그리고 이와 동일한 논리를 국가적 수준에서 적용한 통치성은 "국가 내의 국민들, 그들의 재화, 개개인과 인구 전체의 행동에 대한 통치를 의미하며 가장이 그의 가계와 재화를 다루는 것과 같은 주의 깊은 감시와

---

9 생명관리권력은 두 측면의 구성 요소로서 이루어진다. 하나는 인간 신체에 대한 해부학적 정치학Anatamo politics of human body과 또 다른 하나로서 인간을 종, 혹은 인구, 혹은 기타 성적인 장치들과 관련하여 그들을 과학적인 범주로 나누는 일련의 과정과 제도, 그것에 따른 실천의 측면Bio politics of the population에 대한 것이다. 그런데 문제는 푸코가 주장하는 주체가 지식-권력의 연관 작용에 의해 예속된 대상이면서 동시에 그 자신의 주체성을 스스로 경험하는 어떤 것이라고 했을 때, 후자의 측면은 생명관리권력과 같이 오직 '대상화시키는' 성격의 특성으로는 적절하게 설명할 수 없었음을 고백한다(Foucault, M. "The Subject and Power," *Michel Foucault: Beyond Structuralism and Hermeneutics*, 1982, p. 208.). 이후 생명관리권력이라는 용어는 이후 푸코의 연구에서는 사라지게 되고 1978년 콜레주 드 프랑스Collège de France의 첫 강의에서 등장한 '통치government'라는 새로운 용어 아래 포섭된다.

10 Ibid., p. 220.

통제의 형식"[11]을 주된 활동으로 삼는다. 18세기 이후 본격화된 근대 국가의 통치적 강조점은 다음의 특징으로 정리될 수 있을 것이다.

첫째, 권력의 논의는 더 이상 영토에 기반을 둔 주권자의 힘을 과시하는 것이 아니라 인구를 중심으로 그들의 안전과 재화의 순환이 목적이기에, 이를 향하는 권력의 효과 또한 이 모든 것들의 적절함 수준에 대한 것으로 지시된다.

둘째, 근대 국가가 인구를 통치한다고 했을 때 그 방식이 사법적 차원의 명령이나 금지로만 전개되는 것이 아니라 사목 권력에 기반을 둔 세속적 변용, 즉 인구의 욕망, 물질적 차원의 고양과 관계한다는 점에서 통치의 기술 또한 달라진다는 점에 주목해야 한다.

셋째, 우리의 현재가 신자유주의에 입각한 통치화된 현실이고 그것이 인구의 안전과 재화의 순환을 목적으로 하는 물질적 차원에서 발생한다는 것이 명확하다면, 근대 국가 이전과는 달리 인구를 '살도록 하고 죽게 버려 두는' 권력의 효과는 신자유주의적 통치성과 맞물린다.[12]

안전을 강조하는 현대적 통치성의 특성

푸코는 18세기 이후 서구 유럽의 근대 국가의 권력으로 대변되던 주권적, 군주 중심적 권력 모델을 거부하고 1976년 이후 자신의 사

---

11 Foucault, M, "Governmentality," *Foucault Effect: Studies in Governmentality*, 1978, p. 92.
12 규율적 권력에서 그러했듯이 생명을 '죽게 하거나 살게 내버려 둠'으로써가 아니라 통치성은 '죽게 내버려 두고 살게 함'의 방식을 통해 생명을 관리한다. Foucault, M., *History of Sexuality: The Will to Power*, 1976, p. 148.

상적 기록인 일련의 강의록[13]을 통해서 근대 국가와 정치적 합리성의 권력적 작동을 통치성으로 이해한다. 이때의 통치성은 국가이성의 강화를 통해 정당성을 획득하는 주권적 모델과 달리 인구의 순환과 배치를 통해, 즉 안전을 구가함으로써 정당성을 구한다. 그리고 공간적 차원에서 작동하는 통치적 기술은 다음의 세 가지 장치, 영토의 사법적 집행을 가능하게 하는 주권sovereignty, 현실 공간을 보충하는 규율discipline, 환경에 대한 안전security의 장치로 구분된다.

하지만 푸코는 주권(법)과 규율, 안전으로 구분된 통치의 기술은 시대마다 이질적인 장치, 기술이 아니라 그 강조점이 다를 뿐 서로의 적합함의 방식에 따라 상호 중첩적으로 유지, 조절, 관리된다고 보았다. 따라서 18세기 이후 근대 국가의 권력적 구조에서 주권과 규율이 결코 사라진 것이 아니라 여전히 영토의 지배권으로서, 개인과 사회의 효율적 관리를 위해 존재했지만 푸코는 근대 국가의 통치성의 결정적 장치는 인구라는 종을 대상으로 그들의 생명을 관리하는 문제로 집중되었다는 사실에 주목한다. 그러한 의미에서 푸코는 근대 자유주의 국가의 통치성은 안전의 기능과 역할이 강조된 것이고 현대 국가에서도 안전에 대한 강조가 지속적으로 강화되어 왔다고 주장한다.

이처럼 18세기 서구 근대 국가의 통치의 기술은 주권과 영토와의 관계를 넘어서 인구의 부, 자원, 생존의 수단인 사물·제도들과 적절한 관계를 맺으면서 전개된다. 따라서 재난과 사고, 기아와 유행

---

13 푸코의 강의록 《사회를 보호해야 한다. 1975~76》, 《안전, 영토, 인구 1977~78》, 《생명정치의 탄생 1978~79》의 각각의 강조점은 다르지만 그 일관적 흐름은 16세기에서 18세기 서구 근대 국가의 형성기에 마키아벨리적 주권적 권력 그리고 규율권력 이후에 강조된 통치성의 특성에 대한 분석이라 할 수 있다.

병 같은 예기치 못한 우발적인 요소가 발생했을 때 그것의 처리는 법의 금지나 규율의 명령이 아닌 안전장치, 최적화를 지향하는 조절의 역량에 결정된다. 안전은 예기치 않은 사태들의 완벽한 소멸이 목표가 아니라 과학적 담론과 행정적 실천에 따른 적절한 치원의 대처와 조절의 기술을 요구한다.

안전과 자유의 역설적 관계성

그렇다면 왜 푸코는 18세기 근대 국가의 통치성이 주권도, 규율도 아닌 안전을 강조한다고 주장하는가? 푸코는 구원과 법과 진실로 개인의 영혼을 통치하던 사목 권력의 효과가 정치의 영역에 유입된 것은 근대 초기 16세기 이후부터라고 본다. 하지만 16세기의 국력이 최대화를 추구하기 위해 국가를 앞세우는 마키아벨리적 국가 이성이나 내치police를 위해 규제로서 개입하는 17세기의 통치성으로는 18세기 이후 등장한 개인과 인구라는 자연성, 생리적인 몸이며 동시에 사회적 몸이 갖는 욕망을 적절히 대처할 수 없었다고 지적한다.

그리하여 18세기 자유주의적 통치성은 이들을 규제나 명령을 통해 접근하기보다는 최적의 활동적 영역을 만들고 방임적으로 대처해 나간다. 따라서 근대의 개별화의 방식, 동시에 전체적으로 관리하려는 권력의 작동은 결코 자율적인 개인이라는 전제 없이는 가능하지 않다. 이것이 18세기 이후 근대의 통치성에 대한, 그리고 그와 동시에 등장한 개인의 주체화 과정에서 매우 중요한 함축을 갖는 푸코의 논지이다. 자유인으로서의 개인이 전제될 때 비로소 근대적 주체가 가능하고, 그러한 의미에서 근대 국가의 탄생은 개인의 탄생 과정과 동일하다. 그러한 맥락에서 자유와 안전의 상호작용은 근대 자유주의 국가의 통치성의 목적을 이끈다. 자유를 전제로 해야만 권력의 개입에 따른 변화된 주체화가 가능하며, 그 변화의 대상이자 수단, 결과물은 언제나 가변적인 다양한 욕망을 가진 인간의 몸이었다.

하지만 "적어도 인구에 대한 세속적 구원을 약속했을 때 18세기의 근대적 통치성은 주권과 영토 중심의 국가 차원에서 벌어지는 사항들이었고 사물의 순환과 시장의 가치는 교환을 전제로 진행되었다. 더구나 이 시기의 통치에는 인구와 사물·재화에 관한 유익한 순환을 목적으로 경제적 자유주의가 진행되기는 하지만, 적어도 주권적이며 영토적인 개념에 기반한 정치적 자유주의가 어느 정도 자율적 영향력을 가지고 경제적 영역과 대척 구도를 형성하고 있었다고 보인다. 하지만 신자유주의가 우리의 현재를 압도하고 있는 지금, 정치의 영역은 인권적 차원의 자유주의를 지향하기보다는 경제의 자유주의를 위한 정책적 역할의 소임을 다하고 있고 경제적 자유주의는 그 어느 시대보다 압도적으로 일상을 지배하고 있다."(도승연, 2014: 16-17) 교환이 아닌 경쟁을 통해 시장의 가치를 재편하고 생활세계를 자본화함으로써 통치의 효율성을 이루려는 현대 국가의 통치성은 신자유주의적 경제 질서에 기반하고 있다는 점에서 근대적 통치성과는 구별된다.

이것은 개인들의 욕망과 집단의 욕망의 조화를 이루기 위해 현실의 위험들을 최적의 수준에서 관리할 것이며 과잉도 결핍도 아닌 적정 수준의 자유를 견인할 것이다. 그리고 그 자유는 작은 정부가 지향하는 방식이 그러하듯 정치가 아닌 시장주의의 선택적 자유일 가능성이 농후하다. 안전장치Apparatus of security[14]와 자유의 역설적 관계

---

14 안전 개념은 주권과 규율의 연관 하에 좀 더 명확하게 이해될 수 있다면, 안전장치는 다소 모호한 방식에서 사용하고 있으며 이것은 전적으로 푸코의 장치 개념의

를 통해 신자유주의적 통치성의 이상을 실현하려는 전략은 규율과
의 대비 하에 극명히 드러난다.

　규율은 이미 전제된 모델에 기반하여 실체들을 엄격하게 개별화하
고 규범화한다. 반면 안전장치는 수용 가능한 한계선 안에서 사물들을
방임하지만 동시에 뒤엉켜 있는 현실의 구성 요소들의 최적화를 지향
한다는 점에서 그러하다. 첫째, 안전은 도달해야 할 최종의 목표나 완
벽한 현실을 추구하는 것이 아니라 주어진 현실에서 발생하는 다양한
조건과 변수들을 끊임없이 재해석하면서 최적화를 위한 지속적인 과
정을 추구한다. 둘째, 안전장치의 규범적 논리는 금지/허용의 이분법
에 의한 것이 아니라 주어진 것들의 평균을 통해 정상성을 산출하고
이를 현실에 적용한다. 셋째, 안전장치에서의 규범화는 예기치 않은 현
실적 조건을 선과 악의 문제가 아니라 자연적인 하나의 과정으로서 간
주된다는 것을 의미한다. 즉, 이때의 현실은 체계의 수용 가능한 한계
안에서 자체의 내적 논리와 역동성에 따라 진화할 자유freedom를 부여

성격이 그러하기 때문이다. 그의 직접적 인용에 따르면 "나는 장치를 일정한 역사
적 순간에 긴급한 요구에 응립하는 일을 주된 기능으로 하는 일종의 형성체로 이
해합니다. 장치는 두드러지게 전략적인 기능을 갖습니다. 이것은 힘들의 관계에
대한 일정한 조작, 이 힘의 관계들에 대한 합리적이고 잘 조직된 개념을 수반합니
다. 이것은 그 관계들을 모종의 방향으로 발전시키기 위한 것일 수도 있고, 그것들
을 막기 위한 것일 수도 있으며 혹은 안정을 위해 이용하기도 합니다. 그리하여 장
치는 언제나 권력관계에 새겨집니다."(Foucault, M. "The Confession of the Flesh,"
POWER/KNOWLEDGE: Selected Interviews and Other Writings 1972~1977(1980),
Pantheon Books, 1980. pp. 195-196.)라고 말한다. 즉, 장치는 일종의 권력관계 안
에서 그것을 특정한 방식으로 이끌 목적으로 개입하는 모든 이질적 요소들의 집합
을 의미한다는 점에서, 안전장치는 안전이라는 현대적 통치성의 방향을 위해 개입
하고 사용하는 현실 공간, 제도, 기술의 작동, 규범의 개입과 같이 해당 전략을 위
해 사용 가능한 구성 요소 전체를 말한다고 볼 수 있다.

받는다. 따라서 안전의 기본적인 조건은 '운동의 가능성'을 가진 것이며, 그렇기에 광범위하게 보면 이것은 어떤 수준의 자유를 의미한다. 즉, 푸코의 주장에 따르면 안전은 자유의 관리를 목적으로 하는 통치의 기술 안에 본질적으로 통제의 체제를 부여하는 것이고, 이는 곧 안전은 자유가 가능한 조건들에 대한 통제, 고정, 조직화를 기반으로 한다고 볼 수 있다(Klauser F. and Söderström O., 2016: 112).

이처럼 통치성이 마치 작동하지 않는 듯 하지만 역설적으로 통치 대상을 더욱 세심하고 면밀한 방식에서 인도하고 조절하고 인구의 위험과 일상의 문제를 최적의 차원에서 대처하려는 신자유주의적인 통치성의 이상은 실로 스마트하다. 최첨단 과학기술을 기반으로 스마트한 통치의 이상이 실현될 수 있다는 믿음, 이를 도시 발전으로 간주하는 일련의 담론들의 효과가 스마트시티의 전략이다. 그리고 푸코가 생전에는 결코 상상하지도 못했을 스마트시티 담론은 이미 해당 기술들이 작동하는 내재적 원리 안에서 신자유주의 질서에 기반을 둔 현대 국가의 통치성의 이상을 투명하게 재현하고 있다.

만약 그렇다면, 스마트시티 담론이 전제하는 통치성의 효과는 매우 스마트하여 이 열려진 공간은 고정된 공간에서의 특정한 규범화—모범수의 유순한 신체docile body를 통해 규율을 내재화했던—인 과거의 판옵티콘과는 질적으로 다른 전자감시사회의 예고로 읽혀진다. 그렇다면 스마트시티의 작동은 어떠한 핵심 기술을 사용하고, 이것의 작동 원리는 사회적 차원에서 어떠한 권력의 효과를 발휘하는가? 이 기술적 장치가 도시에 적용되었을 때 도시정책은 현대의 통치성과 어떻게 결합하는가? 그리고 위험은 과연 저항의 가능성을 함축하는가?

스마트시티 핵심 기술의 작동원리

스마트시티의 작동에 관한 핵심 기술과 그 작동 원리를 사회적 차원에서 포착하기 위해서 그 대상을 크게 다음 세 가지로 분리하여 검토하는 것을 제안하고자 한다.

첫째, 일상에서 수집된 빅데이터 전용에 관한 문제[15]이다. 인터넷 포털과 같은 검색 서비스, 페이스북과 같은 SNS 서비스를 통해 생산·확산되는 디지털 흔적들은 특정 플랫폼을 기반으로 실시간으로 자동저장된다. 이렇게 다수의 대중들에 의해 생산된 전체의 공유물로서의 디지털 아카이브는 자체 플랫폼(클라우드 컴퓨팅)에 자동저장됨으로써 특정 집단, 서비스에 독점적으로 소유된다. 특히 현실 세계의 기록이나 활동과 달리 디지털 아카이브의 내용물들은 선택과 배치를 필요로 하지 않기에 그 양과 다양성, 속도에 의해 무한정으로 축적, 결합하며 특정한 가치를 생산한다. 이를테면 현실의 아카이브가 선택과 배치를 통해 전시되고 이용됨으로써 닳거나 소멸되는 반면, 가상공간의 디지털 아카이브는 다양한 디지털 결과물들이 이용자들의 실시간 활동(검색, 감상, 전달)을 통해 플랫폼에 지동 저장됨으로써 영원히 소멸하지 않는 빅데이터[16]가 된다. 이때 빅데이터

---

15 이 과정에서 실제 데이터 이용자가 생산한 가치의 소유권과 이익이 강조된다면 논점은 콘텐츠 생산자이면서 그 이익으로부터 배제되고 소외된 이용자들에 대한 분배적 정의적 관점에서 연구될 수 있다. 하지만 본 연구에서는 데이터의 취합, 활용에 대한 분배적 정의가 아니라 그 독점적 위상에 대해 논의함으로써 전자감시 사회의 기술적 작동 조건으로서의 빅데이터로 논의를 한정할 것이다. 백욱인, 〈빅데이터의 형성과 전유체제 비판〉, 《전망과 동향》 87, 2013, 308~310쪽.

16 네이버 지식사전에 따르면 빅데이터는 초대용량의 데이터 양volume, 다양한 형태 variety, 빠른 생성 속도velocity라는 뜻에서 3V로, 여기에 가치value를 더해 4V로 특정화된다. 빅데이터의 가치가 중요한 이유는 데이터의 대부분이 비정형적인 텍스트와 이미지로 구성되어 있고, 이러한 데이터들은 시간이 지나면서 매우 빠르게

는 가상공간의 거대한 양의 데이터들을 의미하는 것이 아니며, 양과 다양성·속도에 의해 공유적 가치를 독점적 가치로 전환하고 소유하는 실체적 개념을 의미한다. 이러한 디지털 아카이브의 포획 장치인 플랫폼이 독점적 위상을 가진다는 점에서 빅데이터는 스마트시티가 작동하는 실체적 조건이 된다.

둘째, 이것을 기술공학적 차원에서 도시 수준으로 확장, 적용한 것이 에브리웨어everywhere[17]이다. 이것은 실체로서의 빅데이터와 함께 스마트시티를 작동시키는 환경적 조건이 된다. 에브리웨어는 만물이 컴퓨터가 되고 이 만물이 각각 연결됨으로써 기능하는 사회, 컴퓨터가 사회체제 내에 융합되어 물리적 시공간의 위치와 관계없이 활용 가능한 상태로서의 환경적 구축을 의미한다.

그린필드는 에브리웨어를 "일상의 사물이나 일정 수준의 의사소통 능력을 내장하고pervasive, 개인과 환경의 상호반응을 유도하며 sentient, 하나의 과업에 대한 방해 없이 다른 과업을 수행unrestrictive할 수 있으며, 항상 준비가 기능하고constant, 사용자에게 완전히 소속된 personal 형태로 작동하는 환경적 총체"(Greenfield, 2006: 12)라고 정의한다.

마지막으로 실체로서의 빅데이터와 환경으로서의 에브리웨어가 오류 없이 인식, 전환하기 위한 매체적 조건으로 바이오메트릭스

전파하며 변화하기에 데이터 전체의 특정 패턴을 발견하기가 어렵다는 점에서 데이터의 가치 창출, 해석의 중요성이 부각되기 때문이다.

17　에브리웨어Everyware는 그린필드가 고안한 개념으로서 공간과 사물에 특정한 기능을 가진 소프트웨어가 내장되어 일상생활의 다양한 의미에서 실행되는 디지털 생태계를 지칭한다. 에브리웨어를 통해 발휘되는 컴퓨터 파워는 세상 모든 곳에 만연하여 사용될 것이고, 모든 이를 위해 작동하는 다양한 컴퓨팅 기기의 작동은 컴퓨터가 사회체제 내에 융합되는 상황을 이르기도 한다. Greenfield, A., *Everyware: The Dawning age of Ubiquitous computing*, 2006, p. 12.

biometrics[18]가 개입한다. 생체인식기술로서의 바이오메트릭스는 "신체 특성, 또는 행위 특성을 자동적으로 측정하여 신원을 파악하는 활동" 혹은 "행동적, 해부학적, 생리학적 특징의 관찰에 기반을 둔 사람의 인식"을 의미한다. 몸의 생리적 특성으로부터 정보를 포획, 기록, 처리하는 일련의 과정들이 최근 현대 ICT 기술에 폭발적으로 연동되고 있으며 이는 다양한 삶의 영역에서 활용되고 있다.

그렇다면 빅데이터, 에브리웨어, 바이오메트릭스를 통해 우리의 일상적 정보가 포획되는 전자감시 사회의 감시는 판옵티콘적 감시와는 어떻게 다를까? 기존의 감시가 특정 시공간의 대상에 대한 활동인 반면, 전자감시 사회는 무작위적이고 무한정적으로 소멸하지 않는 데이터를 자동축적함으로써 작동한다. 그렇다면 빅데이터라는 실체와 에브리웨어라는 환경으로부터 포획·독점화된 데이터를 특정한 가치로 만드는 것은 특정한 방식으로 해석되고 활용되는 담론적 활동을 통해서만 가능하다고 했을 때, 그것은 언제나 사후적이고, 그렇기에 자동적이며 예고적인 대상화를 이끌 것이다. 이를테면 기존의 감시가 행했던 정상화 방식, 선제적으로 비정상을 표적화하고 이를 정상화하는 것이 아니라 모든 가능한 기록들 안에서 비정상의 기준을 사후적으로 설정하고 비정상을 생산하는 힘이 될 위험

---

18 인간의 몸의 특성을 이용한 정보 인식 방법으로는 지문인식, 홍채인식, 망막인식, 안면인식, 음성인식, 정맥인식 등이 있으며 최근 영국에서는 체취에 대한 방법도 개발되어 있다. 이러한 기술은 금융 거래, 출입 통제, 출입국 심사 등에 주로 활용되고 있다(정연덕, 〈생체인식여권의 활용과 문제점〉, 《인터넷법률》 24, 2004, 165~167쪽 참조). 남아프리카의 경우 2002년 복지연금 수급을 위해 60만 명 이상이 지문인식 시스템에 등록했으며 2005년부터 인천공항에서 생체인식 기술을 이용한 전자여권을 사용하고 있듯이, 최근 생체인식 기술이 통치의 차원에 유입되는 현상에 주목할 필요가 있다.

성이 매우 높다는 의미이다. 이렇듯 사회의 안전을 담보하고 범죄를 예방하는 스마트한 통치성은, 개인의 안녕과 복지를 안전과 편리를 보장함으로써 자신의 프라이버시와 감시의 대가를 합법적인 거래로 이해하게 하는 전략을 구사하게 될 것이다.

스마트시티와의 거리 두기의 가능성

안전화를 가능하게 하는 감시의 에브리웨어들이 다양한 차원의 바이오메트릭스 기술과 결합하고, 이를 여타 미디어들과 상호 연결하는 스마트시티는 그 어느 시대보다 '스마트'한 통치성을 발휘할 것이다. 그렇다면 과연 자연적·기술적 재난으로부터 삶의 안녕과 건강을 최적의 차원에서 조절하겠다는 미래 사회의 유혹, 더구나 과학적이며 안정적 시스템으로 도시의 브랜드를 높이고 사회적 비용을 절감하겠다는 통치적 현실에 대해 저항을 조직화하는 것이 가능하겠는가? 정보의 포획을 통해 포기되는 것은 프라이버시 침해와 정보의 가치에 대한 이중적 소외지만 이것이 마치 합리적 거래인 양 이해된다는 점에서 저항의 주체가 되어야 할 당사자들은 통제와 저항 외부에 위치하게 될 것이다. 또한 과거와 질적으로 달라진 정보 포획 장치를 기술의 진보와 확장으로 받아들일 때 저항 자체가 발생할 수 없다.[19]

그뿐인가 에브리웨어가 에르고디자인Ergo-Design, 감각 친화적 인터페이스라는 외피를 차용함으로써 사용자의 편리함과 안락함을 이끌

---

19 Andrejevic, M., "Exploitation in the Data Mine," *Internet and Surveillance: The Challenges of Web 2.0 and Social Media*, 2012, pp. 76~77.

때 사용자는 이것을 자신의 자율적 선택, 권리의 강화로 이해할 것이다. 소프트웨어의 자동 운영 기술이 시스템을 통해 전면적인 사회의 작동으로 이어진다면 지각 가능한 수준에서 그러한 작동에 접근하는 것조차 힘들어진다.

물론 이러한 암울한 결론만 있는 것은 아니다. 스마트시티의 전적인 실현이 기술적 차원에서 불가능하다고 주장하는 의견이 있다. 그린필드가 주장하듯이 코드집합체로서의 상호 운용성, 기술의 표준화 문제, 신/구 기술의 충돌 가능성에 대한 그의 지적[20]은 설득력이 있다. 또한 기술적 한계만이 아니라 다행스럽게도 실제 대중들이 그것을 원하지 않을 수도 있다. 또한 기술이 구조가 되어 사회에서 전면적으로 작동한다고 판단될 때 대중은 지각 가능한 수준의 저항의 고리를 발견하기가 힘들어질 것이고 패배적 심경으로 저항의 동기를 상실할 위험에 처하게 될 것이다. 따라서 이것이 실질적인 저항의 조직화로 이어지려면 단순히 변화가 싫다는 차원에 머무르는 것이 아니라, 설파되고 있는 기회와 이익 외에 어떠한 위험과 위협이 있으며 감시의 효과와 대가는 무엇인지 인지하려는 태도가 중요할 것이다.

첨단기술의 구현체로서 스마트시티를 이야기할 때의 주류 담론이 도시의 환경과 경제에 대한 지속과 혁신의 가능성이었다면, 문제화의 방식으로 사유된 스마트시티 논의는 우리로 하여금 정부나 국가의 행정 통치로 정치를 이해했던 기존의 협의의 정치 개념에서 벗어나 안전을 위해 우리의 선택과 자유를 인도했던 현대 국가의 통치적

---

20 Greenfield, A., *Everyware: The Dawning age of Ubiquitous computing*, New Rider, 2006, p. 227.

함축을 질문하게 한다.

  그러한 관점에서 향후 상용 가능한 기술적 이용을 전제로 통치의 위험성을 진단하는 일은 통치당하지 않는 듯 느껴짐으로써 좀 더 완벽하게 통치되는 우리의 통치 현실을 문제화할 수 있다는 점에서 매우 유효한 저항과 거리 두기의 전략이 될 수 있다. 기술을 대상으로 하는 대부분의 철학적 사유가 그러했듯 스마트시티가 거주의 공간이 될 때 발휘되는 문제화의 태도는 이것을 기술의 문제가 아닌 사회의 문제로 대응하고 권력의 효과로 반응하는 일이다. 기술 발전과 성과에 대한 주류적 해석과 거리를 두면서 기술의 자율성보다는 인간의 자율성이 얼마나 확보될 수 있을지를 고민하고 그 간격과 격차에 윤리적 통찰을 기입하도록 상상하는 것은 인문학에 주어진 가장 진중한 의무이니 말이다.

참고문헌

도승연, 〈우리 시대가 위험에 빠진 신체에 대처하는 한 방식: 푸코의 《안전, 영토, 인구》를 중심으로〉, 《현대 사상과 도시》, 라움, 2012.

_____, 〈푸코의 통치성 관점에서 바라본 신빈곤 속의 여성의 삶: 21세기 한국 농업이주여성노동자의 경우에 관하여〉, 《한국여성철학》 22, 2014.

백욱인, 〈빅데이터의 형성과 전유체제 비판〉, 《전망과 동향》 87, 2013.

정연덕, 〈생체인식여권의 활용과 문제점〉, 《인터넷법률》 24, 2004.

Andrejevic, M., "Exploitation in the Data Mine," *Internet and Surveillance: The Oiallenges of Web 2.0 and Social Media*, London: Routledge, 2012.

Deacon, "Theory as practice: Foucault's concept of problematization," *Telos* 118, 2000.

Evans, D., "The Internet of Things: How the Next Evolution of the Internet Is Changing Everything", 2011. https://www.cisco.com/c/dam/en_us/about/ac79/docs/innov/IoT_IBSG_041 1FINAL.pdf

Greenfield, A., *Everyware: The Dawning age of Ubiquitous computing*, New Rider, 2006.

Kichin, R. and Dodge, M., *Code/Space: Software And Everyday Life*, Cambridge, MA: MIT Press, 2011.

Klauser, F. and Söderström O, "Smart-city initiatives and the Foucaudian logics of governing through code," *Smart Urbanism: Utopian vision or false dawn?*, ed.Simon Marvin, Andrés Luque-Ayala, Colin McFarlane, London: Routledge, 2016.

Foucault, M. 1975. *Discipline and Punishment: The Birth of the Prison*. Trans. Robert Hurley, New York: Vantage Books, 1977.

_____, 1976. *The History of Sexuality Vol.1: Will to Knowkdge*, Trans Robert Hurley. New York: Vantage Books, 1978.

_____, *Language, Counter-Memory, Practice: Selected Essays and Interviews*, ed. F. Bouchard, New York: Cornell Univ. Press, 1977.

_____, "Governmentaliry," *Foucault, Effect*, ed. Burchell, C. G°rdon 없d P. Miller'Chicago: Universiry of Chicago, 1978.

_____, "The Confession of the Flesh," *Power/Knowledge: Selected Interviews and Other Writings 1972~1977*, ed. Colin Gordon, New York: Pantheon Books, 1980.

_____, "The Subject and Power," *Michel Foucault: Beyond Structuralism and Hermeneutics*, ed. Dreyfus and Rabinow, London: Harvester Wheatsheaf, 1982.

_____, "Polemics, Politics, and Problematization," *Essential Works of Faucault Vol. 1 Ethics*, New York: New Press. 1984.

_____, *Discourse and Truth: The Problematization of Parresia*, Trans. Pearson. ed, Evanson, Northwestern Univ. Press, 1985.

_____, *The Hermeneutics of the Subject: Lectures at the College de France 1981~1982*, Trans. Graham Burchell. New York: Palgrave Macmillan, 2005.

_____, *Security, Territory, Population: Lectures at the College de France 1977~1978*, Trans. Arnold Davidson, New York: Picador, 2007.

Townsend, A. *Smart Cities: Big Data, Civic Hackers, and The Quest for a New Utopia*, NewYork: W. W. Norton & Company, 2013.

공간화의 새로운 모색 :

모바일 아키텍처를 중심으로

김진택

이 글은 《인문과학》 제56권(2015.2)에 게재된 원고를 수정 및 보완하여 재수록한 것이다.

현대사회에서 거주에 대한 담론은 테크놀로지와 매체의 급격한 발달로 인해 구체적인 공간의 영역과 가상적 영역이 혼재하는 공간을 넘나들며 전개된다. 이미 교통·통신수단의 발달로 공간의 물리적 거리의 한계가 줄어들고 삶의 방식 역시 전 지구적 형태로 전환되면서 거주에 대한 생각이 변화하였음은 물론, 원격소통망 안으로 우리의 생활이 진입하게 되면서 가상적 환경에 대한 지각적 접근이 자연스러운 상황이 되었다. 더욱이 유비쿼터스 환경을 지나 사물인터넷의 세계를 이야기하는 지금, 거주와 공간에 대한 사유와 개념도 새롭게 이해되어 가는 듯하다. 전통적 의미로서 정주와 유목의 개념이 흔들리고, 새로운 삶의 양식으로서의 정주과 유목의 긴장 속에서 급속한 사회적 전환이 이루어지고 있는 것이다.

하이데거에게 공간은 현존재가 사물에게 수행하는 자리 잡음의 행위로 이해되며, 세계와 소통하는 의미 생성이 그것을 규정하는 매우 중요한 요소로 파악된다. 일정한 거리와 방향의 관계 안에서 고유한 자리를 점하는 것이 인간이 지상에서 살아가는 방식이기도 한 것이다.[1] 이와 같은 공간의 이해는 현대 삶의 양식과 태도 안에서 흔들릴 수밖에 없다. 정주하는 삶의 방식이 그저 유목하는 방식으로 변한 것이 아니라, 정주의 삶 속에 유목적 삶이 내재화되고 유목적 삶 속에 거주의 삶이 조건화되는 복잡한 인식이 수행되고 있다. '고유한 자리를 점한다'는 생각의 외연이 넓어지고 고정적 틀이 변형되는 것이다. 일반적 상황에서는 유목이 정주와 대립되는 개념이긴 하나, 철학적 사유 안에서는 사물들의 물리적 이동과 정보의 가상적

---

1 M. Heidegger, *Sein und Zeit*, Traduit de l'allemand en français par Vezin, F. Paris: Gallimard, 1992, p. 132.

이동이 극대화되면서 나타나는 현대의 유목성은 정착성에 반하거나 그것을 위협하는 것으로 여길 것이 아니라 오히려 정주와 유목적 삶의 구조를 재구성하면서 우리 삶의 새로운 양식과 가능성을 열어 주는 공간과 거주 방식으로 이해해야 할 듯하다.

하이데거의 공간은 언제나 사물이 어떻게 우리와 관계를 맺고 있는가에 대한 세심한 시선 안에서 직조되고 있다. 사물이 개체들과 구축하는 의미가 어떠한 네트워크를 이루고 조직하는가에 따라 공간의 의미 역시 함께 변용되고 생성된다.

현존재와의 긴밀한 관계를 떠나서 생각할 수 없는 하이데거의 공간에 대한 사유는 들뢰즈가 영토를 사유하는 중요한 동인으로 작동한다. 탈영토화와 재영토화라는 존재의 운동은 국지적인 예를 설명하기 위한 장치라기보다는 들뢰즈 철학에서 매우 중요한 철학적 개념과 함의의 지반에서부터 만나고 있다. 영토와 유목론적 세계관에 대한 세밀한 서술이 현대사회의 가치 체계에 따른 새로운 패러다임을 모색하는 다른 개념들과 긴밀하게 엮여 있기 때문이다. 선과 점의 철학적 은유를 통한 그의 성찰이 흥미로운 것도 이에 근거한다. 그에게 선ligne은 욕망의 흐름으로서의 탈주의 선과 만나며 홈 파인 공간이 아닌 매끄러운 공간을 표상하며, 사건 개념으로서의 생성은 사건의 계열화에 따른 차이와 생성을 의미한다. 시간과 공간의 복잡한 네트워크 생성 과정을 관찰하는 리좀적 사고 역시 상호 이질적인 요소들의 새로운 질서 체계이자 연결을 이해하는 개념인 것이다. 하이데거의 공간론과 들뢰즈의 영토론은 쉽게 묶어 대조할 수 없는 철학적 개념이지만, 이들의 개념을 빌려 우리는 모바일 아키텍처Mobile

Architecture에 대한 철학적 이해를 시도하려 한다.[2]

앞에서 언급했듯이, 원격통신기술과 운송수단의 발달로 인한 공간 지각적 전환에 대한 철학적 접근이 운송수단과 가상적 정보 소통에 따른 공간의 개념 변화에 주목했다면, 모바일 아키텍처에서는 좀 더 구체적인 사태에서의 정주와 유목, 거주와 환경, 내부와 외부의 경계 등의 물음을 통한 공간 인식을 고민한다. 인간이 주거와 관련을 맺고 있는 다양한 삶의 양식에서 근본적 변화가 일어나고 있음은 분명한 사실이다. 자본주의적 시장 논리와 획일화된 도시적 거주에 대한 반성에서 비롯되든, 심각하게 다가온 환경과 에너지 문제에 대응하는 방식으로서의 적극적 모색에서 비롯되든, 분명 우리는 개인적 거주와 공동체의 생존과 삶의 질에 대응하는 거주 양식과 문화의 변화를 겪고 있는 중이다. 즉, 지리와 공간적 동일성에 늘 바탕을 두고 있었던 인간의 공간 인식은, 하이테크놀로지 사회가 인간을 단기적 시간 경험에 그대로 노출시키고 있기에 새로운 생활공간에 대한 고민을 안고 있는 것이다. 이는 또한 현대적 의미에서 유목성의 잠재력을 새롭게 파악해야 함을 의미한다. 유목성이 지닌 이동성, 공간 및 기능에서의 융통성이 모바일 아키텍처에서 나타나는 미래에 발생할 확장과 이전에 대한 즉각적인 대응성, 경제성, 소규모의 자원 사용과 재배치 가능한 공간, 공간 소유의 가치관 변화 등의 특성

---

2 존재와 세계를 바라보는 시선 자체가 상이한 두 철학자의 공간과 영토에 관한 개념을 같은 지점에 놓고 형식적인 대입과 추출을 목적으로 하는 오류와 무책임함을 경계하고자 했지만, 연구자 역량의 한계로 이 부분에 대한 올바른 논의는 독립적인 연구 주제로 잡아 이후 연구에서 수행하려 한다. 이 글에서는 모바일 아키텍처를 현대 사회에서 모색하는 일에 있어, 공간과 영토에 대한 개념을 어떻게 이해하면서 접근해야 할 것인지에 대한 철학적 성찰을 얻는 작업을 수행하였다.

들과 조우하면서 그것이 지닌 기술적 · 공간적 · 사회적 측면에서의 의미가 다시 재편될 수 있기 때문이다. 이를 위해 우리는, 하이데거의 공간론을 고찰함과 동시에 들뢰즈의 탈영토화와 재영토화의 개념을 따라가면서 얻은 공간과 영토에 대한 인식을 구체적인 모바일 아키텍처 콘텐츠와 프로젝트에 적용하면서 어떻게 탈형이상학적 운동 속의 공간과 영토 개념이 현대사회에서 더욱 가속화되는 사물과 존재들의 복잡한 연동과 불연속성들을 가로지르며 대면하는지를 살펴보려 한다.

하이데거의 공간화 운동

하이데거에게 공간은 현존재가 세계에서 사물과의 지난하고 치열한 과정을 통해 만나는 의미 생성의 행위가 실현되는 곳이다. 어원학적 차원에서 치우고, 제거하고, 비운다는 의미를 가지면서 자리를 잡는다는 행위를 포함하기에, 사물이 있는 곳에 비로소 장소가 출현하며 사물에 의해 공간은 비로소 허용되는 것이다.[3] 이러한 운동이 세계-내-존재를 구조화하는 것인데, 하이데거에 의하면, 인간의 실존적인 삶은 그 자체로 공간과 깊은 관련을 맺게 된다. 우리가 어디에 거주한다는 것은 유의미한 구조로서의 세계 안에서 관습화된 친숙한 삶을 살고 있는 것이기 때문이다. 여기서 하이데거는 현존재가 거주하는 이 세계의 공간성을 두 가지 성격으로 구분하고 있다. '거리 제거/사이/소-통entfernung'과 '방향 열기, 탈은폐ausrichtung'가 그것이다. 현존재가 배시적 방역성 자체를 자신의 존재 방식으로 담보하

---

3   M. Heidegger, *Die Kunst und der Raum*, Frankfurt: St.gallen, 1969, p. 8.

기에, 현존재는 배시적 방역성을 스스로 실행하면서 세계와 관계한다. 현존재는 언제나 타자들과의 배려적 시선의 관계망 안에서 거리 제거를 수행하고 현존재는 타인들과 곁에 있음의 존재이며, 이는 곧 현존재가 실천하는 공간화인 것이다. "존재적으로나 존재론적으로 우위를 점하는 것은 배려로서의 세계-내-존재이다."[4] 따라서, 현존재는 거리 제거적 존재로서 동시에 방향 열기의 성격을 갖고 있으며, 배시적 배려는 방향을 열고 잡는 거리 제거라고도 할 수 있는, 그야말로 세계-내-존재로서의 운동을 끊임없이 반복한다. 따라서 존재라는 것은 곧 세계에 거주하면서, 그것과 친숙하면서, 그것을 돌보면서 그곳에서 삶을 살면서 존재함을 뜻한다. 그러므로 공간화를 실천하는 자는 세계뿐만 아니라 거기에 거주하는 현존재 자신이다. 여기서 하이데거가 주목한 것은 넘어섬[überschritt]이다. 이는 형이상학적 초월을 뜻하는 넘어섬이라기보다는 존재가 언제나 방향성을 가지고 의미를 생성하려는 관계망을 확장하려는 사태를 칭한다고 할 수 있다. 즉, 현존재는 언제나 세계를 향한 넘어섬을 실천하고 있는 존재인 것이다. "넘어섬은 현존재의 근본틀을 이룬다. 현존재의 근원적 존재는 세계를 향한 넘어섬이다."[5] 곧, 우리는 언제나 공간 안에서 새로운 방역과 배시성을 통해 넘어감을 실천하면서 공간화를 확장하고 의미를 생성시키는 것이며 이렇게 탈은폐되는 존재를 향해 나아간다.

따라서 현존재에게 단순한 물리적 거리는 중요하지 않다. 이미 세

---

4 M. Heidegger, *Sein und Zeit*, p. 54.
5 M. Heidegger, *Metaphysische Anfangsgründe der Logik im Ausgang von Leibniz*, Frankfurt: Frankfurt am Main, 1978, p. 213.

계-내-존재로서 방역적, 배시적 거리 제거와 방향 열기의 과정이, 즉 넘어섬의 운동이 항상 작동하고 있기에 물리적 거리와 공간의 연장적 거리는 부차적일 수 있다. 현존재와 사물들이 물리적으로 가까이 있어도 공간화 운동을 실천하지 않는다면 혹은 실천할 수 없는 상황에 놓인다면 그것은 가까이 있는 것이 아니며, 마찬가지로 물리적으로 멀리 떨어져 있어도 공간화 운동이 활발히 작동한다면 그것은 가까이 친숙함이 실천되는 현장이기 때문이다. 즉, 현존재로서의 실존적 인간은 넘어섬이라는 본성에 기반하여 "가까움을 지향하는 본질적 경향이"[6]있기에 거리의 멂과 간격의 소원성을 제거하려 하는 존재인 것이다. 이 세계와의 친숙성은 그 자체로 현존재의 존재 이해를 함께 형성한다. 고립적 폐쇄성과 배타성보다는 가까움과 친근성이 거주하도록 하면서 존재하는 것이다.

따라서, 현존재는 '공간적'이고 그것은 이러한 '소통'을 통해 세계 안에서 존재하며, 이 소통의 사태는 현존재를 공간적 존재로서 가능하게 만드는 조건이다. 공간에 대한 모든 규정과 이해는 이러한 소통이 실현되고 구현되는 사이성에서 비롯된다. 공간이 세계를 구성한다면, "그 까닭은 현존재가 본질적으로 거리 제거적 소통이요, 다시 말하면 공간적이기 때문이다."[7] 이때 우리가 생활하면서 주위와 교섭하는 공간이 바로 도구의 세계, 주변 세계이며, 활동 공간이자 구체적 삶의 공간으로 파악된다. 공간은 근접성과 교섭을 통한 활동 공간이어야 하는 것이다. 단순한 사물들 사이의 공간들 사이의 접촉은 공간을 설명해 주지 못하는 것이다. "근접성은 직접 대면할 수 없

---

6 M. Heidegger, *Sein und Zeit*, p. 145.
7 Ibid, p. 147.

는 것처럼 보인다. 우리는 무엇이 가까운 것인가를 생각하는 것보다는 단지 그것에 이르는 것에만 성공한다. 우리에게 가까이 있는 것이 우리가 부르는 그것이다. 그렇다면 그것은 무엇인가? 사람은 그것에 대해 근접성에 대해 거의 생각하지 않는다."[8] 물리적 공간 자체보다 공간이 현존재와 맺는 관계와 의미에 주목하자는 것이다.

이러한 공간성에 대한 하이데거의 사유는 후기에 들어 더욱더 의미 생성의 가치에 중점을 두는 방향으로 전개된다. 공간과 함께 발생하는 의미 존재는 사방das geviert이라는 개념을 통해 나타난다. 그에게 있어 진정 현존재가 사물과 존재자와 가까이 있다는 것은 '사방'이라는 개념으로 표현되는 세계 자체와 함께 사유되어야 하는 것이다. 사방은 하늘, 땅, 신, 인간으로 표상될 수 있는 존재들이다. 건축 혹은 거주는 그에게 이 사방과 함께 온전한 관계망을 형성할 때, 이들과 거리 제거와 방향 열기를 수행할 때 존재하게 된다. 이 사방의 존재들은 서로에게 자유롭게 배시하고 근심sorge하며 서로에게 풀려나고 상호 협력 작용을 실천한다. 거주는 "땅을 구조하고 하늘을 영접하며 신적인 것을 기대하고 사멸적인 것을 호송하는 가운데 사방의 보호"[9]로서 해석되는 것이다. 어느 도자기를 만드는 도공의 작업실을 생각해 보자. 이 작업실은 오랜 시간 장인과 함께해 온 물레와 의자, 도구들이 있을 것이며 그리고 흙을 반죽하는 선반과 유약, 그림을 그리기 위한 붓과 물감들이 있을 것이고, 마르기를 기다리는 유약을 바르기 전 도자기들이나 이미 완성되어 인연이 닿은 사람을

8 A. Hofstader, *Introduction in Heidegger, Poetry, Langage, Thought*. London: Harper & Row, 1971, p. 166.

9 M. Heidegger, "Bauen Wohnen Denken," *Vortäge und Aufsätze, Gesammtausgabe, bd. 7*, Neske, 1978, p. 144.

기다리는 도자기들이 있을 것이며, 무엇보다도 굳은살이 배긴 두 손과 노련한 눈매를 가진 도공이 있을 것이다. 하이데거에게 이 공간은 흙이라고 하는 하늘과 땅이 만든 재료, 하늘이 선사하는 바람과 비, 그리고 좋은 도자기를 만들겠다는 의지를 가진 인간인 도공이 있고, 이 모두를 감싸 주는 신의 존재가 있다. 공간의 의미를 구축하는 사물이 제대로 자리를 잡은 공간이자 사방이 오롯이 존재하는 공간인 것이다. 만약 이러한 자리 잡음의 행위와 사방이 조화롭게 균형을 잡고 있는 곳에 이 질서와 조화를 깨뜨리는 사물의 등장이나 현존재의 행위들이 출몰한다면, 이 공간은 하이데거에게 더 이상 존재의 탈은폐 과정이 실천되는 공간이 되지 못하는 것이다. 즉, 사방이 실현되지 못하는 공간이며 공간과 현존재가 의미를 생성하기 어려운, 왜곡된 의미들이 산출되는 장소가 될 뿐이다. 이를 다시 구축하기 위해서는 오랜 시간과 현존재와 사물 간의 거리 제거와 소통/방향 열기가 실천되어야 하는 지난한 과정이 기다리는 것이다.

따라서 사물과 존재들이 사방의 조화 속에 있다는 것이 바로 가까이 있다는 것이고, 이러한 친근성과 근접성이라는 것은 존재와 타자들 사이의 거리 넘기, 즉, 멀리 있는 것을 가져다주는 것, 즉 내 삶의 공간과 의미로부터 멀리 있는 것을 비로소 나의 그곳으로 데려오게 하여 머무르게 하는 일이 되는 것이다. 이것이 공간의 근접성이다.[10] "실존 범주로서의 세계 〈곁에 있음〉이 의미하는 것은 결코 앞에 발견되는 사물들이 나란히 함께 눈앞에 있음과 같은 것이 아니다. (⋯)

---

[10] "우리는 근접성의 성질을 찾아 나섰고, 사물로서의 항아리를 발견했다. 사물이 사물이 된다. 이 사물되기에서 그것은 하늘과 땅, 신과 인간 안에 머무른다. 머무름, 사물은 멀리 있는 네 개의 겹을 서로에게 가져다준다. 근접성은 멀리 있는 것을 가까이 가져다준다. 서로에게 가까이 다가간다."(A. Hofstader, op. cit., pp. 177-178.)

존재자가 세계 내부에 있는 존재자를 건드릴 수 있는 것은 오직 그 존재자가 그 본성성 안에-있음의 존재 양식을 가지고 있을 때뿐이다."[11] 다시 말해, 접촉은 사물의 직접적 맞닿음 자체를 뜻하지 않고 현존재의 의미 생성의 영역에 들어와야만 접촉이라 할 수 있는 공간적 개념을 획득한다. 세계는 공간 접촉을 가능케 하는 배려와 배시라는 양태에 의해 탈은폐되고 체험된다. 비로소 우리는 친근한 공간화를 체현하는 것이다.[12]

이 친근성을 위해 현존재는 '사이운동'이라는 방역적, 원근적 운동을 실행한다. 멂과 가까움은 세계-내-존재로서의 현존재가 부단히 실현하는 공간화 운동 안에서 매순간 새롭게 경험되고, 멂과 가까움의 경계는 부단히 해체되고, 해체되어야 하는 것이다. 작은 구역이라는 장소마저도 현존재가 사방은 물론 사물과 도구들과의 이러한 치열한 사이운동을 통해서 의미를 생성하는 지점에서야 비로소 나타나는 것이다. 현존재는 배시적 사이성을 실현하면서 '여기'에 있지 않고 '저기'에 있으며, '저기'로부터 여기로 돌아오는, 즉 친근성을 실현하고 방향을 여는 존재인 것이다.[13] 정보통신 미디어와 교통수단의 발달로 현존재들 간의 계량적 거리는 점점 단축되고 산술적 사이거리는 점점 줄면서 공간의 제약이 실용적인 차원에서 극복

---

11 마르틴 하이데거,《존재와 시간》, 이기상 옮김, 까치글방, 1998, 83쪽.
12 현존재는 사물들 사이의 연관 관계 안에서 근접성과 원격 소통을 형성한다. 현존재가 실존적 삶에서 체험하는 영역이 바로 현존재가 스스로 실천하는 배려, 배시의 공간이 되고 그 공간에서야만이 비로소 근접성과 접촉이 태어나고, 그래야만이 진정한 세계의 원격 소통이 가능해지는 것이다.
13 "가까이함은 그에 앞서 이미 어떤 방역을 향해 방향을 취하고 있었던 것이며, 이 방역으로부터 거리 제거된 것이 가까이 오는 것이고 (…) 현존재가 존재할 때, 그 현존재는 방향을 열면서 거리 제거하는 자로서, 그때마다 이미 발견된 자기의 방역을 가지고 있다." 앞의 책. 158쪽.

되어 가고 있지만, 혹은 원격소통의 발달로 실시간으로 지구 반대편 사람과 소통하고 많은 사람들과 SNS를 통해 소통한다 하더라도, 그 것은 하이데거의 입장에서 본다면 결코 현존재들의 사이성과 친근 성의 증가와 확대로 볼 수만은 없다. 따라서, 거리 제거와 소통/방향 열기의 다층적 의미들이 교직하는 텍스트의 조직망 구조와 결이야 말로 하이데거의 현존재가 세계와의 관계망을 방역성과 친근성으로 조직하는 운동이라는 점을 보여 주는 것이다.[14]

들뢰즈의 영토화 운동

이러한 현존재의 친근성을 근간으로 하는 공간화 운동은 들뢰즈 에게는 특유의 철학적 이미지이자 메타포인 탈영토화, 재영토화의 과정으로 나타난다. 사물은 언제나 자신의 형상과 위치로부터 이탈 하여(탈영토화) 전혀 다른 시공간의 영토성을 획득하려는 운동을 멈 추지 않으며, 이는 다시 새로운 질서와 시스템으로 재구성(재영토화) 되는 과정을 반복하는 것이다. 특히 디지털 문화 환경의 가상공간 안에서 이러한 사물들의 공간화 운동은 급격한 탈영토화와 재영토 화의 과정을 맞이하는 것으로 여겨진다. 그러나, 기술적 환경이 지 금의 가상화와 탈영토화의 양상을 급격하게 보여 주었을 뿐, 이미

---

14 이것은 하이데거의 원격 소통의 네트워크 공간이 다름 아닌 타자들의 관계망으로 서 존재하는 데리다적인 차연적 의미 생성의 네트워크와의 만남을 환기시킨다. 비 록 위축되고 추상화된 유용성의 틀 안에서의 움직임이지만, 본질적으로 원격 소통 의 운동을 통해서만 근접성을 획득하고 공간의 실존적 의미를 생산할 수 있는 우 리들에게 디지털 통신문화 환경은 이러한 원격적 존재들의 소통을 가능하게 만들 어 주는 듯하다.

사물과 존재들의 탈영토화와 재영토화는 베르그송이 말하는 '지속'과 마찬가지로 끊임없이 생성하는 존재의 근원적 운동이라고 할 수 있다.

탈영토화와 재영토화를 얘기할 때 우리는 흔히 정착적인 것과 유목적인 것을 함께 빗대어 얘기하지만 반복되는 오해가 있다. 그것은 유목적이라는 것을 여기에서 저기로 떠도는, 혹은 부유하는 것으로만 이해하는 것이다. 탈영토화 개념은 탈위계와 탈코드의 지속적 횡단과 탈주선을 통한 운동인데, 이미 여기에서 저기로 떠돈다는 서술은 '여기'와 '저기'를 공간적 정지점으로 전제하고 있다. 유목민을 이렇게 이해하기 때문에 우리는, 서구의 지성들은, "역사는 과거도 미래도 없는 유목민에 대해 전혀 어떤 것도 이해하지"[15] 못하는 것이다. 즉, 들뢰즈가 노마드에 대해 풍요롭게 서술한 비규정적 이합집산과 창조적 변형을 우리는 영토로부터 추상화된 코드로, 이분법적 이항 개념으로 다시 잡아 놓는 실수를 범하는 것이다. "호메로스 시대의 사회는 방목장의 울타리나 소유지 개념이 없었다. 이 사회에서 문제는 땅을 짐승들에게 분배하는 데 있는 것이 아니라 거꾸로 짐승들 자체를 분배하고 짐승들을 숲이나 산등성이같이 한정되지 않은 공간 여기저기에 할당하는 데 있다"[16] 영토에 짐승이 분배되는 것이 아니라, 짐승의 움직임으로부터 영토가 분배된다. 이것이 유목적 분배이자 탈국가적 분배이며 선으로부터 점을 사유하는 것이다. "국가기구만이 유일하게 영토적이다. 왜냐하면 국가는 국민을 나누는 것

---

15 질 들뢰즈, 《디알로그》, 허희경 · 전승화 옮김, 동문선, 2005, 74~75쪽.
16 질 들뢰즈, 《차이와 반복》, 김상환 옮김, 민음사, 2004, 87쪽.

이 아니라 영토를 나누기 때문이다"[17] 즉, 영토화에 대한 도구적 이해가 유목성이 갖고 있는 불확정적 존재들의 운동 리듬과 에너지를 협소하게 만드는 경향이 있다고 할 수 있다. 중단 없이 작동하는 존재의 영토화 운동에서 탈영토화에 대한 추상적 이미지가 과도하게 힘을 받으면서 유목성은 곧 기존의 시스템을 쉽게 모두 한 번에 와해시키는 힘을 가지고 있다고 오해되거나, 혹은 유목성이 발현되었다 하더라도 그것은 이미 고정적 영토화가 추상화시킨 도구적 유목화에 불과하다는 반대편 오해도 함께 낳는 것이다. 따라서, 영토화의 고착된 이미지에서 한계가 지워진 탈영토화와 유목성이 아닌 좀더 실존적인 차원에서의 이해가 필요하다.

역설적으로 우리의 몸이나 유기체의 부분들에 대해서도 그만큼의 탈영토화가 이루어진다는 것을 생각해 보자. 더 이상 유목성과 탈영토화가 불가능하다고 여겨지는 구획된 영토를 가진 신체이지만, 사실 "손은 영장류의 '앞발'이지만 땅으로부터 뽑혀서 탈영토화"[18]된 것으로 이해할 수 있다. 단순히 연장된 공간으로서의 영토성이 아닌 시간과 존재가 혼연된 생성의 사건들의 계열들을 고민하면서 탈영토화와 재영토화를 생각해야만 유목성에 대한 오해에서 멀어져 새로운 생성의 과정을 사유할 수 있다. "음식물에서 원시적인 영토성"[19]을 찾는 입술, 혀, 치아는 언어 활동을 위해 소리를 분절하는 활동에서 탈영토화된다. "얼굴은 환경일 뿐만 아니라 탈영토화된 세계인

17 G. Deleuze & F. Guattari, *Anti-Oedipe*, Paris: Les Editions de Minuit, 1972, p. 170.
18 G. Deleuze & F. Guattari, *Qu'est ce que la philosophie?*, Paris: Les Editions de Minuit, 1991, p. 66.
19 G. Deleuze & F. Guattari, *Kafka*, Paris: Les Editions de Minuit, 1975, p. 36.

풍경에 대응한다. 막대기는 : 탈영토화된 나뭇가지이다"[20] 12음계의 음악과 재즈 음악이 음악을 탈영토화하고, 베이컨의 회화가 이미지를 탈영토화하고, 아인슈타인은 우주의 표상을 탈영토화하였다. 분명 부단한 탈영토화와 재영토화의 과정은 분열적 사태에 이를 수 있는 위험을 감내한다. 그러나 이러한 분열과 혼란은 "그 무질서함에 의하여 정의되는 것이기보다는 오히려 그 안에 윤곽을 갖는 모든 형태들이 사라져 가는 무한한 속도에 의하여 규정된다. 비어 있다는 것은 존재하지 않는다는 것이 아니라 실재적이며 모든 가능한 부분들을 담을 수 있는 것이며 모든 가능한 형태를 그려 낼 수 있다는 것이다. 그것은 어떠한 일관성도 없고, 참조도 없으며 결론도 없다. 혼돈은 탄생과 사라짐의 어떠한 무한한 속도"[21]라고 들뢰즈는 생각한다. 따라서, 우리는 탈영토화/재영토화라는 개념을 가로지르며 새로운 가능성을 개방시키는 불안정한 공간과, 우리를 움직이고 이주시키는 혼란스러운 자유와 충동들에 주의를 기울여야 한다. 탈영토화를 따로 존재하는 저항적 이벤트로 보는 시점은 오히려 대지의 운동을 고정적 좌표계로 환원시키는 일과 같다. 잠재성/가상성이 존재 생성의 힘으로 부단히 현실화·실제화의 관계를 이끌고 나가듯이, 탈영토화/재영토화라는 존재 운동의 양태는 사유가 표면과 실체를 끊임없이 오가는, 단절과 흐름을 부지런히 오가는 여행이라는 것을 증명하는 것이다. 이는 인간의 창조적·정신적 행위와 예술적 행위를 수행하는 하나의 생성적 사건이기에[22] 들뢰즈에게 영토화 운동을

---

20   G. Deleuze & F. Guattari, *Qu'est ce que la philosophie?*, p. 211.
21   Ibid, p. 118.
22   Ibid, p. 165.

실현하는 집을 구축하는 일은 단순히 주거의 문제가 아닌 것이다. 영토화 과정에서 상징되는 공간에 대한 인식과 집을 구축하는 일은 곧 외부 세계와의 적극적이고 창조적인 관계 맺기에서 시작되는 메커니즘인 것이다.

즉, 공간과 인간 정신의 움직임은 영토라는 개념으로 공전되고, 이 영토화 운동 안에서 '집을 짓는다'라는 은유가 창조적 생성의 사건 과정의 이미지와 함께 맞물리는 것이다. 들뢰즈의 반복구에 대한 서술은 이 부분을 흥미롭게 풀어낸다. "어두운 곳의 어떤 아이는 두려움에 사로잡혀, 그의 호흡에 맞추어 노래를 부름으로써 스스로를 위로한다. 아이는 그의 노래에 따라서 걸어가며 쉬기도 한다. 길을 잃은 피난처를 찾고 있다. (…) 그것은 혼란으로부터 혼란 속의 질서의 시작으로 가는 도약이다"[23] 자신의 소리로 새로운 공간을 창조하는 벽을 만들고(탈영토화), 그 벽을 자신의 안전과 이성의 공간으로 삼아(재영토화) 자신과 친숙한 공간으로 만드는 것이다. 즉, 하이데거가 말하는 사이 열기/소통과 들뢰즈의 탈영토와/재영토화의 숨 가쁜 움직임이 일상적 행위에서 우리에게 나타나는 것이다. 이 공간은 우리에게 친숙하게 열려야 하며 이 과정은 나름의 패턴을 만들고 반복하며 상호 교차한다. 멈춤 공간에 현존재는 없다. 언제나 주변 환경과 상호 소통하며 생성한다. 즉, "거미가 그 머리 안에 파리를 담고 있다"[24]는 것은, 거미가 '집을 짓는다'는 행위에 이미 집에 걸려들 파리가 있는 것이고, 이것은 영토화 운동 속에 이미 창조적 계열화의 운동이 접속되어 있다는 것이다. 이렇듯 세계는 언제나 사물들과 존

---

23 G. Deleuze & F. Guattari, *Mille Plateaux*, Paris: Les Editions de Minuit, 1980, p. 277.
24 Ibid, p. 279.

재들의 새로운 이질적인 계열(집_거미_파리)들의 분기와, 접속, 수렴의 운동을 반복하며 나타나고 있으며 이러한 계열화는 들뢰즈가 촘촘히 세계를 구성하는 관계망 안에서 서술한 영토화 운동과 함께 작동하고 있는 것이다.

들뢰즈가 주목하는 계열화는 배타적이고 독립적인 선택과 분할, 동질화, 전체화를 향해 운동함과 동시에 부단하게 동일성의 틀을 해체하는 힘을 보여 준다. 이곳에서 전체화는 존재들의 차이들이 평균값으로 정리되어 동일성으로 다시 환원되는 것이 아니라, 이것을 동요시키는 횡단적 운동과 소통의 과정을 통과한 이질적 체계의 생성 그 자체의 사건이다. 다시 말해, 계열화 과정은 안정성, 정태성, 동일성으로 환원되는 것이 아니라 가변적이고 유동적이며 비선형적인 체계를 형성하는 것이다.[25] 이 계열 안에서 사물과 존재들은 서로의 차이를 간직하면서 수렴conjonction, 이접disjonction, 접속connexion등의 운동을 통해 서로 공명, 소통, 충돌하며 생성한다. 개체화의 층위에서 복합체의 층위로 나아갔다가 다시 계열들을 가로질러 특이성들을 만나는데, 이 특이성의 지점들은 생성의 운동이 멈추는 지점도, 이미 생성의 결과물로 기다리고 있었던 목적론적 터미널도 아니다. 선들이 진행하다 이어 주어야 하는 고정점이 아닌 선들이 자유롭게 횡단하다가 통과하는 가변적, 잠재적 지점인 것이다.[26] 이 잠재적 점들을 끊임없이 생성시키고 비선형적 운동을 하며 전개되는 존재의 사태가 탈영토화와 재영토화가 격렬하게 충돌하고 연접되는 현장인 것이다. 즉, 들뢰즈가 주목했던 유목성은 하이데거 방식으로 말한다

---

25   G. Deleuze, *Kafka: Pour une littérature mineure*, Paris: Editions de Minuit, 1975, p. 97.
26   G. Deleuze & F. Guattari, op. cit., p. 471.

면, 유목성이 지닌 낭만적 생활세계의 사방적 공간화 운동을 이상적으로 그리워했다기보다는, 유목성이 출몰하는 지점의 강렬한 존재의 잠재적 힘을 서술했다고 보아야 한다. 이 지점이 종종 오해를 부르는 듯하다. 유목성이 지닌 존재들의 촘촘한 힘들과 그 잠재적 계열화로서 영토화 운동의 격렬함과 고요를, 게으른 사유와 미숙한 담론들이 숨만 거칠고 구호만 요란한 해체와 탈경계 운동의 슬로건으로 만들기도 하기 때문이다.

공간은 계열화의 운동을 통해 생성된 영토성과 중심성이 부단히 위상 변환을 경험하고 실험하는 장소이며 탈영토화와 탈중심화의 운동이 생성하는 현장인 것이지, 끊임없이 경계를 부수고 탈주만을 반복하고 부추기는 추상적 은유의 기호는 아니다. 오히려 공간은 탈영토화와 재영토화의 운동을 거쳐 진행하고 진화하는 생성의 실존적 장소이고, 여기에서 우리는 차이들이 만들어 내는 계열화 운동의 횡단면들을 경험하기도 하는 것이며, 이는 하이데거가 역설하는 공간화의 방향 열기와 거리 제거가 끊임없이 현존재와 호흡하는 배시와 친근성을 사방을 통해 체험하기도 하는 것이다.

모바일 아키텍처: 유목성의 현대적 모색

이에, 우리가 살펴보려 하는 모바일 아키텍처Mobile Architecture 혹은 포터블 아키텍처Portable Architecture라 부르는 공간화 양식은 쉽게 탈영토화의 담론으로 해석되는 것을 경계한다. 앞서 설명한 것처럼, 그것은 노마드와 유목적 삶에 대한 문화적 시뮬라크르를 쉽게 따르면서 주류적 메커니즘과 구조에 대한 해체와 저항을 그저 추상적 차원에서 주장하고 슬로건을 만드는 행위로 유도되기 때문이다. 우리가 탈영토화의 운동 중 노마드에서 주목해야 하는 것은 영원회귀와도 같은 반복의 생성이자 창조다. 집을 짓고, 만들고, 세우고 다시 풀고, 내리고, 정리하고 이동하고, 다시 터를 잡고 집을 짓고 만드는 지난한 반복의 과정에 대한 사유가 필요한 것이다. 즉, 지난하게 공간화를 실현하는 현존재의 사태, 공간과의 배시적 친근성을 체현하고 자연과 생명에게 사이 열기/소통을 실천하려는 현존재의 운동, 이러한 생성과 창조의 에너지가 지금 다양하게 모색되고 있는 우리의 모바일 아키텍처의 실험에서는 어떻게 변용되어 나타나고 있을까?

　모바일 아키텍처는 유목성을 관통한다. 물론, 과거 가축을 기르며 거처를 옮기는 협의의 개념으로서 유목은 아니지만, 현대사회는 이미 정주성이 갖는 이원론적 사고에서 벗어나 다양한 이질성들이 변화와 흐름을 통해 존재하고, 그러한 요소들이 어디에서나 접속될 수 있는 새로운 질서 체계를 형성하고 있기에 유목성의 외연은 넓어지게 되었다. 특히 현대 디지털 환경이 빠르게 변화하면서 유목성은 또 다른 전환을 경험하고 있음은 물론, 도시 주거의 모습을 더욱 변화시키고 있다. 디지털 유목의 개념에서 주거란 하이데거의 사방을 전혀 다른 관점에서 해석하게 하고 있다. 혹은 아예 사방이라는 공간적 사유 자체가 하이데거의 이상적이고 자연주의적 자연관이 강하게 경도된 세계관이라고 생각한다면, 현대사회에서 사방의 개념으로 공간을 사유하기는 매우 어려워질 수도 있다. 주거는 하나의 생산품일 수도 있으며, 시공간의 압축과 거리의 소멸, 실재와 가상 사이의 경계 소멸도 일상적인 경험이 되면서 거리 제거와 방향 열기라는 공간화 운동은 전혀 다른 세계-내-존재로서의 존재자들을 만나게 하고 있고, 이 분열과 낯설음의 속도는 현존재가 따라가기에 매우 힘에 부칠 수 있기 때문이다. 지구 전체와 대도시를 둘러싼 교통망의 발달과 디지털 원격 소통망으로 연결된 사회의 유목성은 오히려 아무 곳에도 가지 않고 움직이지 않는 유목인을 역설적으로 만들어 냈다.[27] 산술적 공간으로 도포된 표면의 좌표 숫자로 소멸하는 점으로서의 유목민이 아니라, 고정적 점과 점을 잇는 최단거리로서의 선의 양태에 접속하는 유목민이 아니라, 지나가는 와중에 점을 만나는 계열화 운동을 수행하는 선의 양태로서의 유목민을 사유할 수 있는 것이다. 유목과 정주는 서로를 계열화하는 것이지 대척적인 것이 아니다. "두 개의 점 사이에 있는 것이 아니라 점이 선의 교차점에 있는 것이다. 점들은 선의 일부분일 뿐이다. (…) 물이 솟아나는 점에는 놔두고 떠나기 위해 도달할 뿐이다. 모든 점은 릴레이이고, 릴레이로만 존재한다."[28]

즉, 고정된 텍스트와 점들의 균열을 만들고 그 발생 지점에 분기점들이 나타나게 하는 선은 내부로부터 외부를 지향하고, 이것은 새로운 평면으로의 이동을 함축한다. 다양한 기존 개념들과 기호들의 차이들이 만들어 내고 동반하는 새로운 생성의 흐름으로서 유목의 힘이 강조되는 것이다. 고정된 실체가 아닌 끊임없는 생성devenir/ 혹은 '되어짐'의 운동이 곧 탈영토화적 삶의 태도가 되고 이러한 생성의 사건은 계열화를 통해 다양한 의미를 다시 생성한다. 들뢰즈가 말하는 홈 파인 공간과 매끄러운 공간의 은유 역시 이곳에서 잉태된다. 일정한 공간에 머무르고, 그곳을 영구히 자신의 것으로 만들기 위해 울타리를 만들고, 집을 건설하고, 도시에 길을 만들고, 도시 구성원들의 행동 영역의 경계를 만드는 정주의 삶은 모두 공간에 홈을

---

27 들뢰즈는 '유목민은 움직이지 않는 자'라고 한 토인비에 동의한다.(Ibid, p. 472.)
28 Ibid, p. 471.

파는 행위로 이해된다. 경계는 확실해지며, 고정된 사태와 정리된 규정들이 삶의 전면에 서게 된다. 영토화되고 지층화되는 것과 달리 유목의 삶은 이러한 것들을 가로지르는 매끈한 공간을 살아간다. 홈 파인 공간이 아닌 비규정적이고 비정형이며 불확정적인 공간으로 어떠한 방향으로의 전개가 가능한 매끄러운 공간의 속도가 바로 탈영토화가 실천하는 속도일 것이다.

이렇게 생성과 속도, 흐름의 이미지가 사유에 있어서 중요한 들뢰즈의 철학은 우리에게 리좀의 사유를 보여 준다. "리좀은 어떤 다른 점과도 접속될 수 있고 접속되어야 한다."[29] 나무뿌리라는 강고한 체계에 근거하는 사유와 이성의 굳건한 시스템이 아닌, 줄기들의 모든 점이 열려 있어 다른 줄기가 접속하고, 뿌리와 줄기의 경계들이 모호해지고, 줄기들이 흘러 지나가는 표면의 궤적은 어느 한 곳에 귀결되지 않으면서 리좀은 이질적 다양성을 품어 가는 존재가 된다. 리좀적 사고는 고정된 체계나 구조가 없고 중심이 없을 뿐만 아니라 비위계적이며 다원적인 것이 특징이다. 리좀은 구조상 위계가 없으므로 선후, 혹은 필연성의 관계가 없는 이질적인 요소들을 연결하는데, 이런 상호 이질적인 흐름의 연결은 혼돈이 아닌 이전과는 전혀 다른 새로운 질서로의 연결을 의미한다. 이곳은 매끄러운 공간이 분기, 수렴하는 생성의 장소이자, 탈영토화와 재영토화의 무한한 반복과 리듬이 차이 속에서 생성되는 배치의 잠재적이고 창조적인 현장일 수 있다.[30] 모바일 아키텍처의 사례들은 과연 하이데거의 공간화

29 Ibid, p. 13.
30 접속과 접촉, 대응, 스침, 소통의 항들이 달라지면 접속의 전체가 달라지는 것이고 배치란 접속되는 항들에 따라 그 성질과 차원 수가 달라지는 다양체인 것이다. Ibid, p. 15.

운동과 들뢰즈의 영토화 운동을 거쳐 얻게 되는 이러한 잠재성과 창조성의 힘을 지니고 있을까?

　모바일 아키텍처는 현재 매우 다양한 건축 기술과 공정, 새로운 매체와 재료의 실험을 하고 있다. 이는 급격하게 변화하는 현대사회의 모습과 도시 공간에 대해 현존재가 치열하게 대응하는 과정과 그것들과의 적극적인 상호 참조에 다름 아니기에, 이 모바일 아키텍처를 실용적인 잣대를 적용하여 성공 여부를 따지거나 경제적 셈법을 앞세워 평가하는 것보다는, 앞으로 과학기술을 비롯한 기후 변화, 에너지 소실 등의 다양한 문제적 상황 안에서 현존재가 실존적 삶을 어떻게 꾸려 나가고 어떻게 공간과 관계망을 형성하는지에 대한 전망을 도모하는 일이 더욱 중요할 것이다.

MERCURY HOUSE ONE & TWO: Arturo Vittori | 2009[31]

　하이데거 공간론에서 사물이 제자리에 자리를 잡는 행위가 중요한 사유의 모티브라면, 미래 사회를 예견하는 이러한 모바일 아키텍처 콘텐츠들이 하이데거의 공간론 안에서 의미를 얻게 된다면, 그것은 미래 환경과의 연관성을 어떻게 볼 것인가에 달려 있을 것이다. 또한 자본주의적 시장 논리 안에서 거주 공간이 사방의 개념을 실현하기는 매우 어렵겠지만, 머큐리 하우스Mercury House는[32] 그러한 사방 개념을 미련 없이 버리려 하지 않는다. 우선, 머큐리 하우스는 미래 자연환경 및 도시환경의 변화에 대응하는 거주의 모델을 제시하려는 시도를 담은 프로젝트였기에, 머큐리 하우스의 건축 구조와 재

31　DamDi Edition, *Mobile Architecture*, Damdi Archive, 2012, p. 165.
32　Ibid, p. 166.

료, 공조 방식과 에너지 수급 시스템 등에 배치된 사물의 자리 잡음
은 현존재가 맞이해야 하는 미래적 환경과 배시적 방역성과의 연관
을 검토하게 한다. 하이데거 공간론의 친근성이 존재와 사물들이 현

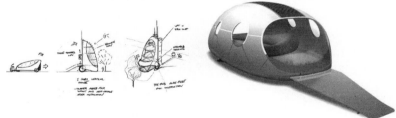

〈그림 1〉 2009년 베니스 아트 비엔날레에서 선보인 MERCURY HOUSE ONE은 이동식 주
거 공간이다. 3개의 다리가 지면으로부터 건축물을 들어 올려, 낮은 경사로를 통해 들어
가게 되어 있다. 외부 표면과 내부 공간의 관계를 최적화시키기 위해 물방울 모양이 선
택되었다. 반투명한 광전지로 만들어진 태양열 패널에서만 에너지를 공급받는다. 유리섬
유로 된 모노코크 본체는 매우 얇은, 하얀 대리석 같은 모자이크로 덮여 있다. 살짝 채색
된 반투명의 아크릴로 만들어진 넓은 창들은 실내공간이 주변 환경으로, 더 나아가 밤에
는 별빛 가득한 하늘로까지 확장되게끔 한다. 한편 MERCURY HOUSE TWO는 수직으로
된 운송이 가능한 단독주택이다. 주문 생산할 수 있도록 디자인되었다. 현대 주거 개발의
공간 및 자원 낭비에 대한 비판과 가능성 모색으로서 제안되었다. 나노 기술로 만든 유리
코팅이 복사열을 조절해 열에너지를 효율적으로 이용할 수 있도록 한다. 자동으로 공기
가 주입되는 온실이 주택에 연결될 수 있어, 거주자들에게 그날의 식량을 공급함과 동시
에 주택의 공기와 물을 정화해 준다.[32]

존재와의 세계-내-존재로서 긴밀한 관계망을 형성하고 서로 간의 사이와 방향이 열려질 때 도약한다면 머큐리 하우스도 현존재와 친근성을 확보할 수 있다고 보여진다. 사방 개념 역시 순수 자연주의적 태도를 지양하고 테크놀로지와의 융합적 패턴을 수용하는 영역에 선다면, 머큐리 하우스가 자연과의 소통과 공생을 시도하는 공간구조를 지향하고 있기에 또 다른 진화론적 사방이 모색될 수도 있을 것이다.

들뢰즈의 유목적 사유는 장소 중심의 공간적 사고보다는 전통적인 시간과 공간의 개념을 뛰어넘어 계속적인 흐름을 유발하는 시간적 사고가 중시되는 특성을 지니는데, 흐름의 공간은 연속적인 표면을 가지고 전통적인 수직적 공간 분할 방법을 벗어나 끊임없는 연속성을 실현하려 한다. 머큐리 하우스처럼 벽과 바닥이 위상적인 전환을 이루며, 기본적인 수직 체계의 구분이 불분명하게 되어 경계의 확장을 유발하는 것이다. 즉, 데카르트적 공간 체계에서 비롯한 수평의 대지의 중력을 이겨 내는 수직의 벽이라는 건축의 결정 구조는 심각한 위협을 받는다. 또한 고정된 공간 사이의 규정된 장소적 특징보다는 하나의 요소가 다른 요소와 연계성을 갖고 유동적으로 나타나는 특징을 갖게 되는데, 그것은 위계와 시간의 흐름이 혼용되는 공간으로 계열화가 수행된다. 머큐리 하우스 역시 각각 개별적 상황에 따라 이동 시에는 수평이었던 공간이 정주의 순간에는 수직으로 전환되는 등 수평과 수직의 개념이 전환되면서 공간 관계에 있어 유동적이고 연속적인 공간의 흐름에 의해 건축의 내·외부를 구분 짓던 경계가 소멸되며, 이러한 경계의 소멸은 절대주의적 공간관의 해체와 재구성이라 볼 수 있다. 이는 연속적으로 영역과 영역을 횡단하는 선의 탈주 체험이다. 이음새 없는 표면의 공간 연접의 요소로서의 선은 순환적 동선 체계의 중요성을 보여 주며 빠르게 지나가고 램프와 통로의 공간화를 환기하면서 대지와 건물의 형태적 측면에서도 그 모티브를 사용하는 미학적 완결성을 유도하고 있다.

ROOM—ROOM: Nicola Delon | 2008[33]

들뢰즈의 영토화 운동에서 사건의 생성은 공간적 측면에서 움직임과 행위의 우연적 연속에 의해 계열화되는 과정에 접속한다. 공간 구축에서 이러한 순간적인 사건 개입은 일시적 성향을 지니게 되는데, 이는 규정된 이동의 흐름이 아니라 불규칙하고 예기치 못한 공간을 연결함으로써 사건들의 연속체는 생성의 이미지를 표현하게 된다. 공간과 인간의 부딪침을 통해 발생하는 사건은 공간 속에서 신체를 통해 발생한 감각이나 정서, 지각을 통해서 우발되는 행위, 기억 등을 모두 포괄하는데, 여기 룸—룸Room-Room에서는 자연적 환경과 영향의 [34]기억을 인간이 탈주의 선으로 감각화하고 영토화하고 있다. 정주 공간에서 강하게 내포하는 시간적 공간의 점유와 소유의 개념이 자연적 환경과 물리적 환경과 교섭하는 인간의 기억에 내재되면서 해체되고 붕괴되어 간다. 동남아시아의 많은 국가들의 거주 영토는 급격한 자연적 재해와 재난 속에서 공고한 정주성을 포기하는 상황이 벌어지고 있다. '한 곳에 머무를 수 없다'는 현실적 상황은 하이데거의 공간론에서 배웠듯 제자리에 자리 잡는 사물의 장소성을 획득하기 어렵게 하는 존재 근거틀로 작용한다. 그러나, 이러한 장소성의 균열은 다시 탈주의 선으로 옮겨 가면서 새로운 선의 릴

33　Ibid, p. 324.
34　Ibid, p. 325.

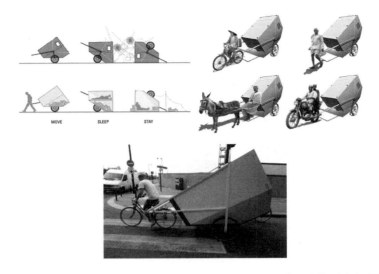

〈그림 2〉 앞의 머큐리 하우스가 지구의 상황과 커다란 문제를 완충할 만한 여지가 있을 때 가능한 대안이라면, 늘어가는 자연 및 기후적인 재해가 사회적 재해를 양산해 내는 상황에 취약한 상황을 생각한다면 우리는 ROOM-ROOM을 생각할 수 있다. 속수무책인 자연재해와 비극적 전쟁 등 심각한 상황에 지구의 노숙자들과 이주자들이 점차 늘어날 수 있다. ROOM-ROOM은 두가지 목적을 가진다. '생활하는 것'과 '움직이는 것'이다. 가장 큰 최소형 침상을 만들어 내고, 미래 주거의 첫 번째 ROOM을 만들어 내는 것이다. 지구적 상황이 이러한 가장 기본적 삶의 원칙을 간신히 허용한다고 생각했을 때 ROOM-ROOM은 더 이상 즐거운 캠페인이 아닌 현실이 될 수 있다.[34]

레이를 시작하는 듯하다. 정주성의 점유와 소유를 가볍게 들었다 놓는 것이다. 이들을 잠시 유예시키면서 우리가 얻는 것은, 룸-룸이 항상 움직이며 가변적 상황에서 조우하는 새로운 공간과의 관계에서 순간적이고 우연적인 사건에 대한 의미 부여와, 찰나의 변화에 대한 일시적인 반응으로 건축 공간과 인간이 상호작용할 수 있다는 잠재성의 생성이다. 이러한 생성의 의미는 소유와 장소의 개념을 변화시키며, 이로 인한 형태의 해체와 파괴에 따른 공간 경험으로서의 모바일(이동성)을 야기한다. 룸-룸은 근본적인 소유와 장소에 대한 사유를 흔들면서 철학적 사유는 물론, 사회적 · 법률적 · 행정적 측면에서 집과 거주, 그리고 공공 영토에 대한 계열적 흐름들의 이질적 흐름을 가속화시킨다. 즉, 공간에 머무르는 사용자와 점유할 장소, 사건의 생성, 그로 인한 사용자의 움직임movement등의 상호작용이 이동하는 룸-룸 안에서 급격히 요동치는 것이다.

하이데거를 따른다면, 건축은 사방 개념에서 어느 한 요소도 빠져서는 안 되지만 인간이 있어야 그 존재의 정당성을 갖고 비로소 배시적 방역성과 넘어섬이 작동하여 거리 제거와 방향 열기가 가능하다. 여기에서 사람은 단순히 사용자가 아니라 공간을 존재케 하는 주체이다. 행위 없는 건축이란 존재하지 않으며, 몸은 건축 시스템을 구조화한다.[35] 즉, 공간들은 동작들에 의해 결정되며, 운동은 움직이는 행위 또는 그 과정을 일컫는 것이며, 움직임의 특별한 방식을 포함한다. 이는 주거의 기능들이 구획된 영역으로 고정되어 있는 것이 아니라 유동적 프로그램인 이벤트(사건)로서 존재하며, 이는 공간에 머무는 주체와의 상호작용을 통해 생성되는 사건이라고 볼 수 있다.

ECO—POD: Eric Howeler / 2009[36]

상호 이질적인 특성들의 혼합은 현대적, 유목적 공간에서 복합성의 특성으로 구현된다. 디지털 문화의 기술적 네트워크는 비위계적이고 비규칙적인 탈코드화된 사고를 지향하며, 이러한 공간은 유기

---

35 코르뷔지에는 '골격-구조 시스템', '볼륨-내장 기능', '근육-형태 비례', '순환-기능과 운동'의 네 쌍의 원리를 순차적으로 조합해서 건물을 완성시킨다. 임석재,《기계가 된 몸과 현대건축의 탄생》, 인물과 사상사, 2012, 449쪽.
36 DamDi Edition, op. cit., p. 386.

적으로 조합되어 집합적인 공간 체계를 이루고 건축에 도시적 공간 구성의 측면을 도입하여 도시와의 유기적인 교류를 가능케 한다. Eco-Pod는 수없이 중첩과 축성이 가능함과 동시에 추출과 삭제 등이 가능한 공간으로 기능한다. 이는 복합적이고 개방된 공간이 파편화되어 해체되는 것이 아니라 다양한 차이를 통합하는 응축된 공간을 형성한다. 일시적 사건들이 계열화되어 이루어지는 펼쳐진 사고의 열린 공간은 통합적 공간으로 형성하며 다양한 차이들을 하나로 응축시키게 된다. 리좀의 사유가 갖는 매끈한 공간으로서 비규정적이고 불확정적인 경계의 모색은 지표면에서 조금씩 자라나는 큐브의 비정형적 증식 과정에서 나타나고 있다.

역설적이게도 형태의 패턴이 곡선을 연상시키는 리좀의 이미지는 이러한 Eco-Pod의 형태와 맞지 않다는 일반적인 판단을 불러올 수도 있지만, 현대 모바일 아키텍처 영역에서 다양성과 이질성의 흐름을 은유적으로 표현한 리좀 개념은 근대사회의 지배적 가치인 수목 모델의 우세에도 불구하고 이원화된 위계 구조를 배제하고 비선형적, 아나키적anarchy, 수평적, 탈중심적인 모습으로 자라나고 있다. 즉, 리좀 구조의 원리는 상호 이질적인 것들이 복수적 성격을 지님으로써 어떤 특수한 단일 특정 논리에 의해 귀속되지 않는 비위계적 구조이다. 앞에서 살펴보았듯, 리좀적 사고란 연결 접속의 원리와 다질성의 원리로서 어떤 지점이건 다른 어떤 지점과도 연결 접속될 수 있고 또 연결 접속되어야만 한다. 리좀은 구조상 위계가 없음으로 선후, 혹은 필연성의 관계가 없는 이질적인 요소들을 연결하는데, 이런 상호 이질적인 흐름의 연결은 혼돈이 아닌 이전과는 전혀 다른 새로운 질서로의 연결을 의미한다.

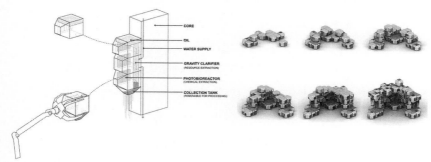

〈그림 3〉 ECO-POD는 Downtown Crossing에 있는 공사가 중단된 현장을 활용해 보스턴 시내의 경제와 생태를 즉각적으로 활성화하는 제안이다. ECO-POD는 고객 주문 방식의 모듈로 세워진 임시용 '수직 해조류 반응 장치'이자 새로운 공공 공간이다. POD는 바이오 메스로부터 연소나 발효 과정에 의해 생성되는 연료의 소스 및 신축성 있는 연구 개발 프로그램을 위한 초소형 인큐베이터 역할을 할 것이다. 변경 가능한 열린 구조로서 POD들 사이의 VOID 공간은 특정한 식물들을 키우는 수직적인 공공 공원 및 식물원 네트워크를 형성한다. 현장의 계속된 공사가 건설 행위와 경제 회복의 정교한 수기 신호를 내보내는 동안, 변화하는 프로그램 및 경제적 필요를 만족하기 위해 모듈식 유닛의 구조를 변형할 수 있다. 이것은 선험적인 건축으로, 지역적이고 기민하며 탄소를 발생하지 않는 새로운 소규모 도시계획을 만들어 낼 수 있다.[37]

paraSITE: Michael Rakowitz / 2002[37]

끊임없이 주변과 상호작용하며 유동적으로 변화하는 환경적 조건들을 받아들이기 위해서, 공간은 순간화되어 사라지는 것이 아니라 의미를 갖는 끊임없는 생성 과정을 통해 진화되며 의미를 지닌 공간으로 구축된다. 시간적 차원의 공간은 주변의 사건을 수용하는 것을 넘어서 이벤트 자체로 확장되어 더욱더 풍부한 공간 활동을 유발시키고 움직임과 이미지의 중첩, 또는 형태 변이로 적극적인 활동을 한다. paraSITE는 형태적인 면에서 이미 적극적 변이를 과감히 보여준다. 사회적 통념의 parasite에 대한 편견에 건네는 친절한 화해의 악수라기보다는, 그 이미지가 주는 '벌레' 혹은 '기생충'의 의미를 더욱 우직하게 밀고 있다. 이 시각적 건조함과 직설적 화법은 parasite에 대한 철학적 담론과 입장들에 대한 새로운 접근을 끈질기게 유도한다. 숙주와 기생의 명확하고 깔끔했던 경계의 층위를 조금씩 흔드는 것이다. 숙주와 기생의 경계의 모호함과 같은 사태를 성실하게 성찰하는 것이 들뢰즈의 생성적 사유에서 적극적으로 요구되기에, 내·외부가 상호 침투되어 균질적인 공간을 와해시킬 수 있는 잠재력을 갖고 있다. 즉, 내·외부를 구별하는 공간적 이분법 개념을 변화시켜, 상호 주관적인 관계로 전이시킨다. 외부가 내부로 자연스럽게 유입되고 또한 내부가 외부로 연결되어 두 가지를 구분 짓던 이원적 사고의 해체를 모색하는 것이다. 영토화의 탈영토화와 재영토화의 운동이 숙주와 기생의 관점에 접속하게 되면서 이들의 관계의 역전성을 묻고 있는 것이다. 언제나 숙주이기만 한 존재, 언제나 기생자이기만 한 존재는 없다. 우리는 언제나 숙주이며 기생자이고,

---

37 P. Echavarria, *Portable Architecture*, Barcelon: Link, 2008, p.186.

〈그림 4〉 건물의 송풍구에서 나오는 더운 바람. 에너지를 사용하여 난방을 도모하는 도시 빈민 무주택자들을 위한 공간. 프로젝트의 이름이 기생자를 뜻하는 듯 혹은 그것을 에둘러 자항하는 듯하다. 어찌보면 매우 어원학에 충실한 제목일 수 있다. '파라para'라는 접두사는 원래 '옆에서…', '이웃으로…'라는 뜻이 있다. 낙하산을 뜻하는 파라슈트parachute처럼 뒤에 오는 말 뜻의 연상 범위에서 뜻을 에두른다. 따라서 세르가 말하듯 PARA(옆)–SITE(장소)은 기생자가 아니라 이웃, 이웃공간인 것이다. 환풍기를 통해 사라지는 열에너지를 그들과 함께 나누는 것이 어렵지 않은 일 같지만, 공간화 과정은 단순한 면적의 수치적 개념이 아닌 촘촘히 얽힌 영토화의 문제와 함께 구동된다.[38]

혹은 항상 기생자였다. 혹은 기생자는 결국 옆에 있는para 존재, 떼어 내려 할수록 떼어 내서 안 보인다 할수록 오히려 내 곁에서 존재하는 이웃 존재이다.[39] 탈영토화와 재영토화의 순환은 결코 예정된 시스템을 따르지 않고 끊임없는 분열이 생산된다. 생은 부동의 숙주

38 Ibid, p. 182.
39 M. Serres, *Le parasite*, Paris: Bernard Grasset, 1979, p. 71.

의 자리에서만 존재하는 것이 아니다. 기생의 중요한 특성은 그것의 관계와 양식이 가져오는 존재자들 사이의 교환의 불균형에 있는 것이 아니라, 교환의 불균형성을 절대적 균형성의 결핍으로 보는 것에 있는 것이 아니라, 오히려 역설적으로 긍정과 풍요의 과정에 긴밀하게 연결된 지점에 있는 것이다. 또한 그것은 불순한 부정성 또는 부도덕한 게으름의 문제가 아니라, 긍정성과 부정성을 뒤섞으며 가로질러 가는 체제의 복합적 생명력의 문제라는 점이 명확하게 지적되어야 한다. paraSITE에서 매우 쉽게 보이는 유목적 탈영토화 운동은 그것을 관습적 분석의 대상으로 놔두지 않았다. 그것은 기생과 숙주를 둘러싼 복잡한 계열화에 접속되어 존재들의 생의 양상을 더욱 분열적 생성의 공간에서 바라보게 하였으며, 이 측면 자체가 탈영토와와 재영토화의 메타포가 결코 국소적 장소 운영의 차원이 아닌 철학적 사유의 이미지임을 다시 한 번 보여 준다. paraSITE 프로젝트는 들뢰즈의 영토화 운동과 계열적 사유를 흥미롭게 전개하고 있는 공공예술 콘텐츠로서의 기능까지 하고 있다고 볼 수 있지 않을까?

모바일 아키텍처의 사례에서 보듯이 영토화 운동이 수행되는 공간은 열린 공간 형태를 구축하며 중심의 부재를 통해 비위계적 공간을 구성하기 때문에, 구조적이며 단계적인 상·하위 개념에 의한 위계적 공간 구성을 해체하거나 변형시킨다. 또한 일시적 사건들이 야기하는 불확정적 요소들은 시간적 차원에서의 일시적인 가설과 가벼움을 강조하게 되지만, 이러한 비선형적 시간의 흐름들은 공간적 운용의 변화 가능성과 이질적 접속을 허용하는 입체적 사유의 계열화를 실천하는 모습일 수도 있다. 이를 통해 우리에게 이동과 거주, 아래와 위, 개인과 공동체 등의 선형적 위상을 해체하면서 현대 도시의 공간과 사회적 커뮤니티에 대해 물음을 던지는 것이다.

사실, 현실적 영역에서 공간과 인간이 관계하는 양식은 인류학적· 문화적 다양성을 실천한 행위들에 기반하지만, 최근 급격한 생활 환경의 변화와 기술적인 진보는 느긋하게 사유의 유연성이 스스로 자라기를 기다릴 수 없는 상황을 야기하고 있다. 사회생활과 개인 생활이 점점 겹치면서 유동적이고 독립적인 생활 방식이 점차 중요해지는 것이다. 이러한 사회적 유동성의 진행에도 불구하고 비교적 움직이지 않아도 되었던 건축이 움직이기 시작했다. 건축이 가구처럼 움직이고, 가구가 건축처럼 기능하는 것을 현실화하려는 모색들이 계속되고 있다면, 이는 바로 이러한 탈영토와 유목성에 대한 인식적 합의가 서서히 모아지고 있음을 반증한다고 할 수 있다. 마치 벽을 구성하는 요소가 의자와 탁자가 되었을 때, 그리고 그 벽이 창문이 되었을 때, 어쩌면 하이데거가 말하는 도구의 용재성과 적재성이 공간의 친근감과 배시적 방역을 통해 강화되기도, 와해되기도 하는 것을 반복한다. 이때, 건축은 복합적인 공간 구성을 통해 개방성을 지니며 확산되고, 이를 통해 열려진 공간은 무한한 확장의 가능성을 갖게 된다. 이러한 가변성은 형태를 손상시키지 않고 변화시킬 수 있는 능력과 변화에 적응하는 능력, 탈영토화와 재영토화의 잠재적 실천이다. 따라서 가변성이란 용어는 다른 성질 내에서도 안전성을 유지하면서 형태나 조직을 변경시키는 고유 능력이라는 두 가지 속성, 즉 다양성Variability과 적응성Adaptability을 의미한다.[40] 이는 외적인 조건 내에서 변화에 적응하는 고유 능력이 실행되는 동안 안정성이 유지되는 것을 강조한다. 다시 말해서, 유목적 공간은 이러

---

40   P. Echavarria, op. cit., p. 87.

한 이질적 특질들이 계열화되는 와중에 선으로 릴레이를 계속하는 욕망의 흐름으로서 탈주의 선을 실천하고 홈 파인 공간이 아닌 매끄러운 공간을 향유하는 것이다.

　지금까지 살펴본 모바일 아키텍처 콘텐츠들과 관계하는 공간에서 주체는 지금까지 의심하지 않았던 자신과 공간 사이의 통일성과 전일성에 대해 불편함을 느낄 수도 있고, 아직 사회적 · 문화적 · 경제적 환경이 지지되지 않은 상태에서 이러한 공간 운용의 실험들은 현실적으로 비웃음을 당할 수도 있다. 적정 기술의 구현이라는 명분과 논리 등을 내세워 대중과의 간극을 좁히려는 노력 역시 설득력이 없을 수도 있다. 특히 하이데거로부터 얻었던 공간의 자연주의적 성찰이 현대사회에서는 공허한 배시적 태도로 느껴질 수도 있고, 탈영토화와 재영토화가 담보해야 하는 창조적 잠재성이 몇몇 선진국들이 영토와 자원을 효과적으로 통제 · 획득하기 위한 수단으로 모바일 아키텍처를 끌고 가는 폭력 앞에 무력해질지도 모른다. 그럼에도 불구하고 도시 공간의 급격한 변동을 체험할 실존적 개체들이 다중적 정체성을 형성하는 일은 어쩌면 현존재로서 당연한 삶의 전개라고 봐야 할지 모른다. 모바일 아키텍처가 모색하는 공간의 유연한 연출과 유동성의 확보, 자유성의 증대 등의 속성들이 자본의 요구에 봉사한다면 미래 인류 공동체에게 공허한 슬로건일 뿐이겠지만, 새로운 매체와 도구적 속성을 실험하여 구체적 공간화를 실현하려는 시도들은 그만큼의 의미가 있다. 이것이 결국 들뢰즈가 텅 빈 시간에서의 고독과 허무를 이기고 실존적 영역에서 더 빛나는 선택을 하라고 독려한 것인지도 모른다. 움직이는 가구에 몸을 싣고 움직이고는 있으나 오히려 빈 공간을 경험하는 상황에서 주체의 실존은 매우 힘들지만 그만큼의 가치와 의미를 얻을 수도 있는 것이다. 더 이상 이

전과 같지 않은 자연환경과 기술 환경에서 거주와 정주의 삶의 양식
이 익숙하지 않은 방식으로 부딪쳐야 한다면, 그 과정 안에서 탈영
토와와 재영토화 운동의 흐름은 새로운 과정으로 작동할 것이며, 이
는 우리로 하여금 존재론적 동요를 가속화하는 동시에 내성을 훈련
할 것을 요구할 것이다.

참고문헌

마르틴 하이데거,《존재와 시간》, 이기상 옮김, 까치글방, 1998, 83쪽.
임석재,《기계가 된 몸과 현대건축의 탄생》, 인물과 사상사, 2012, 449쪽.
질 들뢰즈,《디알로그》, 허희경 · 전승화 옮김, 동문선, 2005, 74~75쪽.
질 들뢰즈,《차이와 반복》, 김상환 옮김, 민음사, 2004, 87쪽.

DamDi Edition, *Mobile Architecture*, Seoul: Damdi Archive, 2012, p. 165.

Deleuze Gilles & Guattari Fellix, *Anti-Oedipe*, Paris, Les Editions de Minuit, 1972, p. 170.

Deleuze Gilles & Guattari Fellix, *Kafka*, Paris, Les Editions de Minuit, 1975, p. 36.

Deleuze Gilles & Guattari Fellix, Mille Plateaux, Paris: Les Editions de Minuit,1980, p. 277.

Deleuze Gilles & Guattari Fellix, *Qu'est ce que la philosophie?*, Paris, Les Editions de Minuit, 1991, p. 66.

Deleuze Gilles, *Kafka: Pour une littérature mineure*, Paris: Editions de Minuit, 1975, p. 97.

Echavarria, Pilar. *Portable Architecture*, Barcelon: Link, 2008, p. 186.

Heidegger, Martin, "Bauen Wohnen Denken," *Vortäge und Aufsätze, Gesammtausgabe, bd.7*, Neske, 1978, p. 144.

Heidegger, Martin, *Die Kunst und der Raum*, Frankfurt, St.gallen, 1969, p. 8.

Heidegger, Martin, *Metaphysische Anfangsgründe der Logik im Ausgang von Leibniz*, Frankfurt: Frankfurt am Main, 1978, p. 213.

Heidegger, Martin, *Sein und Zeit*, Traduit de l'allemand en français par Vezin, F. Paris: Gallimard, 1992, p. 132.

Hofstader, Albert, *Introduction in Heidegger, Poetry, Langage, Thought*. London: Harper & Row, 1971, p. 166.

SNS 속도문화와 창조적 저항 :

비릴리오와 키틀러의 속도와 주체에 대한
사유를 중심으로

강진숙

이 글은 《한국언론정보학보》 제58호(2012. 5)에 게재된 원고를 수정 및 보완하여
재수록한 것이다.

'견고한 모든 것이 대기 속으로 녹아 버린다'는 마샬 버만(1982/2004)의 근대성 경험은 아직도 유효한가? 1848년 역사의 격변기에 맑스와 엥겔스가 자본주의의 파괴력을 비판하며 던졌던 《공산당 선언》의 이 한 구절은, 버만의 저서 제목이 되어 도시를 둘러싼 근대성의 경험으로 되살아난다. 근대성은 존재하는 모든 것을 파괴하는 위협적인 환경 속에서 상실감을 주었을 뿐 아니라 세계 변혁의 가능성을 예고한 것이었다.

2012년 오늘날, 인터넷, 스마트폰 그리고 태블릿PC와 같은 디지털 기계들은 우리의 견고했던 습관과 사고방식을 녹이며 새로운 환경을 만들고 있다. 눈에 보이지 않는 비물질적이고 상징적인 자본과 권력은 과거에 비해 더욱 강고해졌고, 공기 속으로 완전히 사라진 낡은 가치를 찬양하기에는 여전히 새로운 가치의 힘은 불투명한 상황이다. 그럼에도 새로운 미디어의 역할과 이용자의 행위 변화들을 기대하는 것은 그 불투명성 때문이다. 즉, 낡은 가치와 새로운 가치 사이의 이행 과정에서 나타나는 불연속적이고 불확실한 상황이야말로 탈정치화를 야기하는 지배 담론과 자명한 통념에 균열을 가할 수 있는 것이다.

이러한 이유로 근대 문명의 빠른 속도와 미디어의 출현에 대한 문화연구자나 미디어사상가들의 학술적 관심은 주목할 만하다. 최근 들어 문화정치학적 연구의 관심이 부상하는 한국 사회의 학술 풍토와 달리 유럽과 미국 학계의 경우, 미디어와 주체에 대한 연구는 양적 · 질적 접근을 아우르는 풍부한 접근 속에서 이루어져 왔다. 예컨대, 마크 포스터Mark Poster(1995/1998: 1984/1989)가 디지털 미디어 시대를 지칭하는 '제2 미디어 시대'와 새로운 전자적 정보 양식의 도래를 비판적으로 분석하며 이용자의 새로운 위상에 대해 논했다면, 마뉴엘 카스텔Manuel Castells(1989/2001; 2000/2003)은 다양한 사회학적 통계자료들을 추출하여 네트워크를 기반으로 형성된 정보 도시의 양극화 현상과 도시 빈민계층의 문제들을 공간사회학적 측면에서 분석·비판한 의견을 제시한 바 있다.

한편, 유럽의 디지털사상가이자 매체현상학자로 지칭되는 빌렘 플루서Vilém Flusser(1969~91/2004)는 새로운 매체 환경을 기술적 형상에 기초한 '텔레마틱사회'의 도래라며 긍정적인 시선을 보낸다. 플루서에게 "텔레마틱 사회"란 기본적으로 거의 모든 노동이 자동화되고 양방향 채널들이 구축된 사회로 정의된다. 특히 "두 손이 할 일이 없기 때문에 서로를 붙잡는 일이 가능해진 사회"(Flusser, 1969~91/2004, 233쪽), 즉 개방적으로 누구나 이웃 관계가 가능해진 사회가 그것이다. 이러한 입장에서 플루서는 엘리트주의가 만연한 기술적 형상 시대의 대중적 기만을 비판하고 있음에도 궁극적으로는 창조적 이용자의 실천 가능성을 고려하고 있다. 즉, 창조와 수용의 두 가지 측면에서 이용자들은 자신의 '기술적 상상Technoimagination'을 발현할 수 있다는 것이다. 이 기술적 상상은 개인의 능력에서 발현되지만, 그 개별적 상상들이 상호 관계성을 획득하는 순간, 집합적 힘이 발생하게 된다. 사이버 공간의 창조적 저항의 사례로서 평가할 수 있는 인터넷 청원운동과 10·26재보궐선거의 '인증샷 놀이' 등은 이러한 기술적 상상의 발로이다.

이와 같은 미디어사상가들은 서로 다른 관점과 접근 방식을 취하고 있지만, 관심사를 기준으로 볼 때 공통의 고리가 존재한다. 즉, 미디어와 이용자를 주체와 객체, 혹은 송신자와 수신자라는 이원적 측면이 아닌 상호 연관적 시각으로 접근한다는 것이다. 그들은 이용자가 미디어의 주체라는 휴머니즘적 명제를 비판하고, 나아가 주체가 미디어에 의해 구성되고 미디어와 함께 시스템을 형성할 수 있는 구조의 일부분이라는 전제를 공유하고 있기 때문이다. 그럼에도 최근의 정치 지형을 변화시키고 있는 SNS 문화와 이용자 현상을 분석하기 위해서는 속도에 대한 보다 전략적 논의가 요구된다. SNS를 둘러싼 사회적, 문화적, 정치적 변화의 중심에는 속도문화가 중요하게 자리하고 있기 때문이다.

이러한 맥락에서 최근의 SNS 속도문화와 이용자 현상을 분석하는 데 적합한 사상가로서 폴 비릴리오Paul Virilio와 프리드리히 키틀러Friedrich Kittler를 들 수 있다. 물론 이 두 사상가들 역시 앞의 사상가들처럼 미디어와 이용자 간의 상호 연관성에 관심을 두고 있지만, 더 중요한 것은 이들이 미디어의 속도나 시스템에 의해 주체가 구성된다는 점을 강조하고 있다는 점이다. 특히 미디어가 국가 및 군산복합체의 권력을 재생산하기 위해 속도를 규제하고 재조직화한다는 점을 날카롭게 분석하고 있다는 점에서, SNS 속도문화의 이론적 자원을 도출하기에 적합하다. 이러한 미디어의 사회적 주체 구성의 사유와 속도의 논리는 SNS 문화현상을 분석하는 데 풍부한 사유의 단초들을 제공하기 때문이다.

덧붙여 이 사상가들은 속도 조절을 통한 이용자의 능동적 행위와 사회 변화의 가능성을 소극적으로나마 전망하고 있다는 점에서, SNS 이용자들의 실천적 행위와 관련해 주목할 필요가 있다. 비릴리오가《소멸의 미학》(1989/2004)에서 19세기 한 영화제작자에 의해 발명된 트릭 효과에 대해 설명하듯이, 미디어 속도의 조율은 미학적 창조성을 표출하는 행위로서 평가된다. 또한 논란의 여지도 많지만 키틀러의 경우,《축음기, 영화, 타자기》(1986)에서 제시한 타자기의 발명과 여성의 사회적 참여에 대한 주장은 매체결정론적 경향을 감안해

도 미디어의 사회적 영향력과 이용자 변화와 관련해 중요한 아이디
어들을 제공한다.

이러한 문제의식에 기초하여 본 글은 속도의 권력화와 물질적 조
건들에 대한 사상적 쟁점들을 탐구하고, SNS 속도문화와 창조적 저
항의 형성 조건 및 가능성을 분석하고자 한다. 이를 위해 우선, 비릴
리오의 속도와 권력, 그리고 인공 감각에 대한 비판적 사유를 검토
하고, 이와 연관해 키틀러의 속도와 미디어의 물질적 조건 형성 그
리고 '정보기계'에 대한 독특한 이론적 견해들을 탐구하려 한다. 이
러한 이론적 논의를 전제로 SNS 속도문화와 연관된 사회적 쟁점과
연구 경향들을 살펴보겠다.

나아가 이론뿐 아니라 이용자의 현실 인식을 고려하기 위해 질적심
층인터뷰 방법을 적용하여 SNS 이용자들의 속도문화에 대한 인식 및
경험 자료들을 수집, 분석하고자 한다. 이 연구의 의의는 SNS 문화연
구의 다양한 접근 방법 모색을 위한 탐색적 시도라는 점에 있다.

SNS 속도문화와 쟁점

속도문화의 관점과 사유

비릴리오의 드로몰로지: 속도의 권력화 비판과 창조적 저항

비릴리오의 속도문화에 대한 관점은 비관주의적 색채가 강하다.
그 이유는 스스로 전략적인 비관주의를 선택하여 속도로 인한 비상
사태에 대해 경종을 울리기 위함이다. 이러한 관점은 주로 그의 주
저인 《속도와 정치》(1977/2003)와 《정보과학의 폭탄》(1998/2002)에
서 두드러지게 나타난다. 이 두 저서에서 비릴리오는 신기술의 미디

어가 속도를 가속화하여 시공간의 경계를 넘는 원격 통신을 가능케 하고 새로운 세계 질서를 만들지만, 이러한 속도의 가속화 과정에서 자본과 권력의 영향력이 확대되는 한편, 이용자 감각의 마비를 초래한다는 비판적 입장을 제시하고 있다. 이러한 입장에 대해 속도의 권력화에 대한 비판적 사유를 중심으로 살펴보고자 한다.

우선, 비릴리오는 속도 개념과 속도의 권력화를 어떻게 보고 있는가? 비릴리오의 관심은 속도 자체가 아니라 속도의 가속화를 야기하는 지배와 경쟁의 논리이다. 《속도와 정치》에서 제시하는 속도이론은 비릴리오 스스로 말하듯이 '드로몰로지dromologie'로 통칭된다. 드로몰로지는 고대 그리스어 '드로모스δρόμος'와 '로고스λόγος'가 결합된 개념이다. 희랍어 사전(Morwood & Taylor, 2002; Feyerabend, 2005)을 보면, 전자가 "질주running, 코스course, 경주race; 질주 장소, 경주 코스, 스타디움; 빠르게swiftly, in rapid march 달림"의 뜻을 지니고 있다면, 후자는 "말, 원리, 논리, 이성" 등을 의미하는 명사이다. 이처럼 사전의 뜻이 다양한 까닭에 주로 신문기사나 연구자들에 의해 '속도학'으로 번역되는 비릴리오의 이 개념은 엄밀히 해석하면 '질주(경주)의 논리'(Virilio & Lotringer, 1997, p. 47)이다. 즉, 질주의 논리가 전개된 혁명적, 사회정치적 발전 상황을 예시함으로써 그 논리 자체에 개입하고 있는 것이다.

이러한 질주의 논리는 어떠한 사상을 배경으로 하는가? 이 논리의 배경은 주로 손자의 전술론과 클라우제비츠의 《전쟁론》에 기초한다. 비릴리오의 드로몰로지가 흥미롭고 문제적인 이유는 존 아미티지가 비릴리오의 저서인 《속도와 정치》(1977/2003) 서문에서 언급하듯이 이 두 전쟁사상가의 전쟁터의 전술과 전략론이 빚어 낸 긴장감도 한몫하기 때문이다(Virilio, 1977/2004). 나아가 이 질주의 논리가 중요한 것은, 과거 고대사회뿐 아니라 현 시대의 사회적 현상까지 분석할 수 있는 논리를 창의적으로 제시하고 있기 때문이다. 이러한 인식의 기저에는 속도에 대한 비릴리오의 독특한 해석이 내재해 있다. 즉, 그에게 속도는 하나의 현상이 아닌 현상들 간의 관계(Virilio, 1993/2007)이고 질주 곧 경쟁의 논리인 것이다. 이러한 논리들은 현실에서 발생하는 사건들을 관통하고 정보의 속도를 좌우하는 것이다.

그러면, 비릴리오의 질주의 논리는 속도와 어떠한 관계에 있는가? 이와 연관된 다양한 논의들 중에서 두 가지 입장을 추출할 수 있다. 즉 지리의 종말과 비상사태에 대한 비판적 입장(Virilio, 1977/2004: Virilio, 1998/2002)이 그 하나라면, 다른 하나는 속도의 조직화와 생산방법의 중요성을 강조하는 입장(Virilio, 1977/2004: Virilio, 1989/2004)이다. 우선, 전자와 관련해 비릴리오가 염두에 두는 것은 지리의 종말이다. 이제는 '도로와 장소를 누가 선점하는가' 하는 지리의 문제보다 '시간을 누가 빨리 전유하는가' 하는 또 다른 전쟁의 시기가 도래했다는 것이다. 비릴리오에 따르면, 공간의 전쟁에서 시간 전쟁으로의 이행, 그것은 세계경제의 속도가 변했다는 것을 의미한다. "세계경제가 공간의 단위에서 시간의 단위로 변했다는 것, 즉 시간의 전쟁"(Virilio, 1977/2004, 117쪽)이 부의 축적을 위한 경쟁 논리가 된 것이다.

그런데, 이러한 시간 전쟁의 상황에서는 논리적 모순이 발생한다. 비릴리오가 언급하듯이 비디오, 컴퓨터, 홀로그래피의 발명과 함께 모순의 논리가 등장했다. 모순의 논리란 사물이나 인간과 같은 실재대상이 부재할 경우에도 가상의 이미지가 존재하는 모순적 상황을 의미한다. 예컨대, TV 중계방송의 시청자는 경기장 내에 없더라도 안방에서 원격 시청이 가능한 현실이 모순적 논리에 포함된다(강진숙, 2007, 17쪽). 이러한 논리적 모순이 나타나는 이유는 다음 두 가지 요인에서 기인한다. 우선, 영상매체의 기술적 특성이다. 이는 TV와 영화 등의 '시각기계Vision machine'가 맥루한의 주장처럼 눈의 확장이 아니라 오히려 "눈을 멀게 만든다"(Virilio, 1998/2002, 147쪽)는 비릴리오의 명제에 응축되어 있다. 즉, '아버지의 등'과 같은 느린 운반체가 점차 TV와 영화, 디지털 매체 등의 광속 매체로 대체되면서 현실에 대한 감각의 마비와 비현실을 현실로 오인하는 경향들이 나타나게 되었다는 것이다. 예컨대, TV 생중계와 반복되는 동일한 자료화면들은 이라크전의 참사와 부시 정부의 제국주의적 본질, 아프리카의 기아와 질병, 그리고 중국과 인도네시아의 천재지변에 따른 대량참사와 같은 현실을 게임과 영화의 일부로 전락시킨다. 매체기술의 발전은 '여기 지금'이라는 시공간적 현실 감각을 효과적으로 제거하거나 문제의 원인을 망각하도록 만들기 때문이다(강진숙, 2007, 17-8쪽).

또 다른 한편, 모순의 논리는 디지털 환경의 도래와 그로 인한 감각의 마비 현상에서 비롯된다. 이를테면 인터넷과 컴퓨터가 주요한 매체로 작동하는 디지털 환경에서 모순의 논리는 디지털 이미지나 가상현실을 '사실인 것'으로 오인하여 가상과 현실의 경계가 혼란스럽게 인식되고 현실 감각의 마비가 초래되는 현상 속에서 두드러지게 나타난다(강진숙, 2006). 그 이유는 한편으로 점진적인 정보의 디지털화가 생태 감각을 쇠퇴시키고 있기 때문이고, 다른 한편으로 디지털화가 직접적 생태 감각 대신 인공적인 감각, 즉 인공적인 시청각과 촉각 및 후각을 점차 확대시키고 있기 때문이다. 따라서 멀티미디어의 목적은 다가올 세계에 대한 예측과 진단에 있는 것이 아니다(강진숙, 2007, 18-19쪽). 주목할 것은 특정 권력과 자본의 이해관계가 낡은 TV를 소위 "가정용 망원경"으로 변화시키려 한다는 것(Virilio, 1998/2002, 117쪽)이다. 바로 이 가정용 망원경을 통해 개인적 취미로서의 천체 관측이 아닌 감시권력의 작동이 시작된다.

그러면, 속도는 자본과 권력의 전유물인가? '정지는 곧 죽음'이라는 비릴리오의 언급은 가속화의 끝이 곧 인류의 파멸일 뿐이라는 것인가? 피상적인 관측으로는 속도의 끝, 정지는 인류의 파멸이지만, 궁극적으로 비릴리오가 강조하고자 한 것은 속도의 조직화이다. 즉 속도의 조직화와 생산을 다룰 수 있는 방법을 구축할 필요성(Virilio & Lotringer, 1997)이 그것이다. 질주의 논리에서 알 수 있듯이, 전쟁의 승패는 속도를 조율하여 전략적 우위를 선점하는 것에 좌우되기 때문이다. 방어의 느린 속도에 집중했던 고대의 공성전이나 어떤 지형의 장벽도 뚫고 넘어서는 강력한 운송장치, 즉 장갑차의 발명은 속도 조직화의 결과인 것이다. 비릴리오가 "장갑차의 등장과 함께 육지는 더 이상 존재하지 않게 되었다"(Virilio, 1977/2004, 133쪽)고 단언하는 것도 바로 이 때문이다. 이와 관련하여 들뢰즈와 과타리(1980/2001)가 부연하듯이, 바다는 영국 현존함대의 장이 되었고, 장소나 공간 이동의 필요 없이 임의의 한 장소에서 모든 주변 상황을 장악할 수 있게 되었다.

　이러한 전쟁 운송장치의 사례를 통해 비릴리오는 "교전 없이도 상대를 굴복시킬 수 있는" 순수권력을 비판하며 이에 대한 창조적 저항의 가능성(Virilio, 1977/2004, 24쪽)을 탐색하고 있다. 그의 문제의식은 두 가지 방향에서 포착할 수 있다. 즉, 한편으로 비릴리오가《순수전쟁》(1997)에서 제시하는 것처럼, 인터넷과 미디어가 군산복합체의 이익을 위한 도구가 되고 있다면, 이러한 도시 공간의 군사화에 맞서서 과학기술의 논리를 역이용하는 창조적 저항이 필요하다는 것이다. 그 창조적 저항은 시간의 전쟁에 능동적으로 참여하는 것을 통해 가능하다. 또 다른 한편,《소멸의 미학》(1989/2004)에서는 창조적 저항으로서의 '피크노렙시Picnolepsie'에 대한 미학적 문제의식이 발견된다.

비릴리오는 '뇌신경 발작'을 지칭하는 이 의학용어를 미학적 개념으로 변이시켜 '기억부재증'의 상황들에 큰 의미를 부여하기 때문이다. 즉, 피크노렙시는 점차 빠른 속도로 질주하는 시간전쟁에서 벗어나 "매개적 시간의 불안정한 구조에 의해 다른 누구의 시간도 아닌 나만의 시간을 살 수 있도록"(Virilio, 1989/2004, 51~52쪽) 하는 데 의의가 있다. 요컨대, 중요한 것은 속도의 가속화가 아니라 오히려 '속도의 정지'를 통해 새로운 미학적 실험과 발명을 꾀하는 것이다.

키틀러의 기록시스템과 '정보기계': 기술 혁신과 속도 그리고 주체

비릴리오의 속도에 대한 사유가 드로몰로지, 즉 질주의 논리에 기초한 속도의 권력화에 초점을 맞추었다면, 키틀러의 핵심적 주장은 기록시스템과 속도 그리고 기계-주체에 대한 사유에서 찾을 수 있다. 그 사유는 주로 그의 대표적 주저인 《기록시스템 1800.1900 Aufschreibesysteme 1800.1900》(1985), 《축음기, 영화, 타자기Grammophon, Film, Typewriter》(1986) 그리고 《광학적 미디어: 1999년 베를린 강의Optische Medien: berliner Vorlesung 1999》(2002/2011) 등에서 나타나는데, 공통적으로 문자시대의 담론 체계에서 전자시대의 담론 체계로 이행하면서 이성과 음성 중심의 근대적 인간관이 점차 해체되고 새로운 미디어의 저장 방식과 주체의 형성이 이루어지고 있음을 설파하고 있다. 보다 구체적인 논의를 위해 여기서는 그의 주저들을 아우르는 두 가지 사유의 핵심들, 즉 기술 혁신과 속도 그리고 주체에 대한 사유를 살펴보고자 한다.

우선, 기술 혁신과 속도에 대한 문제의식은 키틀러의 "기록시스템"과 "광학적 미디어" 개념들을 통해 파악된다. 전자의 경우, 1800년대와 1900년대 시기의 기록시스템의 차이를 통해 접근할 수 있다. 여기서 키틀러가 정의하는 기록시스템이란 당대 문화로부터 나온 중요한 자료들의 주소화Adressierung, 저장 그리고 가공을 가능하게 하는 기술과 제도의 네트워크이다(Kittler, 1985). '기록시스템 1800'의 시기는 괴테의 《파우스트》와 '어머니의 입Muttermund'을 중심으로 한 낭만주의 시대로서 음성중심주의와 이성적 주체관이 중심된 시대이다. 예컨대, 키틀러가 설명하듯이 《파우스트》의 등장인물인 그레첸이나 어머니와 같은 여성들은 이야기와 음성을 통해 아이들과 남성들을 주도하지만, 저자와 창작자가 되기 어려운 시대적 한계를 지닌 존재들이다. 서적과 문자는 여성의 음성을 통해 교육되고 전파되지만, 문자를 독점하는 저자의 권력은 여성이 아닌 남성들이 전유했기 때문이다. 하지만, 축음기, 영화, 타자기의 발명을 통한 새로운 기술 혁신은 '기록시스템 1900'의 시대로 이행하며 기존의 음성중심주의, 문자 독점을 통한 남성중심주의, 이성적 주체관을 어느 순간 붕괴시키게 된다. 구텐베르크의 인쇄술은 붕괴되고 대신 소리와 이미지와 그리고 시간을 저장하는 새로운 기술적 · 제도적 조건, 즉 기록시스템이 생산된 것이다. 키틀러에 따르면, 1900년대의 시대로부터 배태된 사진, 영화, 텔레비전 등과 같은 아날로그 미디어의 가장 큰 혁신은 "시간적 과정을 저장, 조작할 수 있게 되었다는 것이고, 가장 큰 문제는 서로 다른 미디어시스템 간의 호환성이 떨어진다는 것"(Kittler, 2002/2011, 27쪽)이다.

그런데 이러한 기술 혁신에 따른 시대적 이행과 변화는 점진적이거나 축적된 모순의 폭발에 의한 것이 아니다. 푸코의 고고학적 사유처럼 키틀러 역시 사회 변화의 역사적 불연속성에 관심이 있기 때문이다. 즉, 느리게 가는 것보다 펄쩍 뛰는 것이나, 극의 긴 전개보다 전환점을 선호하며 나아가 생명체로서의 인간이 아닌 세계대전처럼 추상화된 것을 행위자로 주목하는 경향이 있는 것이다. 때문에 키틀러의 저서《광학적 미디어》의 서문을 맡은 존 더럼 피터스John Durham Peters는 "그에게는 언제나 꼭 설명해야 하는 (또는 폭로해야 하는) 더 거대한 현안이 있다"(Kittler, 2002/2011, 17쪽)고 키틀러 사유의 경향성을 평가하고 있다. 이처럼 불연속적 이행에 관심을 갖는 키틀러의 거대한 현안 중 하나가 기술 혁신과 속도에 대한 관심이다.

기술 혁신의 측면에서 키틀러는 미학을 희랍어 어원인 '감각 αἴσθησις'으로 이해한다. 그에 따르면, 미학 연구는 미 자체가 아니라 지각기관의 물질성을 연구하는 것이다(Kittler, 2002/2011). 이는 푸코가 담론의 물질성에 천착하듯이 키틀러 역시 미디어시스템을 형성하는 물질적 조건과 기술공학적 토대를 중시하기 때문이다. 즉 "미학적 특성은 언제나 기술적 실현 가능성에 의존하는 변수"(Kittler, 2002/2011, 13쪽)라는 것이 그의 기술관인 것이다. 이러한 사유는 이미지 자체보다는 그 저장 방식과 기술적 조건에 관심을 갖는 키틀러의 학문적 태도에서 기인한다.

이러한 맥락에서 키틀러는 비릴리오의 속도 인식과 맞닿아 있다. 비릴리오의《전쟁과 영화》에 제시된 두 가지 중심 주제, 즉 모순의 논리에 의한 시각기계의 작동 방식에 대한 비판과 영화가 '군산복합체'였다는 사실이 그것이다. 특히 시각기계 대신 '광학 미디어'로 표현되는 키틀러의 속도관은 지난 1백여 년 간 광학적 미디어가 폭발 성장한 요인 분석에서 발견된다. 그 요인이란 더 빠른 정보의 전략적 요구, 즉 아군의 지휘 통제, 적군의 감시 통제, 특히 적군의 군사 행동에 대한 가능한 빠른 지휘 통제의 요구(Kittler, 2002/2011)에서 비롯된다. 즉, 사진과 영화 등의 광학적 미디어가 발명된 맥락적 배경에는 군사적 목적과 산업적 이윤 획득의 목적이 자리하고 있다는 것이다.

이러한 관점에서 두 차례의 세계대전 사이에 나타난 오락영화 역시 군산복합체였다는 키틀러의 가설은 주목할 부분이다. 또한 키틀러는 기술 혁신 자체에 대한 맹신보다는 독점화 경향을 우려하는 비판적 시각을 나타낸다. 예컨대, 마이크로소프트사와 인텔의 동맹 관계, 즉 통합적인 마이크로프로세서와 그것의 보호모드 기능protected mode-Funktion에 의해 이 기술에 대한 인간의 마지막 남은 주권이 박탈되었다는 것이 그의 비판 요점이다(Kittler, 1997; Hartmann, 2000/2008). 이제는 소수의 전문적 사용자들만이 무엇이 기계 내부, 즉 현실모드에서 진행되고 있는지 알고 있는 반면, 대다수의 이용자 대중은 '이해할 수 없는 시뮬레이션'에 종속되어 있다는 견해이다.

그럼에도 키틀러에게 속도는 진보의 척도로서 단언되지 않는다. 시간 저장에 대한 그의 사유에서 볼 때, '정지'의 순간이 만드는 미학적 행위들이 존재하고 이것은 기록시스템의 한 특징을 이루기 때문이다. 녹음기와 영사기의 저장 능력이 나타내는 새로운 특징은 "시간의 저장 가능성"에 있었다(Kittler, 1986, pp. 10~11). 한편 시간은 모든 예술의 한계를 결정 짓는 요소이기도 하다. 기본 데이터를 이미지와 기호로 변형시키기 위해서는 먼저 정지 작업을 거쳐야 한다. 예술에서 스타일은 바로 그러한 정지를 통한 이미지와 기호 선택의 과정에서 형성되는 것이다. 특히 담화의 소리들을 저장하기 위해서 문학은 특정한 문자 체계로 그 시퀀스들을 정지시켜 주변의 소음들을 처음부터 배제해야 한다. 이러한 사유와 관련해 크래머Krämer와 피터스는 키틀러의 핵심 업적을 "시간 축 조작Time Axis Manipulation" 개념을 확립한 데서 찾고 있다(Krämer, 2006, pp. 93~109; Kittler, 2002/2011, 18쪽). 그 이유는 키틀러가 시간 기반 미디어에 대해 탁월한 성과를 보일 뿐 아니라 기술적 수단을 이용해 시간의 흐름을 편집한다는 게 무엇을 의미하는지 명확히 진단하고 있다는 평가에 근거한다.

이러한 속도의 정지에 대한 인식은 비릴리오의 피크노렙시적 사유, 즉 기억부재증을 통한 주체적 시간의 회복 및 전유에 대한 관점을 연상케 한다. 특히 비릴리오가 강조하듯이 필름 영사기가 고장 난 순간, 그 정지의 시간이 창출해 낸 유명한 19세기 프랑스의 영화 제작자 조르주 멜리에Georges Melies의 트릭 효과가 속도의 정지, 즉 피크노렙시의 마법적 힘이라고 할 때, 시간의 저장 가능성과 정지에 대한 키틀러의 미학적 사유는 비릴리오와 상호 연관성 속에서 탐구해 볼 가치가 있다.

여기서 간과할 수 없는 것은, 이러한 새로운 기록시스템의 특성과 변화가 기술적 문제에 그친 게 아니라 주체의 존재론적 위상까지도 변화시켰다는 점이다. 이것은 키틀러의 기계-주체에 대한 사유를 통해 파악된다. 그의 독특한 어법 중 두드러진 예는 "소위 인간 der sogenannte Mensch"이나 "정보기계Informationsmaschine"(Kittler, 1986, p. 29; Kittler, 1986, p. 281)라는 표현에서 나타난다. 우선 '소위 인간'이라는 표현은 키틀러의 반휴머니즘적 사유를 반영한 것으로서, 등장 배경은 1880년경 광학, 음향학 그리고 글쓰기 분야의 기술적 분화와 함께 구텐베르크 인쇄술의 독점적 지위Speichermonopol가 붕괴되자 등장했다. 이 '소위 인간'의 본질은 기계장치들 위에서 작동하는데, 이 기계들은 중앙신경체계의 기능들을 대신하고, 근육의 기능은 더 이상 필요하지 않게 된다. 그 결과 나타난 현상들 중에서 두드러진 것은 물질과 정보 간의 명확한 분리가 생겨났다는 점, 축음기와 영화를 발명할 수 있었던 오래된 인간의 꿈들이 이 기계들에 의해 잠식되었다는 사실, 그리고 인간 신체의 부분들, 즉 눈, 귀, 뇌는 생리학의 연구 대상이 되었다는 것이다. 덧붙여 글쓰기는 더 이상 개인의 표현이나 신체의 흔적이 아닌 기계적 글쓰기의 최적화 수단으로 여겨진다. 문자의 형태, 차이 그리고 빈도는 최적화를 위한 일정한 공식들로 계산되어야 하기 때문이다. 일례로 니체가 타자기를 구입하기 8년 전인 1874년, 스스로 질문을 던진 바 있다. "이것들은 인간인가, 아니면 생각하고 글을 쓰고 계산하는 기계인가?"(Kittler, 1986, p. 30)라고 말이다. 그의 물음은 새로운 미디어와 인간 간의 관계 설정에 대한 혼란에서 시작된다. 타자기는 기존 글쓰기의 방식을 바꾸어 놓은 기술적 혁신의 산물이었던 것이다. 이러한 현상은 새로운 기술 혁신과 미디어시스템의 등장에 따른 주체 재구성의 근거들이다. '소위 인간'이 생리학과 정보기술 내에서 분리된 이중적 존재의 위상을 지니게 된 것이다.

이러한 맥락과 연관된 인간에 대한 키틀러의 독특한 개념이 '정보기계'(Kittler, 1986, p. 281)이다. 키틀러가 이 개념을 사용하는 이유는 인간의 주체성을 물질과 기술, 그리고 이를 통해 구성된 문화의 산물로 보고자 하는 데서 기인한다. 즉, 키틀러의 인간관은 주체성의 형식들이 시대적으로 생산되며 구성된 주체성은 다시 그 형식들을 구성하고 있는 담론 영역 안에서 재구성된다는 푸코 이론에서 출발한다(도기숙, 2008b). 그런데 더 엄밀히 살펴보면, 이 정보기계 개념에서 키틀러가 얘기하고자 하는 것은 인간 신체의 장애, 즉 시각장애와 청각장애는 읽기와 쓰기에 문제가 생긴 것을 의미하며 이 경우 인간 정보기계에 대한 정보를 요구하게 되는데, 이로써 기술을 통한 치유가 시작될 수 있다는 것이다. 인간은 역사의 실천 주체나 이성적 존재가 아니라 기록시스템과 정보기계의 한 구성체이기 때문이다. 따라서 키틀러는 미디어와 인간 간의 관계를 이렇게 설명한다. "미디어는 우리의 상황Lage을 결정하는데, (그럼에도 또는 이 때문에) 그 사실은 기술할 만하다(Kittler, 1986, p. 3)."

그렇다면, 키틀러는 미디어결정론 혹은 기술결정론자인가? 이러한 물음은 키틀러에 대한 국내외 연구자들의 평가를 통해 탐색 가능하다. 우선, 독일의 미디어철학자인 프랑크 하르트만은 키틀러의 사상을 사회적 효과와 기술적 효과 간의 상호작용을 연구하는 "기술주의적 고고학"으로 지칭한다(Hartmann, 2000/2008, 229f). 그의 평가에 따르면, 키틀러는 하드웨어 구조의 은폐된 관점들에 관심을 기울이고 있다는 점에서 매우 흥미롭지만, 인터넷의 '도구적 이성'을 넘어서서 발생하는 것들은 제대로 설명하지 못하고 있다(Hartmann, 2000/2008). 인터넷에는 생산자와 이용자 사이에, 집단과 도구 사이에 새로운 인터페이스 구조를 만들 수 있는 가능성이 실제로 나타나고 있기 때문이다.

두 번째로, 키틀러 저서의 해제를 기술한 피터스는 두 가지 전통에 대한 차별화 노력으로서 키틀러의 사유를 평가한다(Kittler, 2002/2011). 즉, 해석학의 엄격한 텍스트 분석에 대한 차별화가 그 하나라면, 다른 하나는 독일의 대표적 사상가들인 프랑크푸르트 학파와의 차별화이다. 전자의 이유는 해석학이 망자의 정신과 교감하려는 기대에 천착함으로써 읽기의 물질적, 매개적 조건을 인식하지 못하기 때문이다. 후자의 근거는 아도르노의 문화산업론을 필두로 이 학파가 현대사회의 표준척도, 특히 계량화에 대한 비판을 행하고 있다는 점에 있다. 하지만, 이러한 키틀러의 입장이 프랑크푸르트 학파와 상반된 입장에서 계량화의 긍정성을 옹호한다고 보기는 어렵다. 오히려 수의 문제는 기록시스템과 미디어 체계들의 변화를 이끄는 물질적 조건들의 한 부분으로 해석된다. 그 이유는 다음과 같은 그의 언급에 기초한다.

컴퓨터에서는 모든 것이 수가 된다. 즉, 이미지도, 소리도, 단어도 없는 양量·Quantität이 되는 것이다. 만일 광섬유 네트워크가 지금까지 분리되었던 모든 데이터의 흐름들을 디지털로 표준화된 수열로 융합시킨다면, 어떤 미디어든지 다르게 변형될 수 있다. 수Zahlen에는 불가능한 것이 없다. 변조Modulation, 변형, 동기화; 슬로우 모드, 메모리, 전이; 스크램블링, 스캐닝, 매핑 등이 대표적인 예이다.”(Kittler, 1986, pp. 7~8)

요컨대, 디지털 기반 위에서 모든 미디어들이 연결된 결과 미디어 개념 자체는 폐기될 것이라는 게 키틀러의 예측이다. 즉, 계량화를 위한 표준척도와 물신주의를 옹호하는 차원이 아니라 미디어시스템의 변형과 속도 조절 등 다양한 기술적 혁신 및 작동 방식에서 수의 역할이 중요하게 작동한다는 인식이다. 이에 대해서는 보다 심층적 근거의 제시를 통해 면밀한 논의가 필요하지만, 이 글의 주제에서 벗어날 수 있기에 후속 연구의 기회를 빌리고자 한다.

마지막으로, 국내 키틀러 연구자인 도기숙(2008a, b)의 경우, 두 가지 측면에서 평가를 내리고 있다. 한편으로 키틀러의 기술 전문용어와 후기구조주의적 개념들에 기초한 분석틀이 독일 관념론의 휴머니즘적 전통에 반기를 들고, 나아가 푸코의 분석을 미디어 관점에서 재해석해 인간·정신·주체 등 인문학의 핵심 개념들을 완전 해체시키는 작업에 몰두하고 있다는 점이다. 다른 한편, 기술결정론적 문제가 있지만, 여성해방 담론에 대한 기여는 인정해야 한다는 입장이다. 즉, 매체와 여성해방의 관계를 기술결정론적 차원에서 접근하는 한계가 있지만, 여성과 사이보그 담론의 지평을 확대했고 매체의 효과를 통한 사회구조의 변화 가능성을 주장하고 있다는 것이다. 요컨대, 기술 매체에 대한 여성의 참여가 여성해방의 정치적 관건임을 강조하는 키틀러의 입장을 높게 평가하고 있다.

SNS 학술 담론의 흐름과 쟁점

그러면 위에서 논의한 속도와 권력 그리고 주체의 문제는 SNS와 이용자 문화와 어떠한 연관성을 지니고 있고, 학술 담론은 어떠한 흐름과 쟁점을 나타내고 있는가? 이러한 문제를 규명하기 위해 SNS가 어떠한 방식으로 속도문화를 형성하고 있는지, SNS 속도문화에서 권력관계는 어떻게 작용하는지 그리고 SNS 속도문화에 대한 이용자 체험과 창조적 저항의 가능성을 살펴볼 필요가 있다.

이 세 가지 문제를 제기하는 이유는 SNS의 기록시스템, 즉 SNS 문화의 기술적 · 제도적 조건은 다른 미디어보다 빠른 속도의 가동성을 지니고 있고, 이 과정에서 자본과 권력의 영향 역시 기업들의 무차별 스팸 광고, 사법기관의 SNS 검열 및 규제, 그리고 선거관리위원회의 투표 장소 및 제한 조건 등에 대한 무원칙한 변경 및 제한 조치 등을 경험했기 때문이다. 나아가 이러한 상황에서 이용자들은 SNS를 이용해 다양한 창조적 저항 행위들을 감행하였는데, 'SNS 투표 인증샷 놀이'나 10 · 26 서울시장 보궐선거(2011) 투표 종료 직전의 SNS 투표 참여 리트윗 확산 현상은 전례 없는 이용자들의 창조적 저항으로서 주목할 필요가 있기 때문이다. 본 연구의 초점도 SNS 이용자들의 질적심층인터뷰 분석을 통해 보다 생생한 현장의 체험과 목소리를 도출하는 데 이와 같은 기조를 채택하고자 한다.

그러면, 국내 SNS와 이용자 관련 선행 연구는 어떠한 흐름 속에서 전개되고 있는가. 국내 언론학계에서 SNS 속도문화에 대한 논의가 미미한 상황으로 판단되어, 여기서는 보다 광범위하게 SNS 관련 국내 언론학계 등재학술지 및 학술대회 발표 논문들을 검토하고자 한다. 자료 추출은 대표적인 국내 언론학계의 학회 홈페이지 논문 검색 메뉴를 활용해 단일 키워드로서 'SNS'를 투입하였다. '한국방송학회', '한국언론학회', '한국언론정보학회', '사이버커뮤니케이션학회' 등 4개 학회의 검색엔진을 작동시킨 결과 총 15건(학회순 추출 건수 6, 8, 0, 1)이 추출되었다. 여기서 0건이 나온 '한국언론정보학회'와 직접적인 연관성이 미미한 논문 1건을 제외하고 총 14건을 중심으로 SNS 학술 담론의 흐름을 살펴보았다.

〈표 1〉 SNS 학술 담론의 주제 유형

사례	제 목	연도	발표지
1	소셜 미디어 시대, 우리는 행복한가?	2011	한국방송학보, 25(5)
2	온라인 소셜 미디어와 참여적 사회 자본	2010	한국방송학보, 24(5)
3	소셜 미디어 이용 동기가 사회 자본에 미치는 영향	2011	한국방송학보, 25(2)
4	스마트폰의 위치기반 SNS 어플리케이션에 대한 저항에 영향을 미치는 요인	2011	한국방송학보, 25(3)
5	일본 후쿠시마 사태와 SNS	2011	한국방송학회
6	네트워크 유형 분류에 따른 SNS 사례분석	2011	한국방송학회
7	스마트폰, 커뮤니케이션 격차, 그리고 정치 참여	2010	한국언론학보, 54(5)
8	SNS 매개 커뮤니케이션과 사회적 참여	2011	한국언론학회
9	스마트 미디어와 SNS, 과연 커뮤니케이션 혁명의 도구인가(1)	2011	한국언론학회
10	스마트 미디어와 SNS, 커뮤니케이션 혁명의 도구인가?	2011	한국언론학회
11	스마트 미디어와 SNS, 커뮤니케이션 행태를 어떻게 변화시킬 것인가	2011	한국언론학회
12	소셜미디어의 등장과 언론학의 과제	2011	한국언론학회
13	소셜네트워크서비스 채택요인에 대한 척도개발과 타당화	2011	커뮤니케이션 이론, 7(2)
14	사회 연결망을 통한 정치 커뮤니케이션 연구의 필요성과 전망	2011	커뮤니케이션 이론, 7(2)
15	녹색성장 전략에서 IT의 역할과 정책 과제	2010	사이버커뮤니케이션학보, 27(3)

분석 결과, SNS 학술 담론의 흐름과 쟁점은 크게 세 가지로 구분된다. 우선, SNS의 소셜미디어로서의 위상과 사회적 관계 변화에 대한 논의이다. 소셜미디어에 대한 개념과 범주 설정을 볼 때, 금희조의 연구(2010)는 소셜미디어를 "싸이월드와 페이스북 같은 소셜 네트워크 사이트, 일반적 블로그, 트위터나 미투데이 같은 마이크로 블

로그, 인터넷 메신저나 온라인 채팅"(금희조, 2010, 10~11쪽)을 포함하는 '사회적 네트워크'로서 규정하고 있다. 나아가 소셜미디어의 역할론을 보면, 미국과 한국의 대학생들을 비교한 결과 소셜미디어를 많이 이용할수록 시민 참여와 사회운동에 모두 적극적인 경향을 보였다는 점, 절대적인 친교 활동 참여량이 많은 미국 학생들과 달리 한국 학생들의 경우 소셜미디어를 많이 이용해 결속적 네트워크를 형성할 때 친교 활동을 많이 하는 것으로 분석했다. 이러한 연구는 SNS의 네트워크 속성과 사회적 관계성을 이해하는 데 기여한다는 점에서 유의미하다. 그럼에도 SNS 네트워크 속성뿐 아니라 미국과 한국 또한 집단 간의 SNS 이용과 문화적 차별성에 대한 논의는 보완의 여지가 있다. SNS를 통한 사회적 관계에서 중요한 것은 네트워크 속성만이 아니라 네트워크를 형성하는 물질적 조건들, 즉 기술적 조건과 사회·문화제도들의 영향력도 중요하기 때문이다. 이러한 점에서 키틀러의 기록시스템 논리는 SNS의 물질적 조건들을 파악하는 데 유의미한 시사점을 제공한다. 이러한 이유로 SNS의 정의 역시 앞의 학술적 규정과 범주를 참조하되, 질적심층인터뷰를 통해 문화적 차원에서 재구성하고자 한다.

두 번째는 SNS의 스마트미디어로서의 기능과 커뮤니케이션 형태 변화에 대한 논의이다. 권상희의 연구(2011)에서 SNS는 인간을 이어 주는 1인 미디어, 또는 1인 커뮤니티로서 사회적인 관계를 맺어 주고 사이버 공간에서 인적 네트워크를 형성하게 해 주는 인맥 구축 서비스이고, 소셜미디어, 마이크로 블로그 등으로 표현된다. 특히 사회적 공동의 목적object이 분명하지 않은 소셜미디어는 미래에 사라지지만, 목적이 분명한 직업·직장·취미·교육 등 공통된 목적과 관심사를 중심으로 사람들을 연결시켜 주는 소셜네트워크의 경우 전망이 밝은 것으로 분석한다. 이러한 맥락에서 SNS는 스마트폰과 모바일 서비스를 기반으로 확장되기 시작했고 개인, 사회, 커뮤니티, 기업 내부 조직의 의견 수렴 및 정보 공유를 위한 중요한 역할에 기여할 수 있다는 긍정적 평가를 내리고 있다. 이 연구는 스마트폰과 모바일 기반 SNS 서비스의 커뮤니케이션 유형과 목적 기반 SNS의 전망을 분석함으로써, 다양한 SNS 커뮤니케이션 형태의 변화를 조망할 수 있게 한다. 여기에 덧붙일 것은 SNS를 형성하는 인적 측면과 자본·권력의 영향력에 관한 것이다. 즉, 이용자들이 과연 SNS 커뮤니케이션을 행하는 과정에서 어떠한 자본과 권력의 침투를 경험했는지, 또한 이에 따라 커뮤니케이션 형태와 사회적 관계 형성의 변화는 어떻게 경험 및 인식하고 있는지에 대한 연구가 필요하다. 비릴리오와 키틀러가 속도의 권력화 경향과 미디어의 군산복합체적 속성을 비판한 점을 고려할 때, SNS 속도문화의 한 축인 디지털 자본과 권력이 속도를 도구화하는 방식과 이용자 환경의 오염 경향에 대한 분석은 중요하기 때문이다.

마지막으로 SNS의 사회적, 정치적 참여 가능성에 대한 논의이다. 황유선의 연구(2011)는 SNS 중에서도 트위터 이용자들의 정치적 관심과 사회 참여의 관계가 지닌 함의들을 분석하고 있다면, 송현주의 연구(2011)는 정치 커뮤니케이션의 차원에서 뉴스 미디어 효과 연구에 편중되기보다 인터넷과 모바일 기반 SNS의 사회적 연결망과 이를 통한 이용자의 정치 참여 경향에 대한 연구의 지평을 넓힐 필요성을 제안하고 있다. 이러한 연구들은 새로운 미디어와 이용자 환경에 대한 언론학적 접근 태도 및 방법론의 전환에 대한 문제 제기로서 유의미하다. 그럼에도 후속 연구로서 요구되는 것은 SNS 이용자들이 어떠한 방식으로 사회적, 정치적 참여 기회들을 만들어 가는가

하는 점이다. 이것은 비릴리오가 '창조적 저항'으로 표현한 이용자의 대안적 실천 행위일 수도 있고, 혹은 미디어를 통해 재구성되는 주체 형태, 즉 '정보기계'의 행위일 수도 있다. SNS 속도문화와 창조적 저항에 대한 이용자 인식을 분석할 필요성은 바로 여기에 있다. 중요한 것은 SNS 이용자들의 사회적, 정치적 참여가 확대되고 있다는 규정보다는 '어떠한 방식으로' 창조하고 저항하는지 혹은 정보기계로서의 접속 자체에 머물러 있는지 등에 대한 이용자 현실 인식과 상황이기 때문이다.

요컨대, SNS의 소셜미디어로서의 위상과 효과, 스마트미디어로서의 진화 그리고 사회적, 정치적 참여 등에 대한 연구들이 전개되고 있고 각각의 의미 있는 성과들을 전해 주고 있다. 그럼에도 아직까지 SNS 속도문화에 대한 연구는 언론학계에서 별반 이루어지지 않은 분야이고, 특히 SNS 이용자의 창조적 저항성에 대한 질적연구의 사례는 극히 미미한 상황이다. 본 연구는 기존의 언론학계 SNS 연구의 성과를 기반으로 속도문화와 이용자 실천의 측면에서 질적심층인터뷰를 통한 분석 결과를 도출하고자 한다.

연구 문제와 연구 방법

연구 문제

앞의 이론적 탐구에 기초하여 다음과 같은 연구 문제들을 설정하고자 한다. 이 연구 문제들을 설정한 이론적 근거는 비릴리오의 속도와 창조적 저항에 대한 사유, 그리고 키틀러의 기록시스템과 정보기계에 대한 사유에 기초한다. 이러한 추상성의 수준에 있는 두 사상가들의 사유를 국내 SNS 속도문화와 이용자 행위에 적용하여, 추상에서 구체로의 연구 방법과 FGI^{Focus Group Interview}(초점집단인터뷰)를 이용한 자료 수집 및 분석 방법을 실현하여 유의미한 분석 결과를 도출하고자 한다. 연구 문제는 크게 세 가지 흐름으로 다음과 같이 설정했고, 이것은 연구참여자들의 FGI를 위한 반개방형 설문기조로 활용하였다.

연구 문제 1: 연구참여자들은 SNS 속도문화의 기술적 네트워크 속성을 어떻게 체험, 인식하고 있는가?

연구 문제 2: 연구참여자들은 SNS 속도문화에 미치는 자본과 권력의 영향력을 어떻게 인식하고 있는가?

연구 문제 3: 연구참여자들은 SNS 속도문화의 변화를 위해 어떠한 창조적 저항이 필요하다고 보는가?

연구 방법

앞의 이론적 논의가 속도문화 및 이용자와 관련된 문헌 연구 방법을 통해 진행되었다면, 앞으로 분석할 이용자 경험 및 인식 사례는 FGI 방법을 사용하여 SNS 이용자들의 체험 및 인식 자료를 수집, 분석하고자 한다. FGI 방법을 사용하는 이유는 연구참여자들이 같은 시간 및 장소에 모여 다양한 의견 및 이견들을 자유롭게 개진할 수 있고(강진숙, 2010), 이를 통해 계량화할 수 없는 개인들의 심층적인 의견과 인식 사례들을 추출할 수 있기 때문이다. 이러한 과정에서 수집한 녹취 내용들을 전사하고, 여기서 추출된 주요 진술들을 분석하여 본 연구의 문제들을 규명하고자 한다.

연구참여자는 SNS 이용자들 중 전문직 종사자 5명, 대학생 및 대학원생 5명 등 총 10명을 선정하여 A, B그룹으로 구분한 후 2회에 걸쳐 FGI 조사를 실시하고자 하였다. 이 심층인터뷰의 목적은 20~40대 SNS 이용자 중 전문직 종사자와 대학(원)생의 의견을 수렴하여 SNS 속도문화와 이용자의 창조적 저항 사례 및 가능성을 도출하는 데 있다. 두 그룹으로 분리하여 연구참여자를 선정한 근거는 사회 활동 중인 전문직 종사자 A그룹과 다른 B그룹, 즉 아직 수업 참여와 논문 작업을 수행하고 있는 대학생 및 대학원생들의 SNS 이용 경험과 문화 인식 사이에 차별성이 존재할 것이라고 판단했기 때문이다. 특히 대학(원)생의 경우 신문방송학 전공자들로 제한하여 전공과 연관된 보다 풍부한 미디어 이용 경험과 인식 사례를 수집하고자 하였다. A, B그룹 연구참여자들의 일반적 특성은 〈표 2〉, 〈표 3〉과 같다.

〈표 2〉 A그룹: 전문직 종사자의 일반적 특성

사례	연령/성별	소속	직위	주 이용 SNS	일일 평균 SNS 이용시간 (읽기, 쓰기, 리트윗 포함)	SNS 이용 계기
전문가 1	44/남	문화 전문 연구소	소장	트위터	5시간	생활의 편의성, 디지털 매체로의 생활환경 변화
전문가 2	42/여	수험생 전문출판사	대표이사	페이스북 트위터	1~2시간	회사 프로젝트 수행, 연구 목적
전문가 3	34/남	문화예술 대학	외래교수	페이스북 트위터	2시간 내외	스마트폰 구입 및 사용
전문가 4	32/남	공간 전문 연구소	선임연구원	페이스북 트위터	5시간	가족 관계, 정보 습득, 대인 관계 유지
전문가 5	49/남	일반 단행본출판사	대표	페이스북 트위터	1~2시간	호기심, 새로운 미디어의 적응 필요성

〈표 3〉 B그룹: 대학(원)생의 일반적 특성

사례	연령/성별	전공	직위	주 이용 SNS	일일 평균 SNS 이용시간 (읽기, 쓰기, 리트윗 포함)	SNS 이용계기
대학생 1	24/여	신문방송학	대학생	페이스북 트위터	12시간	친목, 정보공유
대학원생 2	29/남	신문방송학	대학원 석사과정	페이스북	10시간	미디어 이용 환경 변화
대학생 3	25/남	신문방송학	대학생	트위터 페이스북	10시간	주변의 권유, 수업참여
대학원생 4	37/남	신문방송학	대학원 박사과정	트위터, 페이스북	8시간	대인관계 유지, 확장
대학원생 5	25/여	신문방송학	대학원 석사과정	트위터, 페이스북	10시간	타인과의 소통

인터뷰 설문 기조는 앞의 연구 문제에 기초하여 총 세 문항으로 구성하였다. 우선, 설문 이전에 연구참여자의 일반적 특성을 조사하였고, 그 이후 총 세 가지 맥락의 문항을 제시하였다. 즉, SNS 속도문화의 기술적 네트워크 속성에 대한 인식, SNS 속도문화의 자본과 권력을 중심으로 한 제도적 영향력 인식, 그리고 SNS 속도문화의 변화를 위한 이용자의 창조적 저항에 대한 인식에 대한 질의가 그것이다.

인터뷰 절차는 질적연구의 반개방형 인터뷰 방법을 따랐고, 이를 위해 우선 연구참여자들에게 이메일을 통해 설문항목을 사전 공지하였고, 이 기조를 바탕으로 FGI를 진행하되 가급적 진행자의 개입을 최소화하고 연구참여자들의 자유로운 의사 표현과 토론 환경을 만들고자 하였다. 인터뷰는 2012년 2월 13, 14일 총 2회에 걸쳐 서울 소재 대학교의 한 강의실에서 3~4시간씩 진행하였다. 수집된 자료들의 신뢰성 검증을 위해 인터뷰 내용에 대한 연구참여자들의 확인 절차를 수행했다.

분석 결과

SNS 속도문화의 기술적 네트워크 속성 인식: "기록시스템으로서의 SNS와 속도"

우선, 연구참여자들은 SNS 속도문화의 기술적 네트워크 속성을 어떻게 체험, 인식하고 있는가? 이 문제는 키틀러가 언급한 '기록시스템'의 주요한 특징 중 하나인 네트워크의 기술적 속성과 주체 구성의 문제와 연관된 것이다. 즉, 기록시스템의 기술적 속성 변화가 이용자의 사유와 행위를 어떻게 변화시키고 재구성하는가의 문제가 그것이다. 키틀러에 따르면, 기록시스템이란 중요한 자료들의 분류, 저장 그리고 가공을 가능케 하는 "기술과 제도의 네트워크"(Kittler, 1985, p. 501)이기 때문이다.

이러한 문제를 규명하기 위해서 먼저, SNS가 어떠한 '기술적 네트워크' 속성을 지니고 있는지 속도의 범주에서 의견을 나누었다. 그 결과 의견은 크게 세 가지 흐름으로 구분되었다. 즉, 기술을 통한 네트워크의 속성은 관계 맺기, 기록 그리고 정보 가치의 변화 방식을 중심으로 두드러지게 표출되는 것으로 나타났다.

관계 맺기와 SNS 기술 속성

구체적으로 살펴보면, 우선 '관계 맺기'에서 표출된 SNS의 기술적 속성은 빠른 속도로 새로운 관계를 맺을 수 있다는 점과 소통 방식의 변화를 들 수 있다. 즉, 빠른 속도로 새로운 이용자들과의 관계 맺기를 가능케 할 뿐 아니라, 글쓰기에서 행동으로 이어지는 소통의 변화를 가져왔다는 것이다. 이러한 맥락에서 '전문가 1'과 '전문가 3'

은 SNS의 빠른 속도가 갖는 기술적 속성의 긍정적 측면을 시민들의 자발적 사회 참여와 운동성에서 찾고 있다.

소통의 변화는 SNS에서 일순위 경험으로 뽑아야 할 것 같아요. 길거리 응원으로 시작해서 촛불집회까지, 기존의 유흥문화로부터 사회운동까지 소통이라고 하는 관계가 대단히 중요하게 떠올랐죠. 사회운동, 시민운동의 패러다임도 많이 바뀌고 있거든요. 서로 의견을 개진하거나 운동에 필요한 (물적) 자원을 모집할 때 SNS를 많이 활용하고 있고, 사람 동원도 지금은 SNS를 통해서 하지, 홈페이지에 글 남기고 해서는 보는 사람이 없어요. 시민단체 홈페이지에 들어오는 사람이 없기 때문이죠. 그래도 (사람들이) 집회에 많이 나올 수 있는 건 배너를 퍼나르기 시작하면서였어요. 개인적인 행위 유형이라 새로운 경험을 하고 있습니다. **- 전문가 1**

한국에서는 압축성장을 해서인지 고밀도 사회이고 이슈들이 빠르잖아요. 그러한 성격과 맞물려서 정책적 이슈가 생겼을 때 트위터에 올려서 RT해서 모여 달라 순식간에 모여서 집회를 한다든지 하는 방향으로 활용이 되었고. 사실 긍정적으로 사용되는 측면이 그렇죠. 한진(중공업) 같은 경우 지도위원이 트위터로 세상과 소통을 했잖아요. 지치지 않고 진행했고, 희망버스까지도 트위터랑 결합을 해서 활용되었는데, 그런 것을 보면 한국사회의 정치적 성향들과 빨리빨리를 좋아하는 한국의 속도 문화가 맞물려서 흥미로운 양상들을 만들어 내고 있는 것 같아요. 나꼼수도 그렇구요. **- 전문가 3**

한편, 다른 연구참여자들 역시 SNS의 빠른 기술적 속도로 인한 관계 맺기와 소통 방식의 변화는 인정하면서도 SNS의 유형에 따라 다른 반응을 나타냈다. 관계 맺기와 소통 방식의 측면에서 트위터와 페이스북을 옹호하는 입장들이 각각 분리되어 나타났기 때문이다. 하나의 입장은 트위터 옹호론이다. 이 입장은 여전히 트위터에 남아서 "새로운 사람을 만나 무거운 의견도 나눌 수 있는 게 좋다"(대학생 3)는 의견과 "비밀계정을 사용하고 있기 때문에, 오히려 비밀계정을 사용하고 있는 사람들끼리는 강한 유대관계가 나타나고 우리끼리 할 말만 왔다 갔다 한다. 비밀계정을 만들면 리트윗이 안 되기 때문"(전문가 4)이라는 의견이 여기에 포함된다.

반면, 다른 입장은 페이스북 옹호론에서 나타난다. 여기서는 '왜 내가 트위터에서 페이스북으로 이동하는가'에 대한 문제가 제기된다. 즉, SNS 중에서도 기술적 속성의 차이로 인해 선택의 변화가 일어나는 것이다. 그러면, 그 이유는 무엇인가? 그것은 주로 관계 맺기와 글의 기술적 처리 방식 때문이다. 예컨대, 트위터가 페이스북보다 더 빠르지만, "트위터는 페이스북과 달리 내 글에 멘션이 오면 지울 수 없다"(대학생 1), "페이스북은 계속해서 네트워크를 이용할 수 있다는 관계의 끈끈함과, 날아가 버리는 내 글들을 모을 수 있고 나와 관련 있거나 이해관계가 비슷하고 정서적으로 교감을 할 수 있는 사람들의 글을 항시 볼 수 있기 때문"(전문가 2)이라는 의견이 그것이다.

여기서 알 수 있는 것은 키틀러가 강조하듯이, 새로운 미디어의 기술적 조건이 주체들 간의 관계를 재구성한다는 것이다. 트위터와 페이스북 같은 SNS는 멀리 떨어져 있는 정치적·사회적 사건들이 발생할 때, 분산되어 있는 이용자들을 연대의 주체이자 자발적 참여의 주체들로 재구성하기 때문이다. 또 다른 한편, 트위터와 페이스북의 기술적 조건의 차이는 각 주체들 간의 관계 정도를 재구성하는 요인이기도 하다. 끈끈하고 안정된 유대관계를 중시하는 이들에게 트위터의 휘발성과 무제한 관계 맺기의 가능성은 오히려 무의미와 회의감을 안겨 주기 때문이다.

기록 방식과 SNS 기술 속성

두 번째로 기록 방식의 변화에 나타난 SNS의 기술적 속성이다. 이 기록 방식에는 SNS의 기술적 속성 중에서도 글쓰기와 관련된 것들이 주를 이루는데, 예컨대 트위터의 140자 제한이 대표적 예이다. 그러면, 140자 제한이라는 기술적 속성은 이용자들의 사유와 행동을 어떻게 재구성하는가? 이에 대해 연구참여자들은 140자 제한의 기록 방식은 잠언식 글쓰기의 문제(전문가 3), 이유나 근거의 부재(대학원생 2), 그리고 글에 대한 반복적인 수정 작업과 오해의 발생을 야기한다고 지적하고 있다.

내용을 따져 보면, 잠언식의 발언들이 주를 이루는 경향이 있거든요. 그러니까 140자 안에 짧게 함축적으로 메시지를 전하는 것이죠. 앞에 서론, 본론을 제하고 결론만 던지는 식이 많은 것 같아요. 그래서 어떤 사안에 대해서 호오와 찬반 입장이 확 쏠리는 경향이 종종 보이기도 해요." - **전문가 3**

트위터같은 경우는 140자로 글이 제한되고, 페이스북도 그것보다는 길게 쓸 수 있지만 블로그보다 제한되는데, 글들을 자세히 보면 어떤 주장에 대해 어떤 이유나 근거를 찾지 않더라고요. 아무도 그것을 원하지도 않고 내가 그렇게 할 이유도 없고. 누가 페북에 장문의 글이 올리

면 그 밑에 부정적인 댓글이 많이 달리고요. **- 대학원생 2**

　트위터를 2년 전에 경험했었는데 매우 놀라웠고, 글자가 바로바로 나가면서 굉장히 신경이 많이 쓰였어요. 저는 출판계에 있다 보니 띄어 쓰기 맞춤법들이 중요한데, 그게 완전히 무시되는 상황이잖아요. 140자 안에 가장 효율적으로 다 집어넣어야 하니까, 수정을 반복하게 돼요. 140자에 함축을 하다 보니까 약간 오해가 될 수 있는 부분이 발생하구요. 해시태그 이런 것들을 붙여서 하기는 하는데, 귀찮을 수도 있거든요, 그 사람에 대해 관심이 있지 않고서는. 오프라인에서 글 쓰는 게 습관화된 사람들은 140자의 제약이 굉장히 커요." **- 전문가 2**

반면, 트위터의 140자 제한에 대한 긍정적 시각도 표출되었다. 예컨대, '전문가 5'는 "함축적인 표현을 많이 쓰게 되었다"는 점에서, 그리고 '전문가 4'는 빠른 속도의 읽기가 수월해졌고, 생각하는 즉시 글을 쓸 수 있는 작업 환경에 긍정적인 입장을 표명했다.

　전 솔직히 140자 제한이라는 것이 테크닉적으로는 전혀 부담이 안 간다고 느낍니다. 제가 주로 사용하고 있는 트위터 계정들을 보면 링크를 걸어 놔요. 때문에 오히려 긴 글을 더 많이 볼 때가 있어요. 누르고 나면 블로그나 (뉴스)기사로 이동하면서 보는 게 많기 때문에 제약점이라고 생각되지 않구요. 속도 면에서도 읽는 것은 좀 빨라졌다고 생각해요. 물론 예전에 기사들이 단편적인 기사들과 연성적인 기사들이 많다는 비판이 있었는데 지금은 더 많아지긴 했죠. 그런데 속도의 차이를 보면요, 트위터나 페이스북에 글을 쓸 때 제 생각을 바로 직접 넣을 수 있어서 좋아요. 여기서는 제가 디지털 기술을 가장 어렸을 때부터 접했

다라고 생각이 되는데, 오히려 저희한테는 그렇게 글을 쓰는 것이 편한 것이 되는 거죠. 젊은 세대들에게는 그게 더 편하고, 한 번 초안을 만들거나 지우는 것은 불필요한 작업이 되는 거죠." **- 전문가 4**

정보가치와 SNS 기술 속성

마지막으로 정보의 가치 변화에 나타난 SNS의 기술적 속성이다. 이것은 주로 이용자가 트위터의 타임라인을 통해 실시간 정보의 흐름을 파악하고 속도를 기준으로 정보의 내용과 주장에 대해 가치 판단하는 태도와 연관된다. 즉, 빠른 속도의 실시간 SNS 정보를 접하면서 정보의 가치 판단 척도가 '속도' 그 자체가 되어 버린 경우가 그것이다. '대학원생 2'는 이러한 정보의 가치 변화를 속도의 문제에서 찾고 있다. 즉, 빠른 속도의 SNS 이용 습관과 태도로 인해 학술논문의 정보가치까지도 빠름과 느림의 기준으로 판단하게 되었다는 성찰이다.

이제는 불과 몇 분 전, 몇 시간 전의 내용도 마치 옛날처럼 느껴지게 되요. 문제는 단순히 조금 전 옛날 일이라고 생각하는 데 멈추는 게 아니라, 오래됐으니까 의미가 없다는 생각까지 들더라고요. 예를 들면 자료 검색을 위해서 학술논문을 찾을 때, 2010년 논문만 해도 너무 오래돼서 보기 싫은 생각이 드는 거예요. 머리는 그게 아니라지만, 그런 느낌이 드는 거죠. 그러다 보니 생각이 너무 몸통만 보고 앞뒤를 바라보지 못하는 근시안이 되어 버리는 게 아닌가 하는 생각이 트위터를 하면서 많이 들었어요. 그런 두려움 때문에 회사를 그만두면서 트위터를 몇 달 동안 안 했던 기억이 있어요. **- 대학원생 2**

이처럼 정보의 가치 척도가 속도가 되었다는 의견과 유사한 맥락에서 '대학원생 4'는 SNS의 빠른 속도가 정보의 원본, 즉 진위 파악을 어렵게 만들어 본래의 논쟁과 논점을 희석시킨 여론몰이에 휘말릴 수 있다는 점에서 우려를 표명하고 있다.

저는 뉴스나 정보를 얻는 차원에서 트윗(트위터)이나 페북(페이스북)을 항상 보거든요. 직업상 24시간 중에 8시간 이상 컴퓨터 앞에 앉아 있기 때문에 실시간으로 트윗이나 페북을 열어 놓고 있거든요. 비교적 타임라인이나 담벼락에 쌓여 있는 것을 다 챙겨 보고 있고요. 중요한 것은 트윗이나 페이스북에서 최초 정보가 발설됐을 때 그 속도를 좇아 갈 수 없고, 어떤 사건이나 중요한 정보의 뉴스의 진위나 최초 출발점을 알지 못하고 넘어가는 거죠. 정작 중요한 것은 진중권, 공지영이라던가 트위터상에서 설화를 일으킬 수 있는 사람들의 근원은 사라지고 진중권을 까는 사람과 진중권을 옹호하는 사람들의 논쟁만 남아 있을 뿐이지 진중권의 최초 발설 트윗은 놓쳐 버릴 수도 있다는 거지요. 뉴스의 정보가 매개되고 전달되는 속도가 진정한 뉴스의 근원들은 거세시켜 버린다고 생각하기 때문에, SNS 이용자들은 그 속성을 제대로 이해하는 상태에서 시작하지 않으면 속도라는 측면에서 굉장히 문제가 많은 미디어라고 생각해요. **- 대학원생 4**

키틀러와 비릴리오가 우려한 것 역시 속도 자체가 아니라 속도가 주체의 사유와 행동을 재구성하는 방식에 있다. 즉, 키틀러가 주장하듯이 인간은 시간적 과정을 저장, 조작하는 기록시스템의 한 구성 성분이고 정보기계라는 점을 전적으로 부정할 수 없는 게 현 SNS 환경의 현실이다. "미디어가 우리의 상황을 규정한다"(Kittler, 1986, p. 3)

는 키틀러의 언명은 바로 정보기계로서의 이용자 상황에 대한 경고이자, 또 다른 한편 역이용의 가능성을 열어 두는 것으로 판단된다. 마치 비릴리오가 문제는 속도 자체가 아니라 우리가 바로 속도가 되는 것에 있다고 경고하는 것처럼, SNS의 빠른 속도 속에서 이용자는 속도가 되고 있고 이제 남은 것은 그 속도의 빠름과 느림을 선과 악, 가치와 무가치로 선택하고 배제하는 힘의 원리들을 포착하는 데 있다.

SNS 속도문화의 자본과 권력을 중심으로 한 제도적 영향력 인식

그러면, 연구참여자들은 SNS 속도문화에서 자본과 권력의 문제를 어떻게 체험, 인식하고 있는가? 여기서 자본의 범주는 기업의 SNS 활용과 상업주의를 포함한다면, 권력의 문제는 전체주의적 성격이 내재해 있는 국가권력에서부터 집단주의의 문제까지 포괄해서 열어 놓고 의견을 나누었다. 그 결과 SNS 속도문화에 대한 자본의 영향력에 대해서는 두 가지 입장으로 대별되어 나타났다. 하나가 자본과 권력의 영향력이 SNS를 잠식하지 못하고 있다는 입장이고, 다른 하나는 이미 그 우산 아래에 있다는 입장이다.

우선, 전자의 경우 SNS의 자본과 권력의 활용을 크게 문제 삼지 않는 시각에 기초한다. 그 이유는 SNS가 "기업에서 활용되어 회사의 소식과 친근한 이미지를 어필하고 있기" 때문이다. 예컨대, 출판사 대표인 '전문가 5'의 경우 "트위터의 팔로워 중에 책에 관심을 가진 사람으로부터 출간 의뢰를 받는 경우가 크게 늘고 있고, 실제로 SNS를 통해 연결된 사람으로부터 받은 원고가 실제 출판으로 이어지는 사례가 증가하고 있다"는 것이다. 물론 그 역시 "상업적인 홍보 목적으로 이용하는 경우에는 아예 자동화 프로그램을 만들어 일정 시간 간격으로 지속적으로 올려서 손쉽게 홍보의 목적을 달성하는" 경우도 있다고 언급하며 비판적 시각을 제시하지만, 선용할 경우 SNS가 중소기업이나 자영업자들의 서비스 확대를 위해 중요한 '도구'가 될 것으로 판단하고 있다.

한편, '전문가 3'은 또 다른 시각에서 자본과 권력의 영향력을 제한적으로 보고 있다. 페이스북의 경우, 기업이 맞춤형 광고를 제공해 이윤 획득을 꾀할 수 있지만, 트위터의 경우 기술적 조건상 이용자의 필터링 과정을 거치기 때문에 실효성이 없다는 입장이다

> 기업이 활용을 한다면 광고인데, 트위터는 자기가 팔로잉하지 않으면 보이지 않는 구조이기 때문에 기업이 자기 광고를 하고 싶다 해도 이용자에게서 걸러지기 때문에 그런 방식은 쉽지 않아요. 이벤트 같은 것을 할 때 광고로 활용하기도 하는데 관리자가 적극적으로 관리하지 않는 이상 외면당하기 쉽고요. 페이스북은 굉장히 많은 개인정보를 페이스북에 주고 있기 때문에 지금도 맞춤형 광고를 제공해서 수익을 내려고 하는 경우가 많거든요. 트위터 같은 경우에는 개인 정보랄 게 별로 없고, 간단한 인적사항만 제공하고 계정을 쉽게 만들기 때문에 기업 입장에서는 차별화된 개인 맞춤형 광고를 하기에 적합한 플랫폼은 아니에요. **- 전문가 3**

반면, '전문가 2'와 '전문가 4'의 경우 앞의 입장과 다른 의견을 제시하고 있다. 즉 '전문가 2'의 경우, SNS 접근의 동기가 개인의 자발적 태도의 발로가 아니라 주로 광고나 사회조직, 기업 등의 직 · 간접적 '강압'을 통해 형성되고 실현된다는 것이다. 특히 주목할 점은

SNS에서 광고가 두드러지게 가시화되어 있는지 여부가 아니라 이 광고에 노출된 이용자들의 개인정보가 부지불식 중에 유출되는 과정들이 문제라는 인식이다. 또한 '전문가 4' 역시 SNS에서 체험한 기업의 영향력에 대해 비판적 시각과 우려를 나타내고 있다. 대기업 정보통신 업체들이 이용자의 감성에 호소하는 기업광고나 파워유저를 활용한 온라인 마케팅의 사례와 같은 페이스북의 문제들을 비판하고 있다.

페이스북에는 아예 광고페이지가 있거든요. '아 여기도 이제 광고가 잠식하고 있구나' 하고 직접 느꼈죠. 또 지나치게 광고하는 사람들은 제가 친구나 팔로잉을 안 하고 있기 때문에 자체적으로 걸러지지만, 굉장히 교묘하게 활용하고 있어요. 그래서 부지불식간에 간접광고하면서 들어오는데요. 예를 들어, 건강에 대한 이야기를 하거나 KT가 무엇을 하는데 감성에 호소를 하면서 들어오는 기업광고라든지, 또 그 사람들이 SNS를 통해 온라인 마케팅을 하고 싶어 하기 때문에 일종의 파워유저들을 활용해서 그런 역할을 많이 하고 있어요. 그런 것을 보면서 조금 눈살이 찌푸려져요. 어쨌든 거대기업 쪽은 앞으로도 SNS에 침투할 것이고, 기업광고가 아닌 것처럼 해서 들어오려는 확률이 높아요. -
전문가 2

이러한 감성의 소구효과와 관련하여 더욱 큰 문제는 SNS 대화를 통한 기업의 '인격화' 경향이다. 즉, 마치 자본이나 물건이 숭배의 대상이 되는 물신주의 경향처럼 SNS를 통한 기업의 이미지가 희로애락을 겸비한 인격체로 오인되고 있다는 것이다. 비릴리오에 따르면, 도시 공간의 군사화는 직접적인 물리력이 아니라 과학기술의 논리를 활용하는 데서 출발한다. 직접적인 교전 없이도 상대를 굴복시킬 수 있는 것이 '순수권력'의 강점이기 때문이다(Virilio, 1977/2004, 24쪽). 또한 키틀러가 생물학적 인간이나 근대적 사유의 주체보다 '정보기계'(Kittler, 1986, p. 281)에 관심을 기울이는 것도 이와 맥을 같이한다. 기계와 인간이 서로 접속하고 얽혀 있는 광학미디어의 사회에서 중요한 것은 인간의 본질이 기계장치들 위에서 작동하고 있다는 점이기 때문이다. 나아가 기업은 SNS 장치들 위에서 인간이 되고자 한다. '소위 인간der sogenannte Mensch'(Kittler, 1986, p. 29)이 되는 목적은 물론 통신기계의 판매와 이윤 획득 그리고 소비자의 구매력을 얻는 데 있다.

SNS상에서는 삼성이나 KT와 개인의 문제가 아니라 담당자와 개인의 문제가 됩니다. KT라는 거대기업이 아니라 한 사람이 되어 버리는 거죠. KT 같은 경우 선두적으로 담당자를 기용하는 경우인데, 개인적인 대화도 주고받고 회식도, 이벤트도 하는 식입니다. KT에서 아이폰 발매가 연기되면서 굉장히 많은 비난을 받았는데, 담당자 자신이 죄송하다고 하며 울었다고 트윗을 했어요. 거기에 사람들이 인간적인 면모를 보고 녹아 들어간 거죠. '그래 저 담당자가 무슨 죄가 있겠어' 하면서, '조금만 참아 줍시다' 하는 여론이 생겨난 거죠. 어떻게 생각하면 굉장히 무서운 일이에요. 기업이 어떤 잘못을 저질렀는데 그 담당자가 단순히 내가 잘 알고 있다고 생각하는 개인이기 때문에 용서가 되는 일이 생긴 거죠. 사람이 사람을 잘 알면 욕을 못하는 것처럼 그런 관계가 SNS와 기존 매체들과의 차이인 것 같아요. 이런 속성을 자본 기업이 교모하게 잘 이용하는 것 같고요. - 대학원생 2

이러한 자본의 활동 상황에서 국가권력의 영향력은 어떠한가? 이러한 물음에 연구참여자들은 "정치지망생들의 권력과 자기홍보 도구가 된 SNS"(대학원생 4), "한 여권 후보의 공지사항 전달에 그친 SNS 이용 수준과 몰이해"(대학생 1), "선거와 권력의 알바들이 타임라인을 도배하는 네거티브 전략"(대학원생 5) 등의 문제들을 제기하였다. 특히 정책적 차원에서 최근에 목도된 "SNS 정책관 모집 문제"(전문가 4)는 전문성의 확보가 아닌 정보 통제의 목적이라는 점에서 비판되었다.

방통위의 SNS 규제는 우선, 전파력과 속보성이라는 두 가지 이유 때문에 규제를 하려고 하는 게 아닌가 싶어요. 예전의 인터넷, 즉 블로그나 홈페이지 같은 경우에는 그 전파력에 방점을 찍었다고 하면, 트위터의 경우에는 짧게 계속 올리고 링크를 걸 수 있으니 속보성을 전혀 컨트롤하지 못하는 거죠. 그래서 지금 모든 부처에서는 SNS 정책관을 만들고 있더라구요, 구에서도 SNS 정책관을 다급(3~4급)으로 모집하고 있어요. 정말 필요한 정보를 전달하기 위해서 만든다기보다, 어떤 쪽으로 몰아가기 위한 방법들을 만든다는 거죠. 그러니까 전파력을 통제하려는 집단들은 아직까지도 전파력까지밖에 신경을 못 쓰고 있는 겁니다. - **전문가 4**

마지막으로 SNS와 대중의 문제가 제기되었다. 이 문제는 최근에 사회적 이슈로 대두되고 있는 대중의 집단주의와 여론몰이 경향에서 두드러지게 나타난다. 이에 대해 '전문가 1'은 "상식이 통하지 않는 한국사회의 문제"를 이유로 제기하며 지식이 필요하지 않은 일반 상식에 집중되는 SNS 이용자들의 여론 집중화 경향을 지적하고 있다. 한편, '전문가 2'는 트위터 이용자 집단의 권력화 현상에 대해 우려를 표명하고 있다.

저는 주로 '다음'에서 SNS의 대중적 흐름을 주시합니다. 여기서도 어떤 규칙성이 있지 않을까 하는 관심을 가졌어요. 일차적으로는 사람들이 갖고 있는 액션의 규범과 가치는 굉장히 낮은 수준이에요. '정직해야 한다', '줄서서 기다려야 한다', 이 정도 수준이죠. 그런데 그 수준에서 벗어나는 상황이 발생할 경우, 그야말로 '열폭해서' 사람들이 달려드는 경우를 많이 봤어요. 그런데, 그것이 쉽게 해석될 정도로 분명한 사안일 경우에는 사람들이 많이 몰리나, 현상에 지식이 필요한 부분에서는 관심도가 떨어져요. 또 가치와 규범같이 일반 상식에서 발생하는 상황이 일어났을 경우에는 엄청난 사람들이 달라붙어서 자기의 얘기를 하고, 연령·세대를 다 초월하는 발언들을 쏟아내죠. 그래서 반응시간을 줄이는 요소들 중 하나인 속도가 사람들이 가지고 있는 기본적인 상식과 가치에서 벗어나는 문제에 대해서는 상당한 공감대를 이끄는 요인이 되는 것 같아요. 한국사회가 규범이나 가치가 지켜지지 않는 사회고, 상식도 기준도 없고, 노블레스 오블리주도 없고, 이런 상황이 사람들에게 열폭하는 기회가 되는 게 아닐까요? **- 전문가 1**

트위터도 당이라는 게 있고 페이스북도 그런 종류의 여러 가지 그룹 페이지들이 나오면서 힘을 가지려고 사람들을 끌어모으고 있거든요. 여러 가지 기능들을 하고 있는데 실용적인 부분에서 끝나는 경우는 괜찮은데 정치적인 액션도 수반하는 경향이 강해지고 있죠. 그것은 그 사람들이 속도를 내서 무엇인가 멘션을 하고 있다기보다 SNS의 특성상 그곳에 글들을 올리고 움직이다 보면 자연히 속도가 나타나고, 그래서 이해관계가 많이 부딪치는 부분도 있어요. **- 전문가 2**

요컨대, 연구참여자들은 SNS 속도문화에서 자본과 권력의 문제를 긍정적으로 보기보다는 비판적 시각을 견지하고 있는 것으로 분석된다. 특히 주목할 것은 자본의 확대재생산과 빠른 회전을 욕망하는 기업들에게 SNS는 인격화의 도구로서 활용되고 있음을 알 수 있다. 물론 출판사와 자영업의 경우 저자 및 소비자와의 SNS 대화를 통한 소통 기회의 확대로서 인정할 수 있다 해도, 최근 대기업 중심으로 두드러지게 표출되고 있는 SNS 담당자를 내세운 기업 인격화는 '디지털 물신주의'의 혐의에서 자유로울 수 없다. 이 인격화의 주된 관심은 합리적 경영과 소비자 참여 서비스에 있기보다는 인정주의에 기반한 기업 오류와 사회적 책임의 회피에 있기 때문이다.

SNS 속도문화의 변화를 위한 이용자의 창조적 저항에 대한 인식

그러면, SNS 속도문화의 변화를 위해 이용자는 무엇을 할 수 있는가? 이에 대해 연구참여자들은 SNS 이용자의 위상과 특성, 그리고 역할들을 중심으로 자신의 의견들을 피력하였다. 구체적인 내용을 보면, 우선 전문직 종사자들의 입장은 다중으로서의 위상과 자발성 그리고 적극적인 권리 찾기와 연대의 필요성을 중심으로 표출되었다. 예컨대, SNS 이용자의 위상과 특성의 측면에서 SNS 이용자가 군중인지 다중인지에 대한 맥락적 판별이 요구된다는 주장(전문가 1), SNS 이용자가 '정보단자'로서의 위상을 지니고 있다는 것(전문가 3), '인증샷' 등을 통한 자발성의 가치가 중요하다는 입장(전문가 2), 1987년 시민혁명의 수혜를 받는 데서 나아가 참여와 연대의 확대가 필요하다는 입장(전문가 4), 그리고 SNS의 특성을 살린 권력 평가와 선거를 통한 창조적 저항에 나서야 한다는 의견(전문가 5) 등이 여기에 포함된다.

다른 한편, 전문직 종사자들의 이용자 위상과 역할에 대한 인식이 추상성의 수준에서 진보적인 가치 지향을 나타냈다면, 대학생 및 대학원생들의 입장은 보다 구체적이고 현실 문제의 해결 방안을 중심으로 제기되었다. 특히 이용자의 창조적 저항 방법에 대한 의견들이 주를 이루었는데, 그 이유는 여기에 참여한 대학생 및 대학원생들의 경우 아직 사회적 지위가 고정되어 있지 않아 제약 없는 상상력의 발현이 가능하기 때문으로 보인다. 나아가 20~30대로 구성된 이 연구참여자들의 경우 이미 디지털 환경에 익숙하고 직업상의 목적을 떠나 일상의 기록시스템과 관계 형성의 장으로서 SNS를 이용하는 데 큰 어려움이 없는 세대이기 때문이다. 그러면, 이 연구참여자들은 SNS의 창조적 이용 방법에 대해 어떠한 의견을 가지고 있는가?

여러 의견들 중에 두드러진 내용들만 간추린다면, 우선 전 세계 이용자들이 스스로 촬영한 사진을 올려놓는 '인스타그램' 어플을 이용해 전 세계의 가난한 이웃들에게 사진 프린트된 옷을 선물하는 방법(대학생 1), 롱테일 맞춤형 판매로 승부한 아마존 닷컴처럼 다른 아이디어를 현실화하거나 SNS의 빠른 속도를 역이용한 선거 '인증샷' 놀이(대학원생 2), '인증샷' 등 트위터를 통한 '놀이'로서의 권력에 대한 저항 창출(대학생 3), 페이스북의 한 클럽인 '전국홍보대사연합'을 통해 인적 · 물적자원의 교류, 프리허그를 통한 기부문화 창출, 스타벅스의 동양인을 비하하는 '찢어진 눈'의 표현 행위에 대한 트위터 고발 등 SNS 속도문화를 적극 활용하는 행위들(대학원생 5)이 강조되었다. 이 중에서도 '대학원생 4'의 창조적 저항의 유형과 방법에 대한 의견은 주목할 만하다.

창조적 저항이라고 할 때, 일상에서 가능한 부분들이 있는 것 같아요. 서울시장 (보궐)선거의 국면들과 한진중공업, 나꼼수를 비롯한 대안적인 뉴스 제작, 나꼼수가 대안적인 뉴스를 표방하고 시작한 것이 아니라고 해도 최근 1년간 관찰할 수 있었던 대표적 (대안적) 사례들인 것 같구요. 흥미로운 것은 좀 더 재밌게 할 수 있는 방식으로 일상화를 시키는 전략들이 트위터나 페이스북을 통해 구사되고 있는 것 같아요. 제 트위터 친구들 중에는 YTN 해직기자도, 뉴스타파 하는 친구들도 있어요. 나꼼수, 뉴스타파, 꼽사리, 애국전선처럼 그런 것들을 SNS 밖에서 만들고 다시 트위터로 가져오는 거죠. 그게 전달 매개가 되고, 확장되고, 다시 의견이 모아져서 그 흐름들이 선순환적인 구조를 이루는 거죠. 그런 흐름들이 트위터를 통해 만들어져야 변화를 이끌어 낼 수 있지 않을까 생각합니다." - **대학원생 4**

여기서 중요한 것은 SNS 속도문화를 변화시키고 주도하는 힘이 기술적 시스템과 미디어 자체가 아니라 그것의 내부와 외부를 매개하고 자극하는 과정에서 촉발된다는 점이다. 즉, SNS가 힘을 발휘할 수 있는 이유는 우선적으로 다양한 사회적, 정치적 국면과 사건들 속에서 이용자들 간의 연대를 통해 인적, 물적, 지적 자원의 즉각적 교류를 가능케 하기 때문이다. 여기서 나아가 더 중요한 것은 제도권 TV나 신문매체 등에서 선택되지 못한 채 배제되었던 사건과 의견들이 SNS를 통해서는 상식과 규범, 보편적 가치의 기준에 따라 새롭게 재평가될 수 있다는 점이다.

그럼에도 SNS 이용자들의 창조적 저항과 관련해 성찰이 필요한 것은 과연 SNS 이용자들이 기술적 네트워크로서 SNS의 속성을 간파하고 있는지, 또한 제도적 네트워크로서 기업과 국가권력으로 대표되는 자본과 권력의 작동 방식을 인지하면서도 무관심으로 지나치는 것은 아닌지, 나아가 빠른 속도의 SNS 정보 흐름에 휩쓸려 '중지는 곧 죽음'이라는 모토 속에서 그 흐름에 무작정 나를 맡기고 있는 것은 아닌지에 대한 진득한 고민이다. 이러한 성찰과 고민의 화두를 연구의 말미에 제기하는 이유는 SNS 속도문화가 2000년대 기록시스템의 전형적 특징이기 때문이다.

키틀러가 다양한 고증을 통해 설명하듯이, '기록시스템 1800'은 어머니의 입과 남성 작가의 글쓰기, 인쇄술의 발달로 상징되는 음성 중심주의와 근대적 주체관이 중심이 된 낭만주의 시대라면, '기록시스템 1900'은 사진 · 영화 · TV 등과 같은 새로운 기술적 · 제도적 조건이 형성된 아날로그 기록시스템의 시대이다. 이제 새로운 성찰과 분석이 필요한 시대는 그 이후에, 지금 현재 전개되고 있는 '기록시스템 2000'의 시대이다. 인터넷, 휴대폰, 태블릿PC의 등장과 대중화는 SNS를 통한 새로운 기록시스템의 등장을 예고하고 있다. 이러한 상황에서 이용자들의 성찰은 단지 정치권력과 자본 그 자체의 감시에서 머무를 수 없다. 새로운 '기록시스템 2000'은 그 어느 시대보다 이용자 대중의 기술적 이해와 창조적 이용을 요구하고 있기 때문이다. SNS의 빠른 속도문화는 자본과 권력의 작동 메커니즘을 벗어나서 완전히 자유로울 수 없지만, 그럼에도 이용자들의 관심은 그것을 넘어서는 기술적, 제도적 네트워크의 작동 방식의 이해와 역이용의 가능성까지 나아갈 필요가 있다. 중요한 것은 비릴리오의 '창조적 저항'이 과학기술의 원리를 이용하는 행위이지만, 또 다른 한편 '피크노렙시' 같은 '중단' 혹은 '정지'의 미학을 창출하는 행위 역시 배제하지 않는다는 것이다. SNS의 규제에 대한 저항으로서 이용자들의 '한시적 SNS 이용 중단' 행위나 SNS를 정지하고 '희망버스'나광장에 몸을 싣는 행위 등이 소중한 것은 바로 이 때문이다. 속도의 중단과 정지는 새로운 속도의 창출과 재구성의 가능성으로 이어지기 때문이다. 완전한 중단과 정지는 없다. 죽음도 나 이전에 이미 존재했던 지속의 행위이니까 말이다.

주지했듯이 이 연구는 속도의 권력화와 물질적 조건들에 대한 사상적 쟁점들을 탐구하고, SNS 속도문화와 창조적 저항의 형성 조건 및 가능성을 분석하는 데 목적을 두었다. 이를 규명하기 위해 세 가지 연구문제를 바탕으로 FGI 방법을 사용해 SNS 속도문화와 창조적 저항에 대한 체험과 인식 사례들을 분석하였다.

우선, SNS 속도문화의 기술적 네트워크 속성에 대한 연구참여자들의 체험과 인식은 크게 세 가지 흐름 속에서 포착되었다. 즉, 기술을 통한 네트워크의 속성은 관계 맺기의 측면에서 빠른 속도의 휘발성 관계(트위터)에서 벗어나 보다 끈끈하고 안정된 관계 맺기를 추구하는 경향(페이스북)이 나타났고, 기록의 측면에서 트위터의 140자 제한이 함축적 언어로써 이슈의 흐름에 대한 빠른 평가와 대응을 하게 하지만, 역으로 비성찰적 반응이 빈번히 발생하는 것으로 나타났고, 정보 가치의 변화 측면에서 SNS의 빠른 속도가 최근 정보와 자료들까지도 낡고 무가치한 것으로 인식하게 만든다는 의견 등이 표명되었다. 이러한 세 가지 SNS 속도문화의 주요 특징은 기술적 네트워크인 기록시스템의 한 속성으로서 파악되었다.

둘째, SNS 속도문화에 미치는 자본과 권력의 영향력에 대한 연구참여자들의 인식은 앞의 기술적 네트워크와 연결되는 기록시스템의 또 다른 속성, 즉 제도적 네트워크의 속성과 연관된다. 분석 결과, 기업과 자본의 영향력은 트위터보다 주로 페이스북에서 감지되었고,

반복적인 감성적 소구와 기업의 인격화 방법을 통해 작동된다는 비판적 의견들이 제시되었다. 또한 국가권력의 측면에서 방통위의 규제 조치와 SNS 정책관 모집 사례, 그리고 감시와 통제의 측면에서 집중적으로 피력되는 한편, 이용자들의 집단주의와 여론몰이, 그리고 해석 능력과 태도에 대한 문제가 제기되었다

마지막으로, SNS 속도문화의 변화를 위한 창조적 저항에 대한 연구참여자들의 인식은 SNS 이용자의 위상과 특징에 대한 재인식의 필요성, 서울시장 보궐선거 시 이슈가 되었던 '인증샷 놀이'와 같은 '놀이'로서의 저항, 인적·물적자원의 상호 교환을 통한 SNS 클럽의 활성화 그리고 SNS 내부와 외부의 경계를 허물고 집단지성의 가능성을 보여 준 '김진숙과 희망버스' 같은 창조적 저항의 필요성이 강조되었다.

이상의 연구는 비릴리오와 키틀러의 주요 개념과 사유들을 국내 문화정치적 사례들에 적용하고자 하는 의도에서 시작되었다. 연구 결과 대부분의 연구참여자들이 공감하는 바는, 자신이 SNS 중독자라는 점이었다. 독서를 하는 데 중단해야 할 디지털 기계들이 많고, 잠시 휴가와 MT를 다녀오면 산적한 타임라인의 정보와 논쟁들을 복습하기에는 24시간이 너무 짧다고 느끼는 연구참여자들은 SNS 중독자였고, 자인하는 사실이었다. 그럼에도 그 중독은 자아를 상실하고 욕망을 차단하는 극단의 폐허가 아니라 사건의 진위와 발단을 추적하는 연구자로서, 직업적 성과와 장애의 해결을 위한 인적·물적자원의 교류자로서, 그리고 기부나 저항을 위한 소담한 연대의 행위자로서 자신을 재구성할 수 있게 하는 기폭제로서 느껴진다.

이러한 발견의 기쁨에도 불구하고, 이 연구는 전문직 종사자와 대학생 및 대학원생을 연구참여자로 제한시켰다는 점에서 보완의 여

지가 있다. 향후 후속 연구를 통해서는 SNS 이용자들 중에서도 사회적 소수자로서의 위상을 지닌 장애인, 이주 청소년, SNS 규제 조치를 당한 경험이 있는 일반 이용자들을 연구참여자로 확대하여 연구의 다변화를 꾀하고자 한다. 미디어는 상황을 결정한다, 하지만 그 상황 이전에 발생의 복합적 원인들이 이미 존속한다는 점은 부인할 수 없다.

참고문헌

강진숙, 〈UCC 영상문화의 함의와 문제점 연구〉, 《한국방송학보》 21권 6호, 2007, 9~43쪽.

강진숙, 〈탈문자시대의 미디어 문화와 이용자에 관한 이론적 연구〉, 《한국출판학연구》, 제51호, 2006, 5~33쪽.

강진숙, 〈1인 미디어로서의 블로그 이용문화와 기술적 상상〉, 《언론과 사회》 18권 3호, 2010, 2~34쪽.

권상희, 〈스마트 미디어와 SNS, 커뮤니케이션 행태를 어떻게 변화시킬 것인가〉, 《한국언론학회 2011년 봄철 정기학술대회 발표문》, 2011쪽.

금희조, 〈온라인 소셜 미디어와 참여적 사회 자본〉, 《한국방송학보》 제24권 5호, 2010, 9~46쪽.

도기숙, 〈기술매체의 변화와 새로운 인간학: 프리드리히 키틀러의 매체이론을 중심으로〉, 《독일문학》 제108집, 2008a, 191~210쪽.

도기숙, 〈타자기와 여성해방: 키틀러의 매체이론에 나타난 기술과 여성의 문제〉, 《독일어문학》 제43집, 2008b, 309~328쪽.

송현주, 〈사회 연결망을 통한 정치 커뮤니케이션 연구의 필요성과 전망〉, 《커뮤니케이션이론》 제7권 2호, 2011, 75~104쪽.

황유선, 〈SNS 매개 커뮤니케이션과 사회적 참여〉, 《한국언론학회 2011년 봄철 정기학술대회 발표문》, 2011.

Berman, M., *All that is solid melts into Air: the Experience of Modernity*, 1982. (윤호병 외 옮김, 《현대성의 경험》, 현대미학사, 2004.)

Castells, M., *The Rise of the Network Society*, 2000. (김묵한 · 박행웅 · 오은주 옮김, 《네트워크 사회의 도래》, 한울, 2003.)

Castells, M., *The Informational City*, 1989. (최병두 옮김, 《정보도시》, 서울: 한울, 2001.

Deleuze, G. & Guattari, F., *Mille Plateaux: capitalisme et schizophrénie 2*, 1980. (김재인 옮김, 《천개의 고원》, 새물결, 2001.)

Feyerabend, K., *Langenscheidt's Pocket Greek Dictionary: Classical Greek-English*. Berlin and Munich: Langenscheid, 2005.

Flusser, V., *Lod der Oberflächlichkeit, für eine Phänomenologie der Medien*, 1969~91.(김성재 옮김, 《피상성 예찬: 매체현상학을 위하여》, 커뮤니케이션북스, 2004.)

Hartmann, F., *Medienphilosophie*, 2000.(이상엽 · 강웅경 옮김, 《미디어 철학》, 북코리아, 2008.)

Kittler, F., *Aufschreibesysteme 1800/1900*. München: Wilhelm Fink, 1985.

Kittler, F., *Grammophon, Film, Typewriter*, Berlin: Brinkmann & Bose, 1986.

Kittler, F., *Optische Medien -berliner Vorlesung 1999*, 2002.(윤원화 옮김, 《광학적 미디어: 1999년 베를린 강의: 예술, 기술, 전쟁》, 현실문화, 2011.)

Morwood, J. & Taylor, J., *Pocket Oxford classical Greek Dictionary*. Oxford Uni. Press, 2002.

Poster, M., *Foucault, Marxism and History: Mode of Production versus Mode of Information*, 1984.(조광제 옮김, 《생산양식 대 정보양식: 푸코와 맑스주의》, 민맥, 1989.)

Poster, M., *Second Media Age*, 1995.(이미옥 · 김준기 옮김, 《제 2미디어 시대》, 민음사, 1998.)

Virilio, P. & Lotringer, S., *Pure War*. (M. Polizzoti, Trans.). New York: Semiotext(e), 1997.

Virilio, P., *Vitesse et Politique*, 1977.(이재원 옮김, 《속도와 정치》, 그린비, 2004.)

Virilio, P., *Esthétique de la Disparition*, 1989.(김경온 옮김, 《소멸의 미학》, 연세대 출판부, 2004.)

Virilio, P., *L'Art du Moteur*, 1993.(배영달 옮김, 《동력의 기술》, 경성대출판부, 2007.)

Virilio, P., *La bombe informatique*, 1998.(배영달 옮김, 《정보과학의 폭탄》, 울력, 2002.)

Kittler, F., "Protected Mode", In J. Johnston (Ed. and intro.), *Literature media: information systems*, Amsterdam: OPA, 1997, pp. 147~155.

3부

동서양의
모빌리티 사상

모빌리티와 기술 철학 :

시몽동과 스티글러

김재희

이 글은 《범한철학》 제88집(2018. 3)에 게재된 논문과 《슈퍼휴머니티: 인간은 어떻게 스스로를 디자인하는가》(문학과지성사, 2018)에 게재된 논문을 종합하고 수정하여 재수록한 것이다.

시몽동G. Simondon과 스티글러B. Stiegler는 기술적 환경을 인간 삶의 근본 조건으로 긍정하면서도 기술통제사회로 환원되지 않을 수 있는 인간과 기술의 적합한 관계 방식을 모색했다. 그들은 기술 자동화를 탈-노동post-labor으로의 전환점으로 이해하고, 기술의 발전이 '노동'이 아닌 '발명과 창조'의 계기, 즉 생계를 위한 '고용'이 아닌 자유로운 자기실현을 위한 '일'의 조건이 되어야 한다고 보았다. 가속화되고 있는 모빌리티 테크놀로지 시대, 인간-기계 앙상블의 기술적 삶이 갖는 의미를 파악하고 비판적 전망을 그려 보기 위해서는 그들의 기술철학에 주목할 필요가 있다.

자동기계와 노동 소외

《기술적 대상들의 존재 양식에 대하여》[1]에서, 시몽동은 기술이 발달함에 따라 봉착하게 된 노동 공동체의 한계를 지적하며, 기계화·자동화에 의한 인간 소외의 문제를 새로운 방식으로 해결하고자 했다. 그는 19세기 말 수공업적 작업장으로부터 기계화된 공장으로의 이행 시기에 나타난 인간 소외의 원천을, 마르크스가 생산수단의 소유를 둘러싼 노동과 자본의 대립에서 찾은 것과 달리, 기술적 개체와 인간 개체 사이의 "생리-심리학적 불연속성"에서 찾았다. "기계와 관련된 인간의 소외는 단지 사회-경제적 의미만 갖는 것이 아니

---

[1] 질베르 시몽동, 《기술적 대상들의 존재 양식에 대하여》, 김재희 옮김, 그린비, 2011. (G. Simondon, *Du Mode d'existence des objets techniques*, Paris: Aubier, 1958. *On the Mode of Existence of Technical Objects*, trans. Cecile Malaspina and John Rogove, Minneapolis: Univocal, 2017.); 이하 인용에서 한글본 참조 《기술적 대상》으로 축약 표기.

다. 그것은 또한 생리-심리학적인 의미도 갖는다. 기계가 노동자들을 위해서건, 기계 자신들을 소유한 자들을 위해서건, 더 이상 신체의 도식을 연장하지 않는다는 것이다."[2] 장인이 자신의 신체로 연장들을 움직이면서 자기 몸짓의 정확성과 연장들의 작동을 느낄 수 있었을 때는 겪지 못했던 소외감이, 기술적 대상들이 자동화되어 기계가 더 이상 인간의 몸짓을 그대로 연장하지 않고 기계 자신의 방식대로 움직이기 시작하자 나타났다는 것이다. 시몽동은 노동과 자본의 대립 구도만으로는 이런 소외의 양상을 설명하기 어렵다고 보았다. 그는 물론 자본과 노동의 비대칭적 구조가 인간과 기계의 관계를 왜곡시키고, 생산수단의 비-소유가 기계와 노동자 사이의 거리를 넓힌다는 점을 인정한다. 그가 강조한 것은, 노동자든 자본가든, 개체화된 기술적 대상에 대한 몰이해로 인해서, 인간은 더 이상 기계들과 진정한 관계를 맺지 못한다는 점이다. 이 소외감은 특히 기술적 개체들이 출현하기 이전, 오랜 세월 동안 인간이 그들 대신 연장들의 운반자 역할을 맡아 왔기 때문에, 그래서 자동기계가 부당하게 인간의 역할을 빼앗는다고 믿을 정도로, 인간이 그 자신을 기술적 개체로 이해해 왔기 때문에 나타나는 것이기도 했다.

〈기술 정신〉[3]에서, 시몽동은 산업적 생산양식에서 나타나는 인간과 기계 사이의 이 "생리-심리학적 불연속성"이 인간들 사이의 관계의 불연속성을 강화한다고 설명한다. 기술적 대상이 도구 수준에 있는 장인적 양식의 경우에, 정보 원천과 에너지 원천은 모두 인간 작

---

2   질베르 시몽동, 《기술적 대상》, 171~172쪽.

3   G. Simondon, "La mentalité technique," *Sur la technique*, puf, 2014. pp. 295-313.;
    "Technical Mentality," *Parrhesia* 07. trans. Arne De Boever. 2009. pp. 17-27.(이하 인
    용 쪽수는 영어본 참조).

업자에게 있다. 에너지는 근육 힘의 활용이고, 정보는 학습되고 전수된 것으로서 제스처의 적용을 제어하고 규제하는 감각적 장치의 현실적 실행이며, 작동은 인간 작업자와 동일한 스케일에 속하는 실재들 위에서 연속적인 도식들에 따라서 수행된다. 노동하는 작용과 노동 생산물의 사용 조건들 사이의 거리가 상대적으로 약하고, 인간 존재와 자연 사이의 관계도 직접적이다. 다시 말해, 장인적 양식에서는 자연, 인간, 기술적 대상 사이의 상호작용적 3자 관계가 생리심리학적으로 연속적이다. 반면, 기술적 대상이 기계의 수준에 도달한 산업적 양식의 경우에는 이 3자 관계가 불연속성을 띠게 된다. 정보 원천으로서의 인간과 에너지 원천으로서의 자연이 분리되고, 정보에 의한 에너지의 변조 효과가 중계기 역할을 하는 기계를 통해 실현된다. 특히 정보 원천이 여러 수준으로 분할됨으로써 인간 소외는 더욱 가속화된다. 동일한 인간 존재의 기능이 "일의 해부학"에 따라 발명가, 제작자, 작동자로 전문화-분업화하면서 자연과 기술적 대상에 대한 인간의 관계만이 아니라 인간들 사이의 관계조차도 불연속성에 빠뜨리는 것이다.

노동으로 환원되지 않는 기술 문화

그렇다면, 이런 소외, 즉 자연, 인간, 기술적 대상 사이의 불연속성은 어떻게 극복될 수 있는가? 시몽동의 해법은, 자동기계를 배척하거나 전-산업적 양식으로 되돌아가는 것이 아니라, 장인적 양식과 산업적 양식의 불일치를 '변환적으로' 조정하여 새로운 차원에서 연속적 관계를 회복하는 것이었다. 변환transduction은, 시몽동 고유의 방법론으로서, 마치 불일치하는 두 망막 이미지가 제3의 지점에서 관계 맺으며 시각의 불균등화를 해결하듯이, 양립불가능하고 불균등한 것들 사이에서 "양립가능성이라는 우월한 질서의 발견, 공조 synergie의 발견, 준안정적인 평형의 보다 상승한 수준에서 일시적인 해결의 발견"[4]을 의미한다. 시몽동은 자연, 인간, 그리고 기술적 대상이 상호 협력적으로 공진화할 수 있는 "기술 문화technical culture"의 확립에서 그 불연속의 해법을 찾는다. 기술적 개체화가 야기한, 장인적 양식과 산업적 양식 사이의 불일치와 갈등을, 노동과 생산의 경제 프레임을 넘어서는 탈-노동의 기술 문화로 변환시키고자 한 것이다.

시몽동에 따르면, 생산수단들의 공유화만으로는 소외의 축소를 가져올 수 없고, 소외의 축소는 개체화된 기술적 대상과 인간 개체가 상호 협력적으로 작업할 수 있는 '기술 문화'의 형성을 통해서만 가능하다. 이 기술 문화는 행위 결과의 목적성과 생산성을 우선시하는 인간적 노동과 경영의 태도가 아니라, 자기-조절 기능의 내적 정합성에 주의하는 "기계의 자동성"[5]의 태도를 취하는 것이다. 여기서의 '자동성'은 "기술적 완전성에서 아주 낮은 정도에 해당"하는 자동성, 즉 통상적인 의미에서 인간을 필요로 하지 않는 "전부 기계들로 이루어진 하나의 기계"[6]로서의 닫힌 시스템을 구성하는 자동성이 아니다. 소위 "자동화라 부르는 산업 조직화의 형태로 기계를 활용하는 것은 기술적인 의미작용보다는 경제적이거나 사회적인 의미작용

4 질베르 시몽동, 《형태와 정보개념에 비추어 본 개체화》, 황수영 옮김, 그린비, 2017.(G. Simondon, *L'Individuation à la lumière des notions de forme et d'information*. Grenoble: Millon. 2005), 478쪽.
5 질베르 시몽동, 《기술적 대상》, 173쪽.
6 질베르 시몽동, 《기술적 대상》, 12쪽.

을 더 갖는다."[7] 기술적 의미에서의 진정한 자동성은 '준안정적인 시스템의 자기-조절 기능'에 있다. "기술성의 정도를 높이는 것이라고 말할 수 있는 기계들의 진정한 개선은 자동성의 증대에 상응하는 것이 아니라, 오히려 기계의 작동이 어떤 비결정의 여지를 내포한다는 사실에 상응한다. 기계가 외부 정보를 감지할 수 있도록 만드는 것이 바로 이 비결정의 여지다. 하나의 기술적 앙상블이 실현될 수 있는 것은 바로 정보에 대한 기계들의 이런 감수성에 의해서지 자동성의 증가에 의해서가 아니다 (…) 고도의 기술성을 부여받은 기계는 열린 기계다. 그리고 열린 기계들의 앙상블은 인간을 상설 조직자로, 기계들을 서로 연결시켜 주는 살아 있는 통역자로 상정한다. 노예 집단의 감시자이기는커녕, 인간은 마치 연주자들이 오케스트라의 지휘자를 필요로 하듯이 그를 필요로 하는 기술적 대상들 모임의 상설 조직자다."[8] 다시 말해, 인간과 기계 사이의 진정한 상호 협력적 관계는 기계를 노동의 도구로 전제하는 경제적이거나 에너지적인 차원에서가 아니라, 인간과 기계가 함께 참여하는 '자기-조절 시스템의 작동 기능' 차원에서 이루어질 수 있는 것이다. 시몽동은 '조절과 제어'에 주의하는 기술적 활동이 생산성에 몰두하는 노동보다 더 포괄적이고 근본적인 범주라고 이해한다. '노동'은 인간이 연장들의 운반자로서 기술적 개체의 역할을 대신하던 장인적 양식에서나 적합했던 개념이며, "기술적 활동은 단순한 노동, 소외시키는 노동과는 구분된다. 기술적 활동은 단지 기계의 활용만이 아니라, 발명과 구축 활동을 연장하는 것인, 기계의 보전이나 조절이나 개량, 기

---

7 질베르 시몽동, 《기술적 대상》, 13쪽.
8 같은 곳.

술적 작동에 기울이는 주의의 특정한 비율 또한 포함하는 것이다."[9] 따라서 노동이 이러한 의미의 기술적 활동으로 대체되어야 한다는 것이 시몽동의 근본적인 주장이다.

탈―노동의 기술 문화와 개체초월적인 사회관계

그런데 시몽동이 주장하는 '노동을 넘어서는 기술적 활동'은 독특하게도 '개체초월적인 집단적 관계'에 기초하고 있다. 개체초월적transindividual 관계는 노동 분업에 따른 사회적 관계가 아니라, 전개체적preindividual 자연의 퍼텐셜을 운반하는 기술적 대상들을 매개로, 인간 개체들 사이에 새로운 정서적 연대가 구현됨으로써 구축되는 것이다. 그것은 집단 안에서 이미 분리되어 있는 개체들 사이의 연대나 소통 관계를 의미하는 상호주관성intersubjectivity이나 상호개체성interindividuality과 같은 것이 아니다.《형상과 정보 개념에 비추어 본 개체화》에 따르면, 개체초월성은, 생물학적 종의 일원으로서 분리되어 있던 인간 개체들 안에 '자연의 무게'로 내재하던 전개체적 퍼텐셜이 그 개체들을 가로질러 정념적―정서적 차원에서 서로 연결되면서, 심리적 개별화와 집단적 개체화가 동시에 형성될 때 발생한다. 시몽동은 노동 공동체의 생물학적 차원을 넘어서는 것으로서, 인간에 고유한 정념적―감정적 연대의 이 개체초월적 집단성이 바로 기술적 대상을 매개로 실현된다는 점을 강조한다. "노동의 사회적 공동체를 넘어서, 조작적 활동에 의해 지원되지 않는 개체 간 관계 저편에, 기술성의 정신적이고 실천적인 우주가 설립된다. 그 안에서

---

9   질베르 시몽동,《기술적 대상》, 359쪽.

인간 존재자들은 자신들이 발명하는 것을 통해서 소통한다. 그 자신의 본질에 따라 이해된 기술적 대상, 즉 인간 주체에 의해 발명되었고, 사유되었고, 요구되었고, 책임 지워졌던 것으로서의 기술적 대상은, 우리가 개체초월적이라 부르고자 하는 관계의 표현 매체이자 상징이 된다."[10]

시몽동에게 기술은 본질적으로 자본과 노동 사이의 '어두운 지대'에 속한다. 자본과 노동의 범주들은 기술적 활동의 본성을 은폐하며 인간을 기술적 본질로부터 소외시킨다. 기술은 생산의 도구가 아니라 전개체적인 것과 개체초월적인 것을 매개하는 것이기 때문이다. 기술적 활동을 특징 짓는 '발명'도 생물학적 개체가 아닌 개체초월적 '주체'의 활동이다. 발명의 주체는 개체화되지 않은 자연의 하중을 품고 있어 개체보다 더 광대하고 풍부한 존재자로서 자신에게 연합되어 있는 전개체적 퍼텐셜리티에 입각해서 발명한다. 발명된 기술적 대상은 이 전개체적 실재성을 시공간을 횡단하며 다른 존재자들에게 전파한다. 시몽동은 바로 이런 점에서 기술적 대상들이 인간의 단순 도구에 불과한 것이 아니라, 인간들 사이의 개체초월적 관계를 실현하는 본질적인 매체라고 본다. 이 개체초월적 관계 안에서 인간과 기술적 대상은 전개체적 하중을 운반하고 소통하는 존재자라는 점에서 상호 협력적인 공존의 관계를 맺는다. 요컨대, 시몽동에게 기술은 노동과 생산의 조건이 아니라 전개체적 실재성을 현실화하는 인간-비인간 네트워크의 개체초월적인 탈-노동 문화의 조건인 것이다.

---

10   질베르 시몽동, 《기술적 대상》, 354쪽.

기술 정신과 자연-기계-인간의 포스트-산업적 앙상블

시몽동은 이러한 개체초월적인 기술 문화가 특히 정보기술 네트워크에 기반한 포스트-산업적 생산양식에서 실현될 수 있으리라 전망했다. 〈기술 정신〉에 따르면, 장인적 생산양식과 산업적 생산양식 사이의 불일치와 갈등을 변환적으로 해결하는 포스트-산업적 생산양식에서는, 열린 네트워크를 지향하는 기술 정신과 기술적 대상을 통해서, 자연-기계-인간이 연속적 관계를 맺고 있는 앙상블이 구축될 수 있다. 기계에 정보를 제공하는 상이한 기능들(기술자, 노동자, 관리자 등)이 파편화되어 있지 않고 서로 연결되어 기술적 실재를 전체로서 경험할 수 있을 뿐만 아니라, 기술적 생산물 또한 자연 세계와 인간 세계에 동시에 삽입되어 전체 네트워크의 일부를 이룰 수 있기 때문이다.

여기서 '기술 정신'이란, 가령 자동차를 선택할 때 기술적 대상의 비본질적 특성들을 고려하는 소비자의 태도와 같은 것이 아니라, 준안정적 시스템의 조절 기능에 주목하는 기술적 활동의 고유한 태도를 말한다. 시몽동에 따르면, 기술 정신의 '인지 도식cognitive schemas'은 경계를 넘어서는 '유비적 해석'의 힘으로, 인간적인 것과 비인간적인 것을 포함한 모든 실재의 상이한 질서들로부터 '기능적 작동의 공통 양식'을 발견하는 "범주횡단적 지식transcategorical knowledge"[11]을 산출할 수 있다. 시몽동은 데카르트적 메카니즘과 사이버네틱스이론을 기술적 인지 도식의 대표적인 사례로 제시한다. 데카르트적 메카니즘이 '손실 없는 이전transfer without losses'이라는 인지 도식을 도르래

---

11 G. Simondon, *Technical Mentality*, p. 18.

기계의 역학적 운동으로부터 논리적 연역 추론에 이르기까지 확장시켜 적용한 경우라면, 사이버네틱스는 '목적성에 능동적으로 적응하는 피드백 조절 작동'이라는 인지 도식을 자동조절 기계장치로부터 생명체의 행동 및 지리적 기상학적 현상에 이르기까지 확장시켜 적용한 경우라고 할 수 있다.[12] 기술적 작동에 기반한 인지 도식은 비기술적 영역으로 확장되어 새로운 지식을 산출할 수 있을 뿐만 아니라, 자연-기술-인간 사이의 상호 협력적 네트워크를 창조할 수 있는 행동의 도식들과 가치들도 발전시킬 수 있다. 시몽동은 이 기술 정신의 기본 공준으로 '하위 부품들의 상대적인 탈착가능성'과 '문턱(임계점)의 구조적 조건을 갖는 작동 체제의 (정태적 상태가 아니라) 현실적 활동성entelechy에 대한 우선적 고려'를 제시한다. 이 공준에 따르는 기술적 활동은 절대적으로 불가분하고 불변하는 형이상학적 실체가 아니라, 하위 부품들의 교체와 재배치를 통해 언제나 갱신될 수 있는 '준안정적인 자기-조절 시스템의 열린 대상'을 '포스트-산업적 기술 대상'으로 산출할 수 있다. 정보기술 네트워크는 산업적 양상에서 분리되었던 에너지와 정보를 다시 연결시킴으로써 '장인의 작업장'과 '산업적 공장'을 '포스트-산업적 실험실'로 변환적으로 통합시킨다. 마치 오늘날의 '메이커 활동'을 예견하는 듯 보이는 이 포스트-산업적 실험실에서, 산업적 표준화를 통해 대량생산된 하위 부품들이 발명가, 제작자, 조작자의 분리된 기능들을 하나로 통합한 기술자들의 자유로운 조립과 제작 활동을 통해서, 포스트-산업적인 기술적 대상들로 산출되는 것이다.

결론적으로 시몽동이 보기에, 정보 네트워크에 입각한 포스트-산

---

12   G. Simondon, *Technical Mentality*, p. 17-18.

업적 양식은 자연-기계-인간의 앙상블을 실현하는 개체초월적인 탈-노동의 기술적 문화의 토대에 해당한다. 시몽동은 생물학적 인간 종의 노동에 기초한 공동체보다 창조적 발명의 기술적 활동에 기반한 개체초월적 집단이 한층 더 진화한 인간사회의 형태라고 생각한다. 그는 인간과 기계의 대립으로 드러나는 소외의 문제를 기술 그 자체에서가 아니라 기술의 진화에 상응하여 적합하게 조절되지 못한 '인간과 기술의 관계 방식'에서 찾았다. 기술이 인간의 손안에서 조절되고 있을 때의 행복감이 인간의 통제력 바깥으로 성장한 기술에 대한 두려움으로 바뀌게 되었을 때, 대개 노동과 생산의 프레임 안에서 기술에 대한 출구 없는 비판과 일자리 걱정에 몰두했던 것과 달리, 시몽동은 기술에 대한 인간의 관계를 재-발명하는 방향으로 문제 해결의 가능성을 보여 주었다. 그에 따르면, 20세기 정보 기술 시대에는 더 이상 기계들 앞에서 무력하게 소모되며 노동 수단을 잃었다고 기계들을 부수는 '노동자로서의 인간'이 아니라, 기계들의 작동 방식을 이해하고 기계들의 관계를 조직화하며 기술적 앙상블을 구축할 줄 아는 능동적인 '기술자로서의 인간'이 출현할 수 있어야 한다. 열역학적 시대의 '개체' 수준을 넘어서 정보 네트워크의 '앙상블' 수준으로 기술성이 발전했음에도 불구하고, 인간-기계 관계가 여전히 노동 패러다임에 묶여 있는 것이야말로 인간의 '기술로부터의 소외'를 지속시키는 것이다. 그러나 AI의 발달과 소위 4차 산업혁명이 이와 같은 소외와 자동화를 넘어선 탈-노동의 가능 조건이 될 수 있으려면, 노동과 생산의 프레임을 벗어나서 자연-기계-인간의 관계를 준안정적인 자기-조절 시스템으로 사유하려는 진정한 '기술 정신'의 확산과, 이에 기반한 인간-비인간 네트워크의 개체초월적인 '기술 문화'가 실현되어야 한다.

기억 기술의 하이퍼-산업화와 관개체화

시몽동은 전-산업 양식과 산업 양식의 대립에서 비롯하는 정서적 갈등과 소외의 문제는 양자를 변환적으로 통일하는 포스트-산업 양식의 실현을 통해 극복될 것이며, 이 포스트-산업 양식은 기술 정신의 확산과 정보기술 네트워크화를 기반으로 정서적 · 사회적 접속들을 증폭시켜 개체초월적 관계망을 확장함으로써 실현될 수 있으리라 전망했다. 그러나 스티글러는 정보 네트워크와 더불어 '포스트-산업화'보다는 오히려 '하이퍼-산업화'가 도래했다고 지적한다. 근대 산업 시대가 '계산'(하이데거)과 '부르주아 자본주의'(마크르스)로 특징 지어진다면, 하이퍼-산업 시대는 이러한 근대 산업사회의 특징들이 바이오-디지털 기술의 등장과 더불어 가속화되면서 생산과 산업을 넘어서 일상생활 및 문화 상징계 전반으로 확장되고 강화된 시대, 그래서 정보기술에 기반한 '통제사회'(들뢰즈)를 산출하게 된 시대를 의미한다.

시몽동의 기계학mechanology이 '조절과 제어의 조작적 기능'이라는 기술적 본질에 초점을 두었다면, 스티글러의 기술technics은 문자, 기록, 책, 사진, 영화, 텔레비전, 인터넷 등 정보와 기억의 보존을 위해 만들어진 '기억기술mnemotecnnics'에 초점을 둔다. 시몽동이 전개체적인 퍼텐셜리티를 개체초월적으로 현실화하는 기술의 역량에 주목했다면, 스티글러는 인간 삶을 역사적으로 다양하게 조직화하고 구조화는 기술의 효과에 관심을 갖는다. 기억기술 장치들은 인간 종에 본질적인 보철물들로 구성된 '인공적 기억'으로서 생물학적 프로그램에 의해 결정되지 않은 가능성을 실현할 수 있게 한다. 기억기술 장치들은 특히 유동적이고 연속적인 인간적 경험들을 이산시키고

'문법화grammatization'한다. "문법화는 구조들의 생산과 이산discretization 이다. 그 구조들은 전개체적 환경과 개체초월적 조직화를 가로지르 며, 기술적 또는 기억-기술적 장치들에 의해 지탱된다."[13] 알파벳의 등장이 모든 지식의 기술적-논리적 조건으로서 서구 정신의 단일화 와 통제에 기여했듯이, 오늘날에는 이미지, 목소리, 신체, 제스처 등 을 데이터와 정보 형태로 프로그래밍하는 기억기술 장치가 의식적 인 삶을 문법화한다.

　스티글러는 시몽동의 '기술을 매개로 한 심리적-집단적 개체화' 라는 개념을 '심리적-집단적-기술적 개체화'로 변형시켜 비판적으 로 계승한다. 그에 따르면, 인간의 개체화는 '심리적 개체화'(나), '집 단적 개체화'(우리), '기술적 개체화'(나와 우리를 연결하는 환경, 기억기술 에 의해 매개된 환경)의 동시적 형성으로 특징 지어진다. '나'라는 심리 적 개체는 집단적 개체인 '우리'에 속하지 않고서는 생각될 수 없다. '나'는 집단의 역사적 유산을 '입양'(나의 직계 선조의 것이 아닌 과거를 내 것으로 받아들임)하는 과정을 통해 구성되기 때문이다. '나'는 실체 적인 상태가 아니라 준안정적인 하나의 과정, 심리적으로 개체화하 는 과정이며, '우리' 역시 집단적으로 개체화하는 하나의 과정이다. '나'의 개체화가 거기에 기입되어 있고, '우리'의 개체화는 '나'들 사 이의 갈등하는 개체화들을 통해서 발생한다. 시몽동은 '나'와 '우리' 의 동시 발생을 '심리적-집단적 개체화'로 보았고, 이것은 생물학적 으로 개체화된 차원을 넘어선 '개체초월적인 것'에 속한다고 정의했 다. 그런데 스티글러는 여기에다가 "기술적 시스템의 개체화(시몽동

13　B. Stiegler, *Symbolic Misery*. Cambridge, UK: Polity Press. 2014. p. 55.

이 이상하게 주목하지 않았던 것)"[14]를 덧붙인다. 시몽동은 기술적 대상들의 구체화는 다루었지만, 전개체적인 것과 마찬가지로 심리적 개체나 집단에 의해서 그 자체로 경험되지 못하는 '공통성'으로서 이미 존재하는 '기술적 시스템'에 대해서는 주목하지 않았다는 것이다. 그는 이 기술적 시스템이야말로 개체적인 것과 개체초월적인 것 사이의 변환적 관계를 작동시키는 후생계통발생적 조건epiphylogenetic condition으로서 필수적이라고 주장한다. 르루아-구랑André Leroi-Gourhan의 인류학적 고찰을 수용한 스티글러는 인간의 생물학적 진화가 기술적 진화(기억의 물질적 외재화)와 더불어 진행되며, 특히 인간이 자연선택에 의한 적응의 한계를 넘어설 수 있었던 것은 후생계통발생적 기억의 발명 덕분이라고 본다. 그에 따르면, 구석기시대 이후 인류는 세 가지 기억들로 발전한다. ① 발생적 또는 종적 기억genetic or specific memory ② 후생적 또는 신경적 기억epigenetic or nervous memory ③ 후생계통발생적 또는 기술-논리적 기억epiphylogenetic or techno-logical memory. 종적 기억이 경험에서 벗어나 있고, 신체적 기억이 그 신체와 더불어 사라지는 것이라면, 기술적 기억은 '유산'으로서 누적되고 전승된다.[15] 따라서 그는 심리적인 것, 집단적인 것, 기술적인 것, 이 세 줄기가 상호작용하면서 동시결정화syncrystallization하는 '심리적-집단적-기술적 개체화'를 '관개체화transindividuation'로 새롭게 정의한다. "개체화는 이중이 아니라 삼중이다. 즉 심리적, 집단적, 기술적인 이 각각은 다른 것들이 없이는 생각될 수가 없다. 그것들은 세 갈래의

---

14 Ibid. p. 51.

15 B. Stiegler, "Temps et individuations technique, psychique et collective dans l'œuvre de Simondon," *Intellectica* 1/2, 26-27, 1998, pp. 250-251.

변환적 관계 속에 있다."[16]

시몽동이 전개체적인 것을 '자연의 역량'으로 또는 형이상학적 존재의 생성 역량으로 이해하고 기술을 이 존재론적 퍼텐셜리티의 '표현 매체'로 보았다면, 스티글러는 심리적이고 집단적이며 기술적인 세 수준의 동시적인 상호결정 관계를 강조하면서 네트워크화된 기술시스템 자체를 인간 삶의 전개체적 환경으로 다시 자리매김한다. 시몽동의 개체초월적인 것이 비-인간중심적인 생성 철학의 관점에서 전개체적인 것과 기술적인 것과의 3자 관계 속에서 고찰된 것이라면, 스티글러의 관개체화는 3중성의 강조에도 불구하고 사실상 기술적 환경과 인류라는 2자 관계의 역사적 상호작용에 초점을 둔 인간학적 프레임을 벗어나지 않는다.

탈개체화된 노동과 앎으로부터의 소외

이와 같은 기술에 대한 이해의 근본적인 차이를 토대로, 스티글러는 시몽동이 겪지 못했던 90년대 이후 하이퍼-산업 시대의 가장 큰 문제점으로 시몽동의 개체초월적 집단화의 가능성이 파괴되는 것을 꼽는다. 그에 따르면, 3차 산업혁명의 기억기술 장치, 즉 정보기술공학의 문법화는 언어 영역을 넘어서 의식과 무의식, 몸짓과 행위에 이르기까지 전면적으로 진행되면서 전개체적 과거의 유산을 해석하는 선별 장치로서 개체화의 조건들을 조직화한다. 디지털 네크워크를 활용하는 문화적 생산과 소비의 양식들이 자본주의 경제의 정언명령들과 결합된 하이퍼-산업사회의 기억기술은, 인간 개체의 고

---

16 B. Stiegler, *Symbolic Misery*, p. 70.

유한 욕망을 동일한 소비 대상을 향한 충동으로 퇴행시키며 개체들의 개체초월화 역량을 약화시키고, "사회적 관계의 액체화"[17]를 초래한다. 독특성을 상실한 개체, 즉 하이퍼-산업적 기억장치들에 주의 attention가 포획되어 시장의 이익에 복무하기 위해 무한히 나뉘어지는 들뢰즈적 '가분체들dividuals'은 더 이상 진정한 연대의 '우리'가 아닌 '아무나'가 될 뿐이다. 의식적 주의력이 개인과 집단의 삶을 장기적 전망에서 사유할 수 있도록 작동하는 것이 아니라 일회용품의 단기적 소비에 포획된 존재, 네트워크의 기술적 시스템 안에서 하나의 기능적 요소로만 작동하는 존재, 데이터베이스를 찾으면서 곧 그 데이터베이스의 일부가 되고 자신이 소비하는 곳에서 그 자신을 소진하는 존재, 이런 존재들로 구성된 '아무나'는 인간사회의 개체초월적인 집단화가 아니라 "인간사회의 절지동물-되기"[18]를 산출한다. 전개체적 환경들은 기술공학적-산업적으로 변형되고, 인간 생체를 둘러싼 다양한 보철물들이 상징적, 정신적, 운동적 기능들을 통제한다. 인간은 개미(웨어러블 장치와 같은 보철물들로 뒤덮임)와 스파이더(네트워크 속에서 자신을 먹음) 사이의 절지동물과 같은 것이 되고, 인간사회는 개체초월적으로 집단화하기는커녕 곤충사회와 같은 멀티-에이전트 시스템에 지나지 않게 된다. 스티글러는, 시몽동이 정보 소통과 공유를 통해 단절과 고립을 극복할 수 있는 내적 공명을 이룰 것이라 낙관적으로 전망했던 정보사회가, 오늘날 디지털 네트워크 환경의 구축을 통해서 더 이상의 개체화가 불가능할 정도로 통제된,

---

[17] B. Stiegler, *For a New Critique of Political Economy*. trans. by Daniel Ross. Cambridge, UK: Polity Press. 2010. p. 57.

[18] B. Stiegler, *Symbolic Misery*. p. 74.

더 이상 개인적 경험들의 축적이 불가능할 정도로 공시적인 조직 사회가 되었다고 비판한다. 특히 심리적-집단적 개체화의 상실 또는 불가능성은 하이퍼-산업 시대의 '일반화된 프롤레타리아화'를 산출한다. 여기서 "프롤레타리아는, 질베르 시몽동에서 읽은 대로, 탈개체화된 노동자, 즉 그의 지식이 기계 속으로 들어가서, 더 이상 그가 연장들을 운반하고 실행시킴으로써 개체화되는 노동자가 아닌 노동자다."[19]

시몽동의 관점에서 보자면, 이 '탈개체화된 노동자'는 더 이상 기술적 개체의 역할을 하지 않게 된 인간, 그래서 기술적 대상들과 신체적 운동을 통해 '심리-생리학적'으로 관계 맺지 않게 된 인간이다. 시몽동은 노동자의 이 탈개체성을, 스티글러와 달리, 인간과 기계의 관계를 재조정할 계기로, 즉 노동 공동체를 넘어선 개체초월적 집단화의 긍정적 조건으로 이해했다. 그에 따르면, 인간은 이제 기술적 개체가 대신할 수 있는 노동을 고집할 것이 아니라 노동보다 한 차원 업그레이드된 기술적 활동 안에서 기술적 개체들을 매개로 동등하게 소통하며 기술적 작동에 함께 참여할 수 있는 사회적 시스템을 구축하는 데 주력해야 한다. 그러나 스티글러는 노동자의 이 탈개체성을, '심리-생리학적인 측면'이 아닌 '지적 측면'에서, 즉 '앎'의 탈인간화와 기계화의 의미로 이해하며 부정적으로 평가한다. 즉, 전면적인 기계화-자동화와 기억기술 문법화의 하이퍼-산업적 확장이 노동자로부터 '할 줄 앎savoir-faire'과 '살 줄 앎savoir-vivre', 나아가 '이론적 앎savoirs théoriques'까지 빼앗으면서 탈개체화된 노동자, 즉 프롤레타리아화를 산출한다는 것이다.

---

19   B. Stiegler, *For a New Critique of Political Economy*, p. 37.

그는 하이퍼-산업사회에서 압도적 다수가 이러한 '앎'의 박탈로 "구조적인 어리석음systemic stupidity" 상태에 처해 있으며, 극소수만이 읽고 쓰고 생각하며 창조적 발명의 활동을 할 수 있다고, 특히 "인류 종말을 이끄는 네 기사(구글, 애플, 페이스북 그리고 아마존)"[20]의 등장과 디지털 테크놀로지가 가능하게 만든 완전 자동화가 하이퍼-산업사회의 "일반화된 바보되기generalized stupefaction"을 완수하는 데 기여한다고 진단한다.[21]

고용을 넘어선 일의 발명

그렇다면, 스티글러는 하이퍼-산업 시대의 자동화 사회에서 디지털 기억기술이 야기한 인간 삶의 위기, 즉 총체적 프롤레타리아화로부터의 탈출 가능성을 어디서 찾고 있는가? 그의 해법은 '파르마콘 기술정치학'을 실행하는 것이다. 즉, 모든 기술은 본질적으로 파르마콘이기 때문에, 이 파르마콘의 독성을 치료약으로 전환시켜서, "탈-프롤레타리아화에 기초한 자동 사회를 구성하는 새로운 하이퍼-산업 시대"를 창출하는 것이다.[22] 프롤레타리아화가 자동화에 기반한다면, 탈-프롤레타리아화는 탈자동화에 기초한다. 그런데 이 탈자동화는 자동화 이전으로의 회귀가 아니라, 오히려 자동화를 적극적으로 재활용하는 것이다. 스티글러는 자동화로 인한 '삶과 앎'의 전면적 위기 상황에서, '고용'을 넘어선 탈-노동의 '일'을 개발해야 한

---

20 원어로 "four horsemen of the Apocalypse"인데, 이는 인간 세상의 네 가지 큰 재해 (전쟁 · 기근 · 질병 · 죽음)를 상징하는 네 기사騎士를 일컫는다.
21 B. Stiegler, "Automatic Society", p. 9.
22 Ibid. p. 13.

다고 주장한다.《고용은 끝났다, 일이여 오라!》에 따르면,[23] '고용'이 자동화된 시스템에 종속되어 프롤레타리아화하는 것이라면, '일'은 고용을 떠나서 기술적 자동성을 바탕으로 자유롭게 창조하고 발명하는 탈자동화 역량의 발현을 의미한다. 스티글러는, 하이퍼-자동화 시대에는, 고도로 발전한 기술적 자동성을 토대로, 더 이상 '고용'이 아니라 자신의 고유한 '일'을 하는 삶, 다시 말해 기술적 도구들을 '사용할 줄 앎', 성취의 기쁨과 앎을 공유하면서 함께 '살아갈 줄 앎', 따라서 '더불어-있을 줄-앎savoir-être-ensemble'에 근거한 삶의 방식이 실현될 수 있어야 한다고 역설한다.

고용을 넘어서 일을 실현하자는 스티글러의 주장은, 결국 관개체화의 세 수준들 사이의 변환적 관계를 추적하면서, 파편화된 가분체들의 상호 무관심한 집합체가 아니라 '나'와 '우리'가 서로를 가로지르고 소통하고 변화시키면서 잠재성들을 새로운 방식으로 개체화할 수 있는 가능성을 찾는 것이기도 하다. 디지털 기억기술의 매개가 어떻게 개체화의 조건들을 중층결정짓고 '나'와 '우리'의 관계를 재편성하는지 비판적으로 개입하면서 기술의 독성을 치료약으로 전환시키고자 노력해야 한다는 것이다. 가령, 젊은 세대의 디지털 기술에 대한 과도한 집착, ADHD와 같은 주의력의 약화, 사유의 성숙과 사회화 능력 발달의 차단 등과 같은 독성들은 경제 마케팅이 네트워크에 침입한 결과 야기된 '욕망의 충동화'를 통해 발현된 것이다. 이러한 충동에 기반한 리비도 경제에 저항하고, 소비자본주의가 가속화한 '삶을 돌보지 않는 무관심의 체제'를 벗어나기 위해서는, 무엇

---

23 스티글레르 & 키루, 《고용은 끝났다, 일이여 오라!》, 권오룡 옮김, 문학과지성사, 2018(B. Stiegler, *L'emploi est mort, vive le travail!*, Fayard, 2015.).

보다 우리의 '생각하는 능력인 지성을 돌보기', '앎의 역량 회복하기'를 적극적으로 추진해야한다고 스티글러는 주장한다. 다시 말해, 자동화된 기술시스템에 고용된 기계로 전락하는 것이 아니라 오히려 기술의 자동성을 바탕으로 새로운 것을 발명하고 창조할 줄 아는 탈자동화 능력을 키워야 한다는 것이다. 충동화된 욕망이 아니라 '생각할 줄 앎', 사용가치나 교환가치보다는 '실용가치를 창출할 줄 앎'의 능력을 키워야 한다는 것이다. 《고용은 끝났다, 일이여 오라!》에서 스티글러는 무관심과 궁핍화를 낳는 '고용' 패러다임에 대항하여 개인과 집단이 개체초월적 관계 속에서 창조적으로 작업하는 '일'의 가능한 모델로 '프리웨어'를 제시한다. 프리웨어는 모든 사용자들에게 그 사용과 연구, 수정, 복제, 배포가 기술적 법적으로 허용되어 있는 소프트웨어를 의미한다. 프리웨어 분야에서는 개발자들이 끊임없이 다른 개발자들의 작업을 보완함으로써 모두에게 개방되어 있는 소프트웨어가 모든 사람들의 기여에 의해 지속적으로 보완된다. 나아가 이러한 '프리웨어'와 같은 '일'의 방식을 활성화하기 위해서 스티글러는 경쟁과 소비를 가속화하는 '무관심의 경제' 대신에 모든 종류의 앎을 나누고 그 혜택을 함께 누리며 살아가는 '기여 경제contributive economy'를 제안한다. 고용과 임금 노동으로 살아가는 경제가 아니라 '기여 소득contributive income'으로 '일'을 하며 살아갈 수 있어야 한다는 것이다. 기여소득이란 사회적 가치가 있는 앎의 형태들을 각자의 잠재성을 실현하면서 발전시킬 수 있도록 모든 사람들에게 지급되는 소득을 말한다. 스티글러는 '기술을 예술로, 독을 약으로, 고용을 일로' 전환시킬 수 있도록, 기술적 조건 및 정치경제적 조건에 대한 비판적 개입을 통해서 생물학적 생존을 위한 충동과 욕구 차원을 넘어서 인간적 실존을 위한 삶의 양식을 만들어 내는 것이 오늘날 긴급하게 요청된다고 본다.

패러다임의 전환: 노동과 고용으로부터 기술적 앎에 기초한 창조적 삶으로

시몽동과 스티글러의 공통된 통찰에 따르면, 기술 자동화 시대에 노동과 고용의 위기를 넘어설 수 있는 가능성은 전개체적 잠재성을 창조적으로 실현하는 개체초월적-관개체적인 삶의 방식을, 기술 정신에 입각한 기술적 성취를 토대로 창출하는 것이다.

시몽동의 '노동을 넘어선 기술 문화'는 기술적 대상들에 의한 전개체적 퍼텐셜리티의 소통으로 이루어지는 개체초월적인 집단적 관계에 기초한다. 이것은 인간중심적인 기술도구주의를 넘어서 전개체적인 것과 개체초월적인 것을 매개하는 기술의 역량을 전제하고, 인간과 비인간의 변환적 관계를 개방하는 포스트휴머니즘적 전망을 함축한다. 반면 스티글러의 '고용을 넘어선 일의 문화'는 기술의 역량을 독이 아닌 약으로 활용함으로써 각자의 잠재성을 사회적으로 가치 있게 실현하는 삶의 지혜를 회복하자는 것이다. 이것은 기술-자본의 통제 체제로부터 인간적 삶을 구제하고자 하는 긴급한 제안의 의미가 있다.

파편화되고 탈개체화된 인간들의 노동 공동체와 통제 사회를 넘어서, 기술 정신에 기초한 개체초월적-관개체적인 기술 문화를 실현하기 위해서는, 우리 안에 내재하고 있는 전개체적 퍼텐셜리티에 대한 시몽동적 믿음과 하이퍼-산업화에 대한 스티글러적 비판적 리터러시가 기술에 대한 우리의 앎과 활용 방식에 녹아 있을 때 실현 가능할 것이다.

참고문헌

김재희, 〈기술과 개체초월성: 시몽동과 스티글레르〉,《범한철학》제88집, 2018.

_____,《시몽동의 기술철학: 포스트휴먼 사회를 위한 청사진》, 아카넷, 2017.

김재희 외,《슈퍼휴머니티: 인간은 어떻게 스스로를 디자인하는가》, 문학과지성사, 2018.

베르나르 스티글레르 · 아리엘 키루,《고용은 끝났다, 일이여 오라!》, 권오룡 옮김, 문학과지성사, 2018 (Stiegler, B., *L'emploi est mort, vive le travail!*. Fayard. 2015).

질베르 시몽동,《기술적 대상들의 존재 양식에 대하여》, 김재희 옮김, 그린비, 2011(Simondon, G. *Du Mode d'existence des objets techniques*. Paris: Aubier 1958; *On the Mode of Existence of Technical Objects*, trans. Cecile Malaspina and John Rogove, Minneapolis: Univocal, 2017.).

_____,《형태와 정보개념에 비추어 본 개체화》, 황수영 옮김, 그린비, 2017(*L'Individuation à la lumière des notions de forme et d'information*. Grenoble: Millon. 2005).

Simondon, G., "La mentalité technique" In: *Sur la technique*, puf, 2014. pp. 295-313; "Technical Mentality" In: *Parrhesia 07*, trans. Arne De Boever, 2009, pp. 17-27.

Stiegler, B., *Symbolic Misery*. Cambridge, UK: Polity Press, 2014.

_____, "Temps et individuations technique, psychique et collective dans l'œuvre de Simondon."*Intellectica*, 1/2. n° 26-27, 1998.

_____, *For a New Critique of Political Economy*. trans. by Daniel Ross, Cambridge, UK: Polity Press, 2010.

_____, "Automatic Society." *EPISTEME* 14, 2015.

최한기의 존재와 인식에 관한
패러다임의 전환

이명수

이 글은 〈한국철학논집〉 제57호(2018.5)에 게재된 원고를 수정 및 보완하여 재수록한 것이다.

최한기(1803~1877)는, 주지하는 바, 기氣로써 우주만물과 세상을 바라보자는 '기학氣學'을 전개하였다. 그에게는 "운화의 기가 만물과 만사의 근원이다."[1] 이는 만사만물의 근원은 리가 아니고 기이며 그 기는 운화한다는 것을 가리킨다고 풀이해도 틀리지 않다.

선험적 존재론에서 으레 사물 존재의 '이치'란 최한기의 기철학에서 인식 국면에도 있다. 그의 기학에서 존재론적 측면에 '유행의 리'가 있다면 사물 인식 국면에는 '추측의 리'가 있다. 그는 객관적 존재에 무수한 이치를 설정하였는데, 인식의 측면에서도 이치가 존재하는 것으로 여겼다. 그는 어떤 사물을 경험하여 그로부터 '진지眞知'에 접근하는 데에도 이치가 있다고 보았다.

최한기는 만물 존재와 그 인식에 있어 운동, 변화의 기운이 있음에 주목한다. 그것은 바로 운화기이다. 만물 존재와 인식 주체인 '나'뿐만 아니라 대상 인식에 있어서도 '운화기'가 있다고 보았다. 도덕의 이행에 있어 맹자의 측은지심도 최한기의 기학에서는 도덕 인식의 주체인 사람이 어떤 사건을 통해 경험, 교접을 통해 획득되는 것이 된다. 심체, 즉 마음의 본질인 신기의 운동성이 도덕적 행위의 바탕을 이루는 것이 된다.

그의 철학에서 이치와 작용뿐만 아니라 우리가 관심을 가질 수 있는 거의 모든 것에는 운동, 변화의 내재성이 있다. 무형이며 움직임이 없다고 설파되는 이전 '리理'의 가치 철학에서 벗어나 사물의 존재 방식, 또는 메커니즘에 현실성과 역동성을 부여하고 우리의 사물 인식 방법 역시 '운화기'에 기초할 것을 권장하였다.

이 글을 통해 최한기의 운화철학에 보이는, 존재와 인식에 관한

---

1 崔漢綺,《氣學》卷一: 運化之氣, 爲萬物萬事之根源.

패러다임의 전환을 살펴보고, 그것이 오늘을 사는 우리에게 주는 의미는 무엇일까에 관한 시사를 얻으려 한다.

존재와 인식의 패러다임의 전환

존재 패러다임의 실학적 전환

서구 충격에 의해 동아시아 근대는 만들어졌다. 이는, 정확히 말하면 1840년대 중국의 아편전쟁기를 전후로 '서구의 근대성', 근대적 삶의 메커니즘에 대하여 사람들이 크게 관심을 갖게 되었음을 뜻하기도 한다. 이 즈음부터 더욱 동아시아 사유에서 《천명의 몰락》이라는 저술이 있을 만큼 허황한 관념론이 배격되고, 역시 사변적이거나 이론적으로나 가능한 '현실성 없는 이치'는 크게 비판받게 되었다. 이는 전제군주제를 위해 요구되었던 명교名敎나 예교禮敎에 가까운 '도道'가 현실 문제인 '기器'를 말살하는 상황에 대한 반성이기도 한데, 이러한 각성은 19세기 말까지 격렬하게 계속되었다.

한국의 상황 역시 세상을 사는 데 필요한 '도'로서 고작 삼강오륜이나 유지되고, 서구 강국은 발전된 무기를 가지고 침략을 일삼는 가운데 백성은 도탄에 빠져 있었다. 따라서 그만큼 '새로운 존재의 이치'가 요구되었다고 할 수 있다. 최한기의 생각도 이 같은 시대 상황과 무관하지 않다. 전통 리의 사유에서, '기'는 '리'에 종속되고 사물의 국한적인 현상을 의미하는 경향이 있었지만, 최한기의 사유에서 기는 보편적이다. 그것은 '리'와 마찬가지로 사물마다에 존재한다.

---

2 高瑞泉, 《天命的沒落: 中國近代唯意志論思潮硏究(修訂本)》, 上海人民出版社, 2007 참조.

대개 옛 논설에는 리가 주된 것이었고 기는 작용이었는데, 기학의 논설에서는 기가 본질이고 리는 작용이어서 자연과 인간이 한 곳에 이르며 리와 기가 어우러져 나아간다. 이 때문에 논설한 것이라면 기의 작용이고 취해야 할 조처나 행동도 역시 기의 작용이다.[3]

리의 철학, 동아시아 존재론적 거대 서사인 성리학에서 모든 것에 우선하는 이치는, 최한기의 존재론에서 기의 존재와 작용에 앞서지 않는다. 기가 있으면 리는 저절로 있기 마련이다. 그런 후에 존재와 작용의 문제를 논할 수 있다. 만약 기의 본질과 작용에 통달하면 리는 저절로 기 가운데 있으니, 오직 기에 대하여 분명하게 하지 않음이 걱정이지 리에 밝지 않음은 걱정할 것이 없다는 게 최한기의 입장이다.[4]

리는 반드시 기에 나아가 취할 것을 인식해야 한다. 그런데도 기가 리라고 인식한다면 옳지 않다. 기를 버리고 리를 구한다면 더욱 옳지 않다. 만물의 근원을 논하건대 기가 하나라면 리도 하나이고, 만물의 분수分殊를 살피건대 기는 만 가지이고 리도 만 가지로 많다.[5]

일반적으로 '도리'라고 한다면, '리理'를 벗어나거나 뒷전에 놓고

---

3 崔漢綺, 《氣學》 卷二: 蓋古之論說, 理爲主而氣爲用, 氣學論說, 氣爲體而理爲用, 天人一致, 理氣合就. 是以論說卽氣之用, 措行亦氣之用.
4 崔漢綺, 《氣學》 卷二: 若通達氣之體用, 理自在於其中, 惟患氣之不明, 無患理之不明 참조.
5 崔漢綺, 《氣測體義》 〈推測錄〉 卷二. 推氣測理, 氣一理一: 理須就氣上認取. 然認氣爲理, 便不是, 捨氣求理, 尤不是. 論萬物之一原, 則氣一而理亦一, 觀萬物之分殊, 則氣萬而理亦萬.

말할 수 없음에 우리는 익숙해 있다. 그렇지만 최한기의 사유에서는 '기'가 '리'의 자리를 대신하고 '리'는 기의 조리에 불과하다.

우리가 말하는 모든 도리는 다 기의 도요, 기의 리이다.[6]

기의 조리가 리이다.[7]

《주자어류》에 의하면, 리는 도에 대한 세부적인 메커니즘이다. 다음을 보자

도는 통괄적인 용어이고 리는 세부적인 조목이다. 도는 길을 뜻하는데, 대개 사람들이 공통적으로 거쳐 가는 길을 말한다. 리에는 각기 조리, 경계, 조각이 있다. 때문에 소강절邵康節은 "저 도라는 것은 길이다. 도란 무형으로 그것을 걸으면 사안을 보게 될 것이다. 마치 도로의 도와 같아서 평탄하게 천억만 년을 가도록 하니 사람들은 그것이 귀착점임을 안다"라고 하였다. 리는 가지이자 조각으로 쫓아가야 할 하나의 길이다. 각기 조목이 있음으로는 그것을 '리'라고 하고 사람이 공유할 것이라는 점에서는 그것을 도라고 말한다.[8]

동아시아 문화사에서 오랜 동안 도는 동일성, 정체성으로 인식되

---

6 崔漢綺,《人政》卷九 敎人門[二] 文字道理: 凡言道理, 皆是氣之道氣之理.
7 崔漢綺,《人政》卷九 敎人門[二], 道理卽氣: 氣之條理爲理.
8 《朱子語類》卷6. 性理三, 仁義禮智等名義: 道是統名, 理是細目. 道訓路, 大概說人所共由之路. 理各有條理界瓣. 因擧康節云: "夫道也者, 道也. 道無形, 行之則見於事矣. 如'道路'之'道', 坦然使千億萬年行之, 人知其歸者也." 理是有條瓣逐一路子. 以各有條, 謂之理; 人所共由, 謂之道.

어 왔다. 도는 사실상 성리학적 리이자 국가, 정치, 삶의 근간으로 믿어져 온 것도 사실이다. 하나의 이치를 근간으로 현상적 다양성을 담아내기 위한 이념으로서 송대 정이程頤(1033~1107) 이래의 "리일분수理一分殊"[9]가 있어서 존재의 차이를 부분적으로만 인정하였다. 우주를 구성하는 존재의 근원은 오직 하나인 만큼, 거기에는 국가나 사회를 움직이는 진리, 도는 '하나'여야 한다는 획일성에 대한 믿음이 강하게 내재되어 있었다.

이 같은 믿음은 '서구의 충격'에 이른 구한말에도 사회 지도층에 팽배하였을 뿐만 아니라 한국의 20세기 후반까지도, 아니 지금도 확신하는 사람들이 있는 듯하다. 이에 반해 최한기의 사유에는 '만 개의 기와 만 가지로 다른 사물의 차이'가 상정된다. 기가 하나라면 리도 하나이며, 기가 만 개라면 리도 만 개이다. 물질성 측면인 기가 만약 한 가지라면 그에 따른 이치도 한 가지이며 그것이 만 가지로 다르다면 이치 또한 만 가지로 달라진다는 견해를 최한기는 표출한다.

그런데 도를 기의 차원으로 옮겨 놓은 최한기는 거기에 그치지 않고 '기의 운동 변화'를 도라고 규정한다. 그는 이렇게 말한다.

기의 운화가 도이다.[10]

전통철학에서 도가 리라면 운동 변화하지 않는다. 주지하는 바, 이기호발理氣互發과 같은 토론 과정에서 이황(1501~1507)처럼 불가피하

---

9 程顥·程頤 著, 王孝魚 點校：《二程集》(北京：中華書局, 1981),《河南程氏文集》, 卷9,〈答楊時論西銘書〉, p. 609.
10 崔漢綺,《人政》卷九 教人門[二], 道理卽氣: 氣之運化爲道.

게 '리동理動'을 제기한 경우가 물론 있기는 해도, 대체로 존재의 이치에는 운동성을 부여하지 않았다. 이에 반해 최한기는 "기의 속성은 원래 활동운화한다"[11]라고 하여 존재론적 운동성을 제기하였다. 그리하여 그는 《기학》의 후반 거의 대부분을 활동운화(또는 운화)에 관한 언급으로 채운다. 최한기는 우리가 해야 할 공부의 조리야말로 사물마다 일마다에 활동운화가 있음을 인정하여 따르는 것이라고 하였다.

활동운화를 가지고 공부의 조리를 분석해 본다면, '활活'이란 추측을 존양하는 것이고, '동動'이란 날로 새로워지는 이치를 건강하게 따르는 것이고, '운運'이란 돌고 도는 운동성을 헤아림이고, 화化란 조화롭고 원만하게 변통하는 것이니, 오직 이렇게 공부한 활동운화만이 한 몸에 본디 있는 활동운화를 통하여 대기의 활동운화를 받들어 자연과 인간이 한 곳에서 만나고 사물이 하나로 통하게 된다.[12]

자칫 우리는 사물의 질서, 국가의 정체성, 동질성, 가치관에 대하여 그 본질이 정태적·수동적인 것으로 이해할 수 있다. 이렇게 되는 것은 국가 차원의 선전이나 전제군주제 집단의 교도에서 비롯하는 경우가 많지만, 최한기는 이런 병폐에서 벗어날 것을 근대성의 맥락에서 권장하였다. 그는 사물에 내재한 생명적 운동성, 순환 변화의 이치를 따르며 현실적 물질 운동을 존재의 법칙으로 삼자는 견

---

11 崔漢綺, 《氣學》, 〈氣學序〉.
12 崔漢綺, 《氣學》 卷二 64번째 단락: 以活動運化分晢於功夫條理: 活乃存養推測, 動乃健 順日新, 運乃度量周旋, 化乃變通和融. 惟此功夫之活動運化, 因一身固有之活動運化, 承大氣之活動運化. 天人一致, 事物一貫.

해를 내었다고 할 수 있다.

존재와 인식에 걸친 두 메커니즘, 유행의 리와 추측의 리

앞서 논한 바, 최한기의 생각에는 수많은 기와 리가 상정된다. 기가 하나라면 리도 하나겠지만 기가 만 개라면 리도 만 개라서, '리일분수理一分殊'에서의 '리일理一'과 같은 용어적 의미는 최한기의 철학에서 퇴색하고 만다.

같은 맥락에서 사물 존재와 그것에 대한 인식에도 '리'가 각각 있다. 존재론적 측면에 '유행의 리'가 있다면, 인식론 측면에는 '추측의 리'가 있다. 그는 "신기의 추측 국면의 조리를 리라 한다. 심心·성性·정情에는 일정하게 가리키는 것이 있는데, 리엔 대기 유행의 리와 인심人心의 추측의 리가 있다"[13]고 하여, 신기에 의한 인식, 추측 국면의 이치를 일단 말한다. 그러면서 대기 운행이라는 자연 기운의 구체적 운동의 이치가 있다면 인간의 인식 측면인 인심에 추측의 리가 존재한다고 최한기는 보았는데, 여기서 인심의 추측의 리로 천도 유행의 리를 제대로 인식할 것을 요구하였다. 그는 말한다.

'리는 하나'이더라도 천리가 유행하는 것을 '유행의 리'라 하고, 과거 어느 날 견문見聞하고 열력閱歷한 것을 미루어 바야흐로 다가올 사물의 처리를 헤아리는 것을 '추측의 리'라고 하니, 사람이 사물을 추측하는 데 천리에 어긋남이 없기는 어렵고 천리에 어긋남이 있기는 쉽다. 그 어긋나고 어긋나지 않는 이유를 추구해 보면 이것은 오직 미룸이 마땅

---

13 崔漢綺,《人政》卷十一 教人門[四] 神氣之推測條理謂理也. 心性情有一定指的, 惟理有大氣流行之理, 有人心推測之理.

했느냐 마땅하지 않았느냐 하는 데 달렸고, 그 미룸의 마땅하고 마땅치 않은 것을 강구해 보면, 오직 헤아림의 양이나 정도에 달려 있으니, 인심의 추측의 리로 하여금 천도 유행의 리에 어긋남이 없도록 하는 것을 기대한다.[14]

이처럼 최한기는 사물의 존재에도 이치가 있고 인식의 국면에도 이치가 있음을 설파한다. 그의 사유에서 이치는 물건마다 사물마다에 있다. 이치는 하나가 아니라 기가 있으면 거기에 그것이 있게 된다는 점에서 수많다. 중요한 것은 사람의 역할이다. 존재론의 국면에서는 자연의 이치로서 천리에 어긋남이 없게 하고, 자연 저편의 인간의 인식 차원에서도 사물에 대하여 제대로 된 추측을 가하는 것이 요구된다. 인심의 추측의 리가, 인간 너머에 있는 자연의 진리로서 천도 유행의 이치를 저해하는 일이 없게 하여야 한다. 그렇게 함으로써 존재론적 국면과 인간의 인식 국면이 한결같이 어우러져야 한다는 것이 최한기의 견해다.

대상 인식의 패러다임

존재에 대한 참된 인식

사물에 대한 인식의 문제는 유학에서 격물치지나 지^知, 양지^{良知}와 같은 용어적 함축에서 이미 찾을 수 있거니와, 최한기의 사유에서는

---

14 崔漢綺,《氣測體義》〈推測錄〉卷三〈推情測性〉心性理各有分：理是一也, 而天理流行者曰流行之理, 推前日之見聞閱歷, 測方來之處事物者曰推測之理, 則人於推測事物, 無違於天理難, 有違於天理易. 究其違與不違之故, 惟在推之宜不宜也, 究其推之宜不宜, 惟在測之量度, 期使人心推測之理, 無違於天道流行之理也.

통通, 추측과 같은 용어에 '인식'의 의미를 담는다. 통은 인식 대상과 인식 주체의 소통, 추측은 무엇을 미루어서 어떤 사실을 짐작하는 것이다.

본질적으로 통은 소통이다. 사물 내외의 존재론적 운동성이라 할 수 있다. 마치 공기나 혈액의 소통과 같은, 사물의 존재에 필수불가결한 운동성이다. 그런 통이 사물 인식의 주체로서 인간이 대상에 소통하거나 통달한다는 의미로 쓰인다면. 이젠 '인식의 차원'에 접어든 것이다.

이처럼 최한기의 생각에서 '통'은 존재와 인식에 걸쳐 있다. 당초 《기측체의氣測體義》(1836)에서 '통通'이라는 용어로 운화의 의미를 담다가, 《기학氣學》(1857)과 《인정人政》(1860)에서는 '운화'로 유행, 변화의 의미를 함축한다. '통'은 《인정》에서 기氣의 통, 기의 유행流行, 기의 유연游衍의 의미로 쓰이기도 한다.[15] 그런 맥락의 '통'의 의미가 때때로 대상에 대한 인식이나 통달의 의미를 지니기도 한다. 그 예를 들자면 '신기통神氣通'이 바로 그것이다.

이외에 최한기의 기철학에서 '인식'과 관련한 언표로는 '추측'이 있다. 역시 주지하는 바, 그것은 무엇인가를 미루어 헤아림이다. 최한기의 인식론에서 만물이나 만사에 관한 지식의 획득에는 거의 추측이 요구된다. 사물 인식 방법에서 추측은 경험이 쌓이고 이를 토대로 다가올 것을 헤아림이다. 이는 곧 객관적 경험이 쌓여서 변통으로 이어지는 중간 단계에 반드시 거치지 않으면 안 되는 것이기도 하다.

---

15 이명수, 〈최한기 기학의 '운화'와 담사동 '인학'의 '통' 개념에 보이는 인식의 공유문제〉, 《유교사상연구》 34집, 한국유교학회, 2008, 309쪽 참조.

다만 보고 듣는 실제 경험이 오래 쌓여 습관을 이루면 거기서 추측이 생기지, 만약 오래 쌓인 실제 경험이 없다면 추측이 어디서 생기겠는가?[16]

그런데 존재에 대한 인식 방법으로서 추측도 활동운화와 떨어지지 않는다. 우리는 이미 존재의 패러다임에서 "활동운화를 가지고 공부의 조리를 분석해 본다면, '활活'이란, 추측을 존양하는 것"임을 살펴볼 수 있었다. 추측은 활동운화 가운데 '활'에 해당하는 것이다. '활'은 운동 변화의 첫 단계로서 생명성의 시작이다. 추측이 무엇인가를 미루어 참된 진리를 도출해 내는 과정이라면 이런 추측을 유지하며 함양하는 것이 활동운화 가운데 '활'이라 할 때, 추측은 공부에 있어 생명성 확보의 중요한 시발점이 된다는 메시지로도 이해할 수 있을 것이다.

도덕적 인식의 메커니즘

최한기는 도덕적 행위에 대한 인식의 문제를 또한 제기한다. 우리는 왜 도덕 행위를 하는가, 도덕을 이행해야 한다는 내면적 인식에 어떻게 도달하는가? 맹자라면 선험적인 양지나 양능에서 비롯하는 것으로 보았고 순자는 교육에 의거하여 이런 심성을 갖추는 것으로 여겼지만, 최한기 역시 이런 면모를 부분적으로는 수용하지만, 경험에 의존하지 않고서는 참된 도덕적 인식은 불가능한 것으로 보았다.

맹자 성선설의 기초인 측은지심이나 선험적 양지가 최한기의 사

---

16 崔漢綺,《氣測體義》〈推測錄〉卷一〈萬理推測〉: 但見聞閱歷, 積久成習, 推測生焉. 若無積久之閱歷, 推測從何以生.

유에서는 도덕 인식의 주체인 사람이 어떤 사건을 통해 경험, 교접을 통해 획득되는 것이 된다. 교접이란 인간관계의 행위 또는 사물이나 사건과의 접촉이다.

이런 과정에서 심체, 즉 마음의 본질인 신기의 운동성이 도덕적 행위의 바탕을 이루는 것으로 최한기는 보았다. 이는 유가심성론의 실학적 전환이라 해도 될 것 같다. 최한기는 심, 성, 정에 대하여 신기를 가지고 새로운 규정을 진행한다. 그는 이렇게 말한다.

신기라는 명칭에는 통괄적인 뜻이 있어, 신기가 일신의 주主가 되었을 때는 심心이라 하고, 신기가 활동운화할 때는 성性이라 하고, 신기가 경우에 따라 작용을 시작할 때부터는 정情이라 한다.[17]

성리학적 심성론에서라면, '심통성정心統性情'이라서 마음이 성이나 정을 통섭하거나 통솔하는 것이 되고, 성이 드러나 정이 되며, 몸을 주재하는 것은 마음이고 마음을 주재하는 것은 '경敬'이지만, 최한기의 심성론에서는 몸, 마음, 정의 함의가 신기의 존재 양태에 따라 달라질 뿐이다.

최한기는 마음의 본질도 신기로 이해한다. 이는 이미 앞서 언급한 것이거니와, 종래의 철학에서 마음의 본질이란 운동성이 없는 것이지만 최한기의 기학에서는 신묘한 작용력, 운동성이 있는 신기로 대체된다.

---

17 崔漢綺, 《人政》 卷十一 教人門[四] 心性情理: 神氣之稱, 有統括底義, 神氣之主於身謂心也, 神氣之活動運化謂性也, 神氣之隨遇發用謂情也.

옛날 이른바 심체心體라는 것은 곧 신기이다.[18]

　도덕 인식에 있어서 중요하게 논의되어 온 선과 악, 사물 존재의
인식에 있어서 허와 실의 문제에 대하여 최한기는 그것들이 대상과
서로 접촉하는 데서 발생하는 것으로 본다. 언뜻 보기에 최한기의
사유에 선험적으로 선을 말하는 맹자적인 요소와 사회적 측면의 경
험을 가지고 악을 말한 순자적인 요소가 있어 보인다. 결코 그렇지
도 않다. 굳이 말하자면 최한기가 보는 사물 존재에는 기의 형태로
활동운화하는 내재성이 있고 아울러 선과 악의 요소가 모두 있다.
　거기에는 순한 기운이 있는가 하면 역한 기운이 있으며 망령된 기
운이 있는가 하면 온전히 충만한 기운이 있다. 그렇지만 이런 기운
의 가정도 '교접운화'가 발생하는 단계에 이르러야 가능하다. 서로
접촉하고 사귀는 점이라면 일정 부분 대상 간 사회적인 접촉성을 말
하는 것 같은데, 이런 점에서 또한 실학적이며 현실적인 면모로 사
물의 속성을 파악한 것이라 할 수 있다.

　몸에 운화할 때에는 강약과 청탁이 있고, 외기外氣와 교접하면 선악
과 허실이 된다. 선善은 순기順氣이고 악惡은 역기逆氣이며, 허虛는 망기
妄氣이고 실實은 충기充氣이다. 교접운화로 말미암아 선악과 허실의 이
름이 생기는 것이니, 교접운화가 아직 있지 않다면, 어찌 선악과 허실
의 명칭이 있겠는가? 사람이 강보襁褓에 싸여 있을 갓난아기 때부터 이
미 교접운화가 있어서 10여 세에 이르면 교접이 쌓여, 눈은 색깔을 통
하여 잘 보게 되고 귀는 소리를 통하여 잘 듣게 된다. 귀와 눈이 총명을

18　崔漢綺, 《人政》卷九 敎人門[二] 善惡虛實生於交接: 古所謂心體, 卽神氣也.

획득함은 신기로부터 익히 학습되어 점차 모름지기 외부에 쓰인다.[19]

이렇듯 바깥 기운과의 교접을 거치고 누적된 교접을 통해 형성된 선악 판단의 총명한 능력은 신기로부터 비롯한다. 이목구비의 '통通', 즉 인식은 외부 세계와 접촉하게 되고 그 가운데 총명하게 되는데, 이는 점차로 내면의 경계를 넘어 외부로 확대된다는 것이 최한기의 생각이다. 결코 신기는 경험 이전의 선험적 이치가 아니다. 그는 이렇게 말한다.

세속의 의논은, 신기를 얻게 된 원인을 궁구하지 않으면서 그 발용되는 끝만 보고는, 태어날 때부터 타고난 성품 안에 갖추어져 있다고 여긴다. 이에 모든 사물 속에서 그것을 찾아내어 이른바 정리定理라는 것을 억지로 증명하려 하고 그것을 일을 응접하고 사물을 주재하는 법칙으로 삼으니, 이것은 신기의 가운데에 선악과 허실이 먼저 있다는 것이 된다. 그래서 귀로 소리를 듣기 전에 듣는 이치가 있고 눈으로 색깔을 보기 전에 밝게 보는 이치가 있다고 하여, 도리어 그 총명을 막아 버려 신기의 순수하고 맑은 본체로 하여금 완전한 쓰임이 되지 못하게 만든다.[20]

---

19 崔漢綺, 《人政》 卷九 敎人門[二] 善惡虛實生於交接: 運化於身, 有强弱淸濁, 交接於外氣, 爲善惡虛實. 善者順氣也, 惡者逆氣也, 虛者忘氣也, 實者充氣也, 由交接運化, 而有善惡虛實之名. 未有交接運化, 有何善惡虛實之名, 自襁褓時, 已有交接運化, 至十餘歲, 而交接有積累, 目通於色而得其明, 耳通於聲得其聰, 聰明之得, 習熟於神氣, 漸次須用於外.

20 崔漢綺, 《人政》 卷九 敎人門[二] 善惡虛實生於交接: 世俗之論, 不究其所以得. 只見其發用之端, 以爲自初稟賦所具, 乃索之於事事物物之中, 强證其所謂定理者, 以爲應事宰物之則, 是神氣之中, 先有善惡虛實也. 耳未聽聲, 而以爲聰, 目未見色, 而以爲明, 反塞其聰明, 至使神氣純澹之體, 不能完全其用也.

최한기의 생각으로, 심체가 신기로 대체된다 해도 신기의 가운데에 선악과 허실이 선험적으로 있지는 않으며, 경험을 거쳐야 신기의 순수하고 맑은 본질이 완전하게 작용한다. 으레 있게 되는 세속의 의론은, 신기 획득의 원인과 작용의 발단을 피상적으로 파악하여 태어날 때부터 타고난 성품 안에 갖추어져 있는 경험 이전의 것으로 여길 수 있다.

여기서 최한기는 신기의 논의 역시 자칫 종래 선험론의 이치 규정에 빠질 위험성을 일정 부분 지적하고 있다. 신기는 정해진 이치가 아니며 그 가운데 선악과 허실이 먼저 존재하지도 않으며 경험 이전의 인식의 이치도 아니다. 따라서 경험과 어우러져 작용하기 시작하는, 순수하고 맑은 본체로서 완전한 쓰임일 수 있게 하는 것이 요구된다.

과거에 사람이 무거운 것에 깔리거나 물에 빠지게 되면 많이 죽는다는 사실을 들어서 알기 때문에, 어린아이가 우물에 빠지려는 것을 보면 두렵고 측은惻隱한 마음이 생기게 된다. 과거에 깔려 죽거나 빠져 죽은 사람에 대하여 듣지 못했다면 어린아이가 우물에 빠지는 것을 보아도 측은한 마음이 생기지 아니할 것이다. 이런 까닭으로 많이 듣고 많이 보아서 교접운화를 인식, 터득하여 평생 사물을 수응酬應하므로 마치 물건을 저울질하여 피차의 경중을 분별하거나, 물건을 거울에 비추어 피차의 미추를 분별하는 것과 같다.[21]

---

21 崔漢綺, 《人政》卷九 敎人門[二] 善惡虛實生於交接: 前日聞知壓溺者多死. 故乍見孺子入井, 有怵惕惻隱之心, 曾未聞壓溺之患者, 見孺子入井, 未有惻隱之心. 是以多聞多見, 認得交接運化, 以爲生前事物酬應, 如衡以物之輕重, 爲分別彼此, 鑑以物之妍媸, 爲分別彼此.

주지하는 바, 맹자라면 선천적 도덕 지식이나 그 이행 능력, 양지와 양능을 아무런 경험이나 지식 없이 날 때부터 타고나는 것으로 보았다. 맹자는 타고난 도덕 인식 능력을 직관적으로 설정하고 일정 부분 '어린아이가 우물에 빠질 뻔한 경우의 구제'와 같은 경험적 예를 들어 증명하려 하였지만,[22] 최한기는 그럴 수 없다는 입장을 넌지시 보인다. 교접운화, 경험이나 학습이 쌓이지 않고는, "분별지分別知"랄 수 있는 것이 생길 수 없다는 입장에 선다.

더욱이 주관이나 직관을 넘을 것을 피력한다. 나의 주관을 넘어 만물과 하나가 된다는 의미의 소통, 통달을 위한 '신기'의 활용을 권장한다.

옛날부터 지금까지 심체의 선악과 허실에 대하여 어지러이 논쟁을 하였는데, 비록 그것이 강명講明의 계제階梯가 되기는 하나, 실로 운화를 따르는 데는 아무런 보탬이 없었다. 대체로 자기 한 몸의 심지心知로써 온갖 변화의 근원을 삼으면 항상 '나를 주장하는' 폐단이 많지만, 한 몸의 신기로써 천지운화의 기에 통달하면 온갖 사물이 한 몸인 뜻이 있다.[23]

최한기는 한 몸 차원의 심지가 아닌, 한 몸의 신기를 가지고 온갖 사물에 통해야 한다고 한다. 심지는 마음의 지각으로. 이는 종래의 전통철학에서 말하는 도덕인식을 가리킨다고 할 수 있지만, 이 차원을 넘어 마음의 본질로 여기는 신기를 통해 사물을 인식하자고 한

---

22 《孟子》〈盡心上〉.
23 崔漢綺,《人政》卷九 教人門[二] 善惡虛實生於交接: 自古及今, 以心體之善惡虛實, 紛紜辨爭, 縱爲講明之階梯, 實無益於運化之率循. 蓋以一身心知, 爲萬化之源, 常多主我之弊, 以一身神氣, 通天地運化之氣, 有萬物一體之義.

것이다. 심지가 지니는 마음의 지적 능력은 다소 맹목성일 수 있으므로 한 몸 차원의 신기가 지닌, 대상과 소통할 수 있는 신묘한 작용력에 의존하여 사물을 제대로 인식하자고 한 것으로 볼 수 있다. 그가 보기에 신기는 추측의 리 차원이어서 합리적이며, 수많은 조리 가운데 하나이지만 합리성을 담보하는 추측 작용을 가능하게 하는 것이다. 그는 《기학》에서 이렇게 말한다.

허령지각虛靈知覺의 심心을 가지고 활동운화의 성性과 비교한다면 허虛와 실實의 차이가 있을 뿐만 아니라 저절로 천기운화에 매우 근접함과 현격히 멀어짐의 구분이 있게 된다.[24]

주희는 "마음의 허령지각虛靈知覺은 하나일 뿐인데, 인심人心과 도심道心의 차이가 있음을 말하자면 그 어떤 것은 몸 기운의 사사로움에서 생기고 어떤 것은 하늘이 준 본성의 올바름에서 근원한다. 그러나 지각하는 것이 다르기 때문에 어떤 것은 위태로워서 불안하며 어떤 것은 미묘해서 발견하기 어렵다"[25]라고 하였다.

이러한 심心에 대하여, 최한기는 활동운화의 성을 가지고 허와 실의 관점에서 보자고 하였다. 그래야 천기운화에 근접할 수 있다는 입장이다. 이는 앞서 논한 바, 신기가 활동운화할 때의 심이 바로 성性이고 그것이 '실實'한 차원이라는 생각을 드러낸 것이라 할 수 있다.

---

24 崔漢綺, 《氣學》卷二, 16번째 단락: 以虛靈知覺之心, 比活動運化之性, 非但有虛實之異, 自有天氣運化切近隔遠之分.

25 朱熹, 〈中庸章句序〉: 蓋嘗論之, 心之虛靈知覺, 一而已矣, 而以爲有人心道心之異者, 則以其或生於形氣之私, 或原於性命之正, 而所以爲知覺者不同, 是以或危殆而不安, 或微妙而難見耳.

최한기는 또 이렇게 말한다.

> 기의 큰 본질은 학자가 공부할 몫이다. 큰 본질을 버리고 공부한다
> 면 곁길로 나아가고 지름길을 비껴 가서 전도顚倒되고 착란錯亂하여 여
> 기저기 가 보지 않은 곳이 없을 것이다. 이른바 대본달도大本達道: 중용
> 과 조화라는 것은 이미 기를 경유하지 않았다면 맥락이 관철될 수 없
> 고 시작과 끝이 연속될 수 없다. 곧 허령虛靈, 감응感應, 감통感通 등의 용
> 어를 가지고 미봉책을 삼을 뿐이다.[26]

우리가 근본을 논하고 근원과 말단을 말하지만, 이론상으로나 있
을 수 있는, 맥락도 없고 비효율적이거나 비실재적일 수 있으며, 체
용體用 즉 본질과 작용을 말하지만 체體에 그치거나 작용에 머무르는
경우가 많다. 아무리 마음 차원의 본질 또는 작용을 나타내는 허령,
감응, 감통을 논해 본들 불완전성을 드러내는 것일 뿐이므로, 기를
가지고 본질, 근본, 시작뿐만 아니라 작용, 말단, 끝이 하나로 연결되
는, 존재와 인식의 문제를 논해야 한다고 최한기는 본 것이다.
우리가 해야 할 것은 마음의 인식 능력인 신기의 역동성을 따르는
것이다. 현실적인 것을 미루어 심원한 것을 헤아려 도달하고 작은
것을 미루어 큰 것에 도달하며 경험적인 것을 미루어 추상에 도달하
는 것이 신기통의 분수이고, 그렇게 될 때 커다란 성취가 있을 것으
로 최한기는 보았다.

---

26 崔漢綺,《氣學》卷二, 16번째 단락: 氣之大體, 學者功夫. 捨大體而爲功夫, 則傍蹊曲
   徑, 顚倒錯亂, 無所不至. 所謂大本達道者, 旣不由氣, 則脉絡無以貫澈, 源委無以聯
   屬, 乃以虛靈感應 感通等語, 爲彌縫之策.

경험-추측-운화에 합치되는 일

최한기에게 내 마음의 본체인 인식 능력이랄 수 있는 신기로 추측하고 경험하고 변통하는 것이 중요하다. 이는 요소마다 단계마다 있는 활동운화에 따르는 것이다. 이 같은 논조는 이미 앞서 살펴본 바, 그의 인식 방법에는 안과 밖을 일치시키는 것이 중요하다.

인식 국면에서 일차적으로 안으로는 '나'가 있지만 밖으로 사람과 사물이라는 '남'이 있다. 또한 나와 남이라는 개체들은 각기 안으로 활동운화가 있으며 기품이나 기질이 또한 있다. 이런 점을 살펴보고 비교하며 나의 일상생활에서 시험한 것을 미루어 보는 것이 인식 차원에서 전제되어야 한다.[27]

따라서 최한기의 입장에는 단순히 타고난 인식이나 앎이 있지 않다. 즉, 양지와 같은 선험적 인식은 논의 차원에 있지 않다. 우물 안 개구리와 같은 '나'에 머무는 앎 또한 경계한다. 진견眞見을 지닌 타자에 대한 비방을 경계한다. 나의 지식에 있어서는 변통하고 진견에 대해서는 역시 자기운화의 본성을 잃지 않아서 제대로 인식을 단행할 것을 설파하였다. 그는 이렇게 말한다.

내가 알거나 모르는 것을 쌓고 단련하여 사람과 사물이 증험되거나 증험되지 않은 것에 대하여 물음에 나아가되, 삼가 한갓 내가 알거나 모르는 것만을 가지고 나의 앎과 모름으로 삼지 말 것이며, 또한 사람과 사물의 앎과 모름으로도 여기지 말 것이니, 이것이 진지眞知이다. 이

---

27 崔漢綺,《氣學》卷二 79번째 단락: 先知自己之活動運化均不均 有優劣 , 然後可知人物活動運化均不均 有優劣.知自己之禀質 , 似易而誠難.觀人物之禀質須用 , 較我之禀質須用.推之日用驗試 , 儗人物之日用驗試 참조.

미 내가 무엇인가에 대해 알았다면 그 지나치다 싶은 것은 내버려 두고 모자란다 싶은 것은 진전시키는 것, 이것이 바로 변통이다.

만약 자기의 기품이나 성질에 고르지 못함이 있거나 열등함이 있음을 알지 못하여 다만 기품이나 성질과 지각만을 따라 양지良知로 여겨 인물과 사세事勢를 헤아린다면, 이것은 마치 흐린 눈으로 사물을 관찰하며 병든 입으로 맛을 보는 것과 같아서 관찰과 맛본 것이 이미 그 참됨을 잃은 것이고 헤아린 것과 잰 것이 덩달아 어긋나고 잘못된다. 미혹되어 돌이킬 줄 모르고 영원히 깨닫지 못하여 진지眞知와 진견眞見의 사람을 비방하게 되는데, 이 때문에 자기 운화의 본성을 잃는다.[28]

최한기의 인식론에서 중요한 것은 경험, 추측, 운화가 어우러지는 것이다. 경험을 거친 단계에 이르러 사물을 추측하고 정실精實한 것을 추출하거나 가려내며 여러 번 단련 과정을 누적하여 경우에 따라 쓰임에 접어들어야 하지만, 운화에 합치한다면 권장하고 운화에 합치되지 않으면 경계할 일이다.[29]

운화의 관점에서 이치와 길 찾기

최한기는 선험적이고 관념적이면서 현실과 동떨어진 직관론에서

---

28 崔漢綺,《氣學》卷二 79번째 단락: 積累鍛鍊我之知不知 , 就質於人物驗不驗.愼勿徒 將我之知不知以爲我之知不知 , 又以爲人物之知不知 , 則是爲眞知.旣知之 , 而退其 過 進不及 , 是乃變通也. 若不知自己禀質有不均 有所劣 , 而直從禀質知覺以爲良 知 , 料度人物事勢 , 如以瞖眼 觀物 , 病口舐味 , 所觀所舐 , 旣失其眞 , 所料所度 , 從而差誤.迷不知返 , 永不改悟 , 訾毀眞知眞見之人 , 因失自己運化之本性.
29 崔漢綺,《人政》卷十一 敎人門[四] 當於閱歷經驗, 推測事物, 抽擇精實, 積累鍛鍊, 隨 處發用, 合運化則勸之, 不合運化則戒之 참조.

벗어나기 위해 '실학'이라는 용어를 직접적으로 쓰면서, '리학理學'을 대신하는 '기학'을 전개하였다. 온 세상 학문의 시비를 통틀어 우열을 논하여 정함에는, 온 세상의 민생에 실용되는 것과 세계의 정치가 반드시 따라야 하는 것을 가지고 해야 하니, 붙잡을 수 있는 구체적 모양새가 있고 사물에 적용해서 증험할 수 있어야 '실학'인데 버리려 해도 버릴 수 없고 거스르고자 해도 거스를 수 없는 것이라고 하였다.[30]

그리하여 그는 리를 가지고 만물 존재의 이치를 선험적으로 설정하고 그것을 통해 '도'의 가치관 속에 인식 체계를 세운 세계관에서 벗어났다. 종래 '하나'였던 이치는 무수히 많아지며, 그 이치는 인식 차원에도 있다는 것이 최한기의 생각이다. 이전의 사유에서라면 존재론 차원에서만 있던 '이치'가 최한기의 실학에서는 인식 국면에도 있다. 존재론에 '유행의 리'가 있다면 인식 국면에는 '추측의 리'가 있다. 그의 사유에서 이치는 존재와 인식 모두에 걸쳐 무수히 많다. 그 이치는 신성불가침 차원의 '리'이거나 '성리학적 천리'와 같은 엄격주의의 이치도 아니다. 우주만물에 널려 있는, 수많은 존재 방식을 의미하는 메커니즘의 의미로도 접근해 볼 수 있는, 그러한 것이다.

최한기의 생각으로 만물 존재와 인식 모두에 생성, 운동, 변화의 운화기가 내재한다. 그의 기학의 인식 방법에서는 우리가 사사건건 경험을 거치지 않는다면 잘못된 것이 된다. 도덕적으로 행위할 줄 아는 것도, 예를 들어 맹자의 측은지심의 발동도 그의 사유에서는 경험, 교접을 거쳐야 가능한 것이 된다.

---

30 崔漢綺, 《氣學》 卷一, 統天下學問是非, 論定優劣, 以天下民生所實用, 四海政治所必由, 有形可執, 處物可驗, 爲實學, 欲捨而不能捨, 欲違而不能違 참조.

도덕 행위의 인식은 심체, 즉 마음의 본질인 신기의 운동성, 즉 추측에 의하는 것으로 그는 보았다. 이와 같은 면모로 그의 철학에는 존재와 인식, 사물의 존재 또는 그것에 대한 인식 과정 모두에 운동, 변화의 내재성이 존재한다. 그는 이렇게 이전의 철학 패턴에서 벗어나 실학적이며 근대적인 사유로 나아갔다.

당초 공자는 사람 간 긴밀한 인간관계의 길을 인仁에 담아 나와 타자가 '하나'로 연결되기를 희망하였다. 같은 맥락에서 맹자는 인의예지의 덕을 강조하는 심학을 전개하였고 신유학은 도덕이성 차원으로 인간의 길을 모색하였다.

저마다 나름의 특색을 갖고 인仁의 도道가 세상에 구현되기를 희망하였다. 역시 그들 유가철학 나름대로 그 시대에 요구되는 '실학'을 전개하였다. 최한기 실학의 길도 또 다른 특색으로 전개된 인仁의 길이다. '기의 운화'가 도로 규정되어 자연물마다 사물마다에 내재한 자연법칙으로서 '천칙'이 인간에 의해 이행되기를 촉구하였다. 그는 자연 변화의 운동성인 '운화기'의 법칙성을 이행하려는 인간의 행위, 즉 '운화의 승순'을 인仁의 길로 규정하였다.[31]

---

[31] 이 같은 최한기의 입장은 《人政》 권23, 用人門 4.에 두드러진다. 특히 〈불인을 미워함惡不仁〉이라는 글에서 "인仁이란 운화를 승순하여 인도人道를 이룬 것이고, 불인不仁이란 운화를 어기어 인도를 이루지 못한 것이다. 그러므로 인을 좋아하고 불인을 미워하는 것은 인성人性 운화의 본래 자연스러운 것이다. 그래서 어리석은 자가 비록 인을 구하는 공부는 없더라도 남의 언행言行을 보고 들으면 반드시 상대의 인불인仁不仁을 알게 되는 것이므로 사람을 쓰는 자가 불인한 자를 미워하여 백성을 권징勸懲한다는 것을 들으면 모두 감복感服하고, 사람을 쓰는 자가 인한 자를 좋아하여 등용하는 것을 보면 모두 기뻐한다. 이처럼 사람을 출척黜陟하고 용사用捨하는 사이에 만백성의 격정과 기쁨이 처음에는 이리저리 번복되다가 나중에는 하나로 융화될 수 있는 것이다(仁是承順運化, 以成人道也. 不仁乃忤逆運化, 不成人道也. 好仁而惡不仁, 人性運化所固然. 愚迷者雖無求仁之功, 見聞人之言行, 必知其仁不仁, 則聞用人者惡不仁而勸懲之, 莫不感服. 見用人者好仁而登庸之, 皆有悅

그러는 과정에서 존재와 인식의 문제 역시 제기하였다. 우리가 시간과 공간을 터전으로 살아간다 할 때, 이 현실 공간의 문제를 다루는 것이 이념적으로 실학이라고 한다면, 최한기는 이런 맥락에서 존재와 인식의 문제를 다루었다. 역사 주체인 인간 앞에 닥치는 만물마다 만사마다의 존재의 이치, 메커니즘을 운화기를 가지고 이해하고 살아가는 방식을 현실에서 구체적으로 추론하여 다가올 것을 찾을 것을 권장하였다. 그렇다 할 때 매우 다양하고 복잡하게 역동성을 요구하는 '근대 전환기'의 상황에서, 인간 사회와 세계 현안에 대처하기 위한, 하나의 지혜를 최한기가 던졌다고 할 수 있다.

　　樂, 黜陟用捨之間, 萬姓憂樂, 轉移翻覆, 竟就和融.)"라고 하여, 운화의 승순을 仁으로 여김으로써 仁 의미에 대한 근대적 전환을 모색하였다.

참고문헌

권오영, 〈혜강 최한기의 과학사상〉, 《국사관논총》63, 국사편찬위원회, 1995.

권오영, 《최한기의 학문과 사상 연구》, 집문당, 1999.

김용헌, 〈최한기의 서양우주설 수용과 기학적 변용〉, 《실학의 철학》, 한국사상사
　　　연구회, 예문서원, 1996.

박홍식, 〈청년 최한기의 철학사상—'신기'와 '통' 개념 분석을 중심으로〉, 《동양철
　　　학연구》11, 1990.

손병욱, 〈혜강 최한기의 기학적 심성론〉, 《인성물성론》, 한국사상사연구회, 1994.

이명수, 〈최한기 기학의 '운화'와 담사동 인학의 '통' 개념에 보이는 인식의 공유
　　　문제〉, 《유교사상연구》34집, 한국유교학회, 2008.

이종란, 〈19세기 중기 최한기의 현실인식과 정치윤리〉, 《유교사상연구》제8집,
　　　1996.

이현구, 〈혜강 최한기의 기학: 이론 구조와 철학적 입장을 중심으로〉, 《대동문화
　　　연구》제29집, 1994.

최영진 · 이행훈, 〈최한기 운화론의 생태학적 해석〉, 《대동문화연구》제45집,
　　　2004.

최한기, 《기학》, 손병욱 역주, 여강출판사, 1992.

최한기, 《증보 명남루총서》, 성균관대 대동문화연구원, 2002.

川原秀城, 〈최한기 기학체계 내의 과학〉, 《대동문화연구》제45집, 2004.

화이트헤드의 사건적 존재론 :

트랜스휴머니즘 시대의 사이-존재로서
새로운 인간 이해

박일준

이 글은 본래 2012년 정부(교육과학기술부)의 재원으로 한국연구재단의 지원을 받아 수행된 연구(NRF－2012－S1A5A2A－01021030)로서, 《화이트헤드 연구》 no.26(2013): 81-119에 수록되었던 논문을 본서에 수록하기 위해 수정 및 보완하여 재수록한 것이다.

이 글은 사이 존재론ontology of the between을 통해 트랜스휴머니즘trans-humanism[1] 시대 새로운 인간의 모습을 소묘하고자 한다. 우리가 지금 이 시대에 특별히 새로운 인간론을 찾아야 하는 이유는 우리 시대 당면한 거시적 현안들, 예를 들어 지구 온난화, 금융시장 위기, 반값 등록금, 청년실업, 조기 명예퇴직, 국민연금 등 사회를 뜨겁게 달구는 문제들을 주목해 볼 때, 그 근원에는 근대의 원자적이고 개체적인 인간 이해의 패러다임이 놓여 있음을 보기 때문이다. 이러한 문제의식을 이기상은 다음과 같이 표현한다.

개체로서의 생명을 유지하기 위해 가족을 형성하고 무리를 지어 사회를 이루고 나라를 형성하며 〔민족〕국가 안에서 안정과 평안을 누리며 사는 것이 삶의 이상적인 형태라고 생각했는데 이제 그 생각을 바꿔야 할 때가 온 것이다. 나의 존재와 활동과 영향 범위가 이미 국가라는 테두리를 벗어났기 때문이다. (…) 지금 우리가 절실히 풀어야 하는 문제들은 거의 다 국경의 테두리 안에서는 해결될 수 없는 전 지구적 차원의 문제들이다. (…) 이에 맞추어 정치철학도 달라지고 경제학도 달라져야 할 것이다. 나아가 인간의 행동을 규제하며 이끄는 윤리도덕도 바뀌어야 할 것이다.[2]

---

1 '트랜스휴머니즘'은 인간의 생물학적 한계들 특별히 장애, 고통, 질병, 노화 그리고 죽음과 같은 한계들이 새롭게 개발되는 과학기술의 힘으로 극복될 것을 꿈꾸는 인간강화human enhancement 프로그램을 가리키는 말로 회자된다. 하지만 이 글에서 '트랜스휴머니즘'은 접두사 'trans-'의 뜻을 어원적으로 살려, 우리가 현재 전제하고 있는 인간 상을 넘어서는 상상력을 가리키는 말로 제한하여 사용하기를 제안한다. 즉, '트랜스휴머니즘'이란 말을 새로운 인간 이해의 필요성을 가리키는 기호로만 사용한다는 뜻이다.
2 이기상,《지구촌 시대와 문화콘텐츠: 한국 문화의 지구화 가능성 탐색》, 문화콘텐츠학 총서 001 (한국외국어대학교출판부, 2009), 114.

이 글은 이 문제의 원인이 인간human being을 원자적이고 개체적인 모습으로 이해하는 우리의 근대적 사유 습관으로부터 기인한다고 생각하며, 따라서 이 문제의 해결의 실마리는 바로 그런 인간 이해를 넘어서는 새로운 대안적 인간 상을 구축해 나가는 데 있다고 본다. 이글은 특별히 그러한 대안적인 생각을 '트랜스휴머니즘'이라는 말의 어원적 의미 속에서 찾는다. 근대 이래로 우리는 원자적이고 고립적인 인간 이해의 패러다임에 근거하여 우리의 모든 법과 제도와 사유를 쌓아 올렸기 때문에 현재 지구 온난화라든지 국제정치의 현장에서 해법을 찾지 못하고 있다. 국가주권 개념이 우리의 전통적인 근대적 인간 상을 모델로 구성되었기 때문이다. 하지만 이 글은 그러한 거대한 문제들의 해법을 단번에 제시하고자 하지 않는다. 오히려 그 해법들을 찾기 위해 '문제의 현안'이 아닌 '문제의 근본'으로 돌아가 새롭게 사유하는 틀 구조를 세울 것을 제안한다. 그것은 바로 중층적이고 네트워크적이고 사건적인 존재론을 통해 인간을 새롭게 이해하기를 제안하는 것이다. 우리들의 기존 해법들은 모두 근저에 근대로부터 유래하는 인간 상과 개념을 토대로 작성되었고, 지금 우리 시대는 바로 그 개념적 토대가 문제가 되고 있는 시대이기 때문이다. 이글이 주장하는 사이-존재론은 바로 이 인간론을 화이트헤드Alfred North Whitehead의 사건적 존재론을 통해 구성해 보고자 하는 시도이다.

우리 시대의 문제

들뢰즈는 인간의 역사를 "문제들의 구성"이라고 보았다.[3] 이는 두

---

3 Giles Deleuze, *Bergsonism*, trans. by Hugh Tomlinson and Babara Habberjam (New

가지 의미를 함축한다. 우선 모든 종류의 해답이란 결국 문제 안에 담겨 있는 것이기 때문에, 문제를 올바로 구성하는 일은 곧 올바른 해답을 도출하는 과정이라는 말이다. 다른 한편으로 이는 인간의 역사는 언제나 시대가 당면하고 있는 문제들에 대한 해법을 추구하는 과정에서 발전해 왔다는 말을 의미한다. 말하자면, 그 어떤 해법의 추구도 시대적 상황을 초월해서 이루어지지 않는다는 말이다. 이를 이 글에 적용해 보자면, 화이트헤드의 사건적 존재론은 특정 시대 특정 문제를 위한 해법이며, 그 존재론적 해법은 그것이 풀고자 하는 문제, 즉 근대의 문제들을 담고 있다. 많은 이들이 우리 시대를 문제 있는 시대로 규정하지만, 정작 문제의 근원을 규정하는 방식을 찾는 데 실패함으로써 결국 잘못된 해법을 도출하거나 혹은 그 어떤 해법도 도출하는 데 실패하고 있다. 화이트헤드는 자신의 철학이 해결하고자 하는 문제를 '자연의 이분화'와 '잘못 놓여진 구체성의 오류'라고 보았다. 이 두 문제들은 자연과 인간, 문화와 자연, 정신과 자연, 이성과 감정 등의 근대적 이분법의 문제들을 약술하는 화이트헤드의 요점들이다. 화이트헤드의 사건적 존재론은 그 근대적 문제들의 근원으로 돌아가, 문제들에 대한 대안을 현대적으로 재해석해 낸 개념이라 할 수 있다.

오래된 문제, 미루어진 해답: 개체로서의 인간 상이 유발하는 시스템적 문제

우리의 근대적 인간 이해가 가져오는 가장 부정적인 효과 중의 하나는 바로 우리의 구조적인 문제의 원인을 개인individual에게서 찾으

York: Zone Books, 1991), p. 16.

려는 성향이다. 인간의 근본 존재 단위가 개인으로 여겨지기 때문이다. individual이란 말 자체가 in-dividual 즉 나누어[divide]지지 않는 기초적인 단위라는 뜻이다. 즉, 인간의 가장 기초적인 차원을 '개인'에 둔 것이다. 레베카 코스타[Rebecca Costa]는 문명의 구조적인 문제가 개인의 책임으로 이전되는 과정을 설득력 있게 제시해 주고 있다. 그녀에 따르면, 지속적으로 되풀이되는 문명 붕괴의 패턴 뒤에는 "더디게 진행되는 인간 진화와 빠르게 진행되는 사회 발전 사이의 균등치 못한 변화 속도"[4] 간의 격차가 있으며, 이 격차를 극복할 방법을 찾아내지 못하게 될 때 인식은 한계점에 이르게 되며, 문제는 더욱더 복잡해진다. 당면한 문제가 그 해결책을 더 이상 사고할 수 없을 만큼 복잡해질 때, 해결하지 못한 문제는 다음 세대로 이전되면서 합리적 사유와 지식을 통한 해법보다는 오래된 믿음에 의지하여 문제를 해결하기를 선호하게 되며, 문명은 낭떠러지 끝으로 밀려 떨어지고 만다는 것이다. 그 문명 퇴락의 과정에서 사람들은 잘못의 원인을 특정 개인의 탓에서 찾으려 한다. 왜냐하면 '개인'이 바로 모든 관계의 기초 단위, 즉 인간의 기본 단위로 간주되기 때문이다.

문명이 문제를 당면해서 정체되는 이유는 몇 세대 간 이어지던 문제의 복잡성과 중층성을 꿰뚫어 보지 못할 때 발생한다. 당 세대가 갖고 있는 자원과 지식과 기술을 동원하여 해법을 찾지 못할 때, 근본 원인을 찾아 영구적인 해결책을 모색하기보다는 당장의 몇 가지 성가신 증상만을 개선하는 선에서 사태를 마무리하려 하기 마련이고, 그래서 현 세대의 문제는 고스란히 다음 세대로 전가된다. 이 과

---

4 레베카 코스타[Rebecca Costa], 《지금 경계선에서: 오래된 믿음에 대한 낯선 통찰 Watchman's Rattle》, 장세현 옮김(샘앤파커스, 2011), 35쪽.

정에서 문명은 정체하게 된다. 이럴 때, 두드러지는 현상은 바로 "믿음이 지식과 사실을 대신하는 현상"[5]이다. 다음 세대로 떠넘겨진 문제들은 사라지는 것이 아니라, 다른 문제들과 연결되어 더욱더 골치 아프고 심각한 문제로 등장할 뿐만 아니라, 결국 우리들의 활동 자체를 저지하는 역류로 나타난다. 그렇게 더 이상 문제의 원인을 찾을 수도 그리고 해결할 수도 없을 만큼 복잡해졌을 때, 우리는 생각하고 분석하는 대신 이제 오래된 믿음에 근거하여 방법을 모색하고, 근거 없는 미신을 해결책으로 '믿기' 시작한다. 당면한 문제의 해결책이 보이지 않기 때문에, 삶의 뿌리에 협착하여 있는 지배적 사고방식에 의존하여 난국을 지나가려 하는 것이다. 코스타는 이 지배적 사고 방식(들)을 "슈퍼밈supermeme"이라 불렀는데, 이는 "사회에 확고하게 뿌리를 내리고 널리 만연하여 다른 모든 믿음과 행동에 영향을 미치거나 억압을 가하는 모든 종류의 믿음, 생각, 행동을 가리킨다."[6]

그 슈퍼밈들 중 가장 근원적인 슈퍼밈은, 코스타에 따르면, 바로 '자유로운 선택권을 지닌 개인'으로서의 인간 상이다. 진화심리학에 따르면, 인간의 마음은 기본적으로 부정적인 정보를 과장하고 증폭해서 듣도록 설계되어 있다.[7] 그래서 부정적인 정보에 사람들은 대단히 민감하다. 선거 때 네거티브 캠페인이 사라지지 않는 이유이다. 그런데 부정적인 신호에 민감하도록 된 인간 마음의 생래적 구조는 단지 심리적 부정성의 효과를 높여 주는 데 그치지 않는다. 오

5 레베카 코스타, 《지금 경계선에서》, 40쪽.
6 앞의 책, 97쪽.
7 존 티한John Teehan, 《신의 이름으로: 종교 폭력의 진화적 기원In the Name of God: The Evolutionary Origins of Religious Ethics and Violence》, 박희태 옮김(이음, 2011), 104~106쪽.

히려 부정적 신호에 민감하게 반응하면서 내린 결정이 나의 자유로운 선택의 결과라는 환상을 만들어 낸다. 이것이 보다 더 심각한 결과이다. 근대는 인간을 개체 중심으로 정의하기 시작한 최초의 시대였고, 나름 적실성이 없었던 것은 아니다. 하지만 불확실한 정보를 부정적으로 민감하게 증폭시켜 내린 선택은 결코 자유로운 결정이 아니다. 그러한 결정은 부정적 신호가 야기하는 불안과 두려움에 기반하여 내려지는 결정일 뿐이다.

문명을 위기로 몰아가는 거대하고 복잡한 문제에 대면하여 불안과 두려움으로 반응하면서 야기되는 심각한 결과는 바로 시스템의 문제 발생 원인을 개인의 책임에서 찾으려는 태도이다. 우리 시대 사유 패러다임의 기본 단위는 '개체 인간'이기 때문이다. 하지만 우리가 목도하는 문제들은 대부분 우리 사회 문화를 운영하는 시스템상의 문제들이다. 예를 들어 기후 변화는 어느 한 개인이 책임져서 해결될 문제가 아니라, 지구촌 경제구조 시스템상의 거대한 문제이다. "신용카드 빚, 마약 중독, 지구 온난화, 범죄, 비만, 불행한 결혼, 세계적인 경기 침체"[8] 등의 문제들은 결코 개인의 책임의 문제만은 아닌 것이다. 그럼에도 불구하고 우리 사회는 문제의 해결을 개인의 책임 문제로 전가하는 수많은 프로그램들을 운영하고 있다. 예를 들어 비만과 에너지 소비가 그것들이다. TV에서 방영되는 많은 토크쇼 프로그램들은 우리 사회의 감동을 전하면서, 한 개인이 열악한 조건들을 딛고 어떻게 희망의 씨앗들을 움틔웠는지를 전한다. 수많은 역경에도 불구하고, 꿈을 좇는 자는 반드시 희망의 삶을 이룬다는 것이다. 그런데 그런 프로그램들은 그 수많은 역경들을 만들어

---

8   레베카 코스타, 《지금 경계선에서》, 160쪽.

내고 있는 시스템의 문제들은 전혀 고려하지 않는다. 그러한 문제들을 끼워 넣는 것 자체가 문제를 너무 복잡하게 만들기 때문이다.[9]

그렇게 개인에게 책임을 물리면서도, 문제에 대한 해결은커녕 악화되기 일쑤이다. 그러면 이제 사람들은 또 다른 원인 제공자를 찾아 수많은 통계치 정보들 가운데 우연한 상관관계들을 뽑아 (문제를 일으킨) 원인 관계로 둔갑시킨다.[10] 그렇게 우연한 상관관계가 필연적 인과관계로 둔갑되고, 마침내 근원적 원인으로 지목된다. 이런 일이 어처구니없이 반복되는 이유는 우리 사고가 "사일로식 사고방식"으로 집단화되어 있기 때문이다. '사일로식 사고방식'이란 각 분야들이 너무나 전문화되어 있어서, 분야들 간에 소통이 이루어지지 않는 현상을 가리키는 코스타의 용어이다. 너무 많은 분야들이 전문화되어 있지만, 각 전문 분야들 간의 소통이나 다양한 분야들을 폭넓게 이해할 수 있는 교육은 이루어지고 있지 않다. 그래서 문제가 생기면 언제나 자기 집단이 해 왔던 익숙한 방식대로 일을 처리하려는 성향이 강해지고, 그런 자기들만의 방식이 먹히지 않을 경우, 저항하고 반대하는 사태를 초래한다. 여기서 개체는 환경과 상호작용하며 자신의 고유한 삶의 자리를 찾는다는 진화론적 사실을 주지하자. 개인에게 문제의 원인을 돌린다고 해서 문제가 해결되지는 않는

---

9 비만은 개인이 음식물 섭취를 책임 있게 하지 않는 데서 오는 게으름의 소산이라지만, 인간은 유전적으로 열량이 높은 음식에 끌려 가급적 많이 먹고, 쉴 만큼 쉬도록 프로그램화 되어 있다(레베카 코스타, 《지금 경계선에서》, 169쪽). 그리고 우리의 경제구조는 열량이 높고 풍성한 음식을 충분한 정도 이상으로 제공하고 있으며, 그 고칼로리 음식들이 소비되어야 경제가 돌아가도록 구성되어 있다. 시스템적 문제를 해결함 없이 모든 문제를 개인이 책임적으로 해결할 수 있다는 환상을 이런 프로그램들은 조장하고 있는 셈이다.

10 레베카 코스타, 《지금 경계선에서》, 194쪽.

다. 이는 문제 자체를 잘못 구성한 것이다. 문제의 구성은 결국 우리의 사유 시스템을 운영하는 패러다임이다. 패러다임이 잘못되었을 때, 이를 극복할 수 있는 방법은 그러한 패러다임들을 만들어 낸 슈퍼밈들이 무엇인지를 파악하고, 그를 통해 "급격한 패러다임의 변화를 이루는 것"[11]이다. 하지만 이러한 패러다임의 변화는 근본적 처방을 요구하는 것이어서, 우리가 익숙해 있는 기존 방식과 태도의 전면적인 수정 내지는 폐기를 요구한다. 근대의 개체중심적이고 원자적인 인간 상은 우리로 하여금 문제를 잘못 구성하도록 부추겨, 언제나 문제의 원인과 해법을 개인에게서 찾도록 만든다.

덧붙여 '문제의 원인을 굳이 어떤 개인이나 소재에서 찾으려는 성향'은 인간의 인지 패턴이 안고 있는 습벽으로부터 비롯된다. 레이코프와 존슨George Lakoff & Mark Johnson에 따르면, 인간의 인지 작용은 많은 부분 "인지적 무의식cognitive unconscious"[12]으로부터 비롯된다. 대상과 세계를 '인지'하는 모든 과정을 인지cognition이라 할 수 있는데, 전통적으로 인지란 의식적 과정으로 간주되어 왔다. 하지만 레이코프와 존슨은 이 인지 과정의 대부분이 사실은 "무의식적"이며, 이 '인지적 무의식'은 몸의 경험을 체현하는 과정에서 구성된다고 보았다. 어떤 사물이나 대상 혹은 행위자가 어떤 내면의 의도를 갖고 있다고 추정하는 기본적 추론 기제를 진화심리학은 "마음 이론 모듈the

---

[11] 앞의 책, 115쪽.
[12] George Lakoff and Mark Johnson, *Philosophy in the Flesh: the Embodied Mind and Its Challenge to Western Thought* (New York: Basic Books, 1999), p. 11; 본서는 임지룡 & 노양진의 번역을 통해 《몸의 철학: 신체화된 마음의 서구 사상에 대한 도전》(박이정, 2002)으로 번역되었지만, 본 저자는 영어원서를 참고하였다. 본래 원서를 갖고 있었던 탓이다.

theory of mind module "[13]이라고 부르는데, 이 내면의 추론 기제와 더불어 몸의 체현 행위에 기반한 인지적 무의식이 더하여져, 어떤 사건이나 일에는 그를 야기한 원인이 있다는 생각의 기반 구조가 구성된다. 요점은 우리가 추론이나 상상을 통해 문제의 원인이라고 지목한 그 것이 소위 '객관적으로' 원인이 아니라, 어떤 다른 것으로부터 야기 된 과정의 일부일 가능성이 높다는 것과, 혹은, 외부 대상이나 행위 자와는 상관없이 내면의 추론 과정이나 인지적 무의식을 통해 원인 이라고 생각되었기 때문에 '내'가 그렇게 반응할 가능성이 매우 높 다는 것이다. 이렇게 원인-결과의 추론 방식이 특정 원인으로부터 비롯된 것이 아니라, 우리의 마음의 추론과 몸의 인지 과정의 구조 가 빚어 내는 구조적 효과를 갖고 있다는 점을 유념하면, 문제의 원 인과 해법을 특정 개인이나 부분에서 찾는 것이 왜 문제가 되는지를 조금 더 깊이 생각해 볼 수 있을 것이다.

개체로서의 인간 이해의 문제: 국가주권 개념과 연관하여

개체로서의 인간이라는 사유 패러다임은 국제정치의 현장에서도 근원적인 문제를 야기한다. 국가주권 개념이 근대적 인간 상을 모델 로 구성되었기 때문이다. 배타적인 국가주권이 모든 해법에 우선하 기 때문에 자국의 이익을 위해서 기후변화협약과 같은 국제협약은 전혀 효력을 발휘하지 못하며, 독재국가들의 인권 상황은 전혀 국제 사회의 도움을 받을 수 없는 처지에 빠져 버린다. 각 국가의 주권은 배타적이고 독립적인 것이기 때문이다.

---

13   cf. Steven Pinker, *The Blank Slate: the Modern Denial of Human Nature* (New York: Viking, 2002), pp. 61-62.

에롤 해리스Errol E. Harris에 따르면, 근대적 주권국가의 출현이 근대의 개인주의적 인간관의 출현과 맞물려 있으며, 따라서 개인의 배타적 권리가 그 누구로부터도 침해받을 수 없는 것과 마찬가지로 각 국가도 하나의 독립적인 단위로서 자신만의 배타적인 권리, 즉 주권을 갖고 있다는 개념이 출현하였다.[14] 따라서 각 국가의 배타적인 주권 개념을 토대로 작성된 국제법은 그 자체로 모순을 담지할 수밖에 없다. 국제연합이나 국제사법재판소 혹은 유엔UN의 결정은 각 개별 국가의 배타적 주권에 우선할 수 없기 때문이다. 각 개별 국가는 자국의 이익을 우선으로 배타적 주권을 행사하고, 국가 간의 이해관계를 조정하는 국제기구의 해법은 국가주권에 우선하여 강제력을 행사할 수 없기 때문에, 국제 분쟁의 현장에서 사태 해결을 위한 국제적인 노력은 늘 해법의 주변을 맴돌 수밖에 없다. 우리는 최근 중동의 민주화 물결 속에서 국제사회의 무기력을 목격하면서, 근대적 국가'주권' 개념에 물음표를 던지게 된다. 국제사회의 무기력은 바로 국제법의 무기력을 의미하는데, 국제법의 주체가 국제기구가 아닌 개별 국가이기 때문이다. 서로 이해관계가 얽혀 있는 국제적 문제에서 결국 궁극적 해법은 강력한 군사력을 동반한 국가의 무력밖에 없다.[15] 해리스는 여기서 "국제연합의 무기력한 모습은 국가의 주권 개념으로 오염된 국제정치 세계의 풍토병을 암시하는 하나의 징후에 지나지 않는다"[16]고 주장한다. 동일한 문제가 기후변화협약에서도

---

14 에롤 해리스Errol E. Harris, 《파멸의 묵시록: 과학적 패러다임과 일상의 사유양식 Apocalypse and Paradigm: Science and Everyday Thinking》, 이현휘 옮김(산지니, 2009), 107~117쪽.
15 앞의 책, 123쪽.
16 앞의 책, 126쪽.

고스란히 드러나는데, 결국 개별 국가는 자국의 이익을 지키기 위한 궁극적 수단으로서 자국의 강력한 군사력과 경제력밖에 없다는 현실 인식 하에서 기후 변화 해결을 위한 국제협약은 어떤 강제력도 담보하지 못한다. 해리스는 이 모든 문제는 사람들이 "뉴턴 패러다임을 무의식적으로 수용한 상태에서 국가를 고립되고 독립된 단위로 생각하는 습성에 젖어 있기 때문"[17]이라고 진단한다. 그리고 국가에 대한 이러한 원자적이고 개체적인 사유 습성은 바로 인간에 대한 근대적 이해, 즉 개체론적이고 원자론적인 근대의 인간 이해가 놓여 있다고 보는 것이다.

자연의 이분화를 통해 망각된 문제: 인간과 자연의 혼종성

우리의 근본 문제는 인간이 생물학적으로 유전된 몸과 마음이 도시적 환경과 지구촌 문화라는 급속한 변화 속에서 거미줄처럼 엮인 네트워크적 존재로 변해 왔음에도 불구하고, 여전히 우리는 사회의 산적한 문제들을 근대적 인간 정의에 기초하여, 즉 개체로서의 인간 이해에 기초하여 해결하려는 데서 유래한다. 즉, 해법과 문제 상황 간의 불화가 쌓여 가는 것이다. 존재의 네트워크는 인간이 자연과 문화 혹은 자연과 인간 혹은 자연과 인공의 이분법이 세워 놓은 경계를 넘나들며 혼종적인 존재의 출현을 초래하지만, 근대의 이분법은 이 혼종적 존재들을 비존재로 만들어 버렸고, 이것이 바로 문제의 한 근원이 되었다.

브루노 라투르Bruno Latour는 인간과 비인간non-humans과 사회가 혼

17　에롤 해리스, 《파멸의 묵시록》, 133쪽.

종적으로 구성되어 있음을 주장하며, "집단체the collective"[18]라는 용어를 사용한다. 우리의 언어 용례는 '인간,' '비인간,' 그리고 '사회'와 '자연'이라는 말을 통해 끊임없는 구별을 시도하고, 그러한 언어적 구별을 통해 우리는 문명을 일구어 왔다. 하지만 이러한 구별의 이면에는 그렇게 구별된 종류들 사이의 끊임없는 혼종적 교류가 있고, 그러한 혼종적 교류를 라투르는 "네트워크"[19]라 한다. 집단체를 구성하는 것은 언제나 네트워크로 연결된 존재이기 때문에 어느 한 면에 대한 분석은 사태의 진상을 드러내기보다는 오히려 드러나지 않은 다른 면들을 은폐하는 역할을 감당할 것이다. 그럼에도 불구하고 근대는 이 자연/인간/문화의 혼종체를 자연과 문화로 그리고 자연/정치/담론의 영역으로 세분화하였다. 이러한 분할의 이면에는 이러한 지식 분야의 경계 분할을 통해 권력과 이익을 얻는 세력이 놓여 있다. 라투르는 플라톤의 동굴의 비유를 인용하며 예를 든다. 동굴에 있는 사람들은 바깥세상에 철저히 무지한 채로 동굴을 세상의 전부로 알고 살아간다. 동굴 밖의 세계는 철저히 객관적인 사물들의 세계이지만, 인간의 손이 닿지 않기에 언어를 결여하고 있는 세계이다. 이러한 자연/문화 분할은 동굴 안과 밖을 자유롭게 넘나드는 부류들에게 엄청난 권력과 이득을 안겨다 주는 분할 구도이다. 동굴 속에서 바깥세계에 무지한 이들을 사물들에 대한 지식을 통해 계몽시키고, 전혀 활용하는 손길이 없어 무가치한 자연 사물들을 가치 있는 상품으로 전환시킴으로써 자연에 가치를 부여하는 이들, 그들

---

[18] Bruno Latour, *We Have Never Been Modern,* trans. by Catherine Porter (Cambridge, MA: Harvard University Press, 1993), p. 4.

[19] Ibid., p. 3.

은 바로 과학자들이다.[20] 이러한 분할을 통해 근대는 집단체를 "사실과 권력과 담론"[21]의 영역에서 제각각 기술하면서, 이 집단체가 담지한 혼종적 성격을 은폐해 왔다.

근대 과학 지식인들의 이러한 지식권력적 분할은 비인간적 자연과 인간적 문화 간에 일어나는 두 가지 전혀 다른 실천들을 수행함으로써 이루어지는데, 첫째 전혀 다른 존재들 사이에서 혼종을 창출하는 번역translation의 실천이 있다. 이 번역 작업을 통해 자연과 문화의 혼종들이 발생하게 된다. 두 번째 실천은 "정화"의 실천인데, 이 작업은 인간과 비인간 사이의 경계를 공고히 하여 두 존재들이 서로 혼용되지 않도록 하는 작업이다. 매우 역설적인 것은 번역의 작업이 없다면 정화의 작업이 애초부터 소용없을 것이고, 마찬가지로 정화의 작업이 없다면 번역의 작업은 무의미하거나 느려질 수밖에 없을 것이라는 사실이다. 번역과 정화는 서로 상반된 작업이지만, 서로 상대방의 작업을 절대적으로 필요로 하면서도 결코 하나로 합쳐질 수 없는 작업이다.[22] 하지만 우리는 번역 혹은 매개의 작업이 이루어지는 사회를 근대 이전 사회로 규정하고, 정화의 작업이 이루어지는 사회를 근대로 규정하면서, 마치 이 두 작업이 미개와 진보 사회를 구별하는 기준인 듯이 여긴다. 이런 점에서 우리는 근대적 편견을 그대로 물려받았다. 문제는 이 두 작업들이 동시적으로 이루어지는 작업들이라는 것이다. 그래서 우리가 자연과 사회를 철저히 구분하고 그리고 원시와 현대를 갈라 놓고 있을 때, 우리 삶의 실재

---

[20] Bruno Latour, *Politics of Nature: How to Bring the Sciences into Democracy*, trans. by Catherine Porter (Cambridge, MA: Harvard University Press, 2004), pp. 14-15.

[21] Bruno Latour, *We Have Never Been Modern*, p. 6.

[22] Ibid., pp. 10-12.

는 이미 자연과 문화 간의 혼종적 창조물로 넘쳐난다는 것이다. 예를 들어 안경을 쓰고 있는 우리들은 이미 인간/비인간의 경계를 넘어서 '사이보그적인 삶'을 살아가는 혼종적 존재들이다. 그럼에도 불구하고 우리는 자연을 찾으러 도심지를 빠져 나간다. 자연과 도시는 전혀 다른 범주의 존재인 듯이 말이다. 이러한 자연/문화(사회) 분할의 이분법은 다시 과학/정치의 이분법을 창출한다. 하지만 이러한 이분법적 구별의 극단들이 난무하는 21세기 우리는 다시금 과학과 정치가 불가분리하게 교차해야 하는 생명윤리의 현장들을 삶 속에서 목격한다. 안락사와 낙태는 적나라한 예들이다. 근대 지식 권력의 핵심 책략은 번역 작업을 통해 창출되는 혼종들을 은폐하고 억압하면서, 분할 구도를 철저히 유지하는 것이다. 그러나 그에 그치지 않고 다른 한편으로 자연과 문화의 혼종 상품들을 지속적으로 만들어 내면서 동시에 혼종의 존재 차체를 부인하여, 계몽의 울타리를 높이 쌓아 올리는 전략을 구사한다. 사실 근대 지식이 자연/사회의 경계를 만들어 나가는 행위 자체가 이미 그 양자의 혼종을 만드는 행위이다. 집단체는 애초부터 그런 경계들을 갖고 있지 않기 때문이다. 바로 이런 맥락에서 라투르는《우리는 결코 근대인인 적이 없다》고 선포한다.[23] 근대가 정의하는 의미에서 '자연'과 '문화'와 '사회'는 존재하지 않는다. 우리가 일구어 온 문화 속에 자연이 배제되어 있다고 하는 것도 착각이다. 자연은 우리 문화의 그림자가 아니다. 오히려 자연과 문화 혹은 사회는 단 한 번도 상호작용을 멈춘 적이 없다. 왜냐하면 그것들은 '과정the process'이기 때문이다. 그리고 그러한 과정이 가능한 이유는, 그 교류와 혼종을 가능케 하는 (우리의 언어와

---

23 Ibid., p. 39.

지식으로 포착되지 않는) 자리와 공간이 있기 때문인데, 바로 여기서 라 투르는 번역과 정화 작업의 '사이공간'을 발견한다:

모든 일은 중간에서 일어난다, 모든 것은 이 둘 사이를 지나간다, 모든 것은 매개와 번역과 네트워크들을 통해 일어나지만, 그러나 이 공간은 존재하지 않는다, 그것은 어떤 자리도 갖고 있지 않다. 그것은 근대인들에게 생각할 수 없는 것, 무의식적인 것이다.[24]

라투르의 자연/문화의 네트워크적 혼종 개념은 인간/비인간의 구별이 자명한 것이 아님을 암시한다. 자연은 언제나 문화의 경계를 통해 정의되지만, 그 경계는 결코 자연 그 자체의 속성이나 요소를 통해 규정되는 것이 아니다. 바로 여기에 근대적 인간 개념의 한계가 놓여 있다. 즉, 인간은 결코 인간 자체의 고유한 속성을 통해 규정되지 않는다. 인간의 경계는 인간이 아닌 것을 구별하는 과정에서 세워진다. 그 구별이 자명한 것이 아니라면, 인간은 존재하지 않는다. 이는 우리가 자연이나 사회에 관하여 갖고 있는 모든 개념의 경계들에 다 마찬가지이다. 신기한 것은 그것들이 인간의 언어로 구성된다는 사실이 아니라, 그렇게 구성된 언어적 인공을 매개로 우리는 저 너머의 소위 자연이라는 것으로 나아간다는 사실이다. 여기서 우리는 '자연'을 문화에 대한 대립적 개념이 아니라 오히려 自然, 즉 self-so-ing으로 보아야 할 필요성이 대두된다. 우리의 개념들이 '어느 정도' 우리의 개념적 자연을 넘어 존재하는 自然과 함께 동작할 수 있도록 해 주는 '공간,' 즉 그 혼종적 존재들을 창출하는 사이공간이 말

---

24 Ibid., p. 37.

그대로 自然, self–so–ing인 것이다.

화이트헤드의 사건적 존재론

라투르가 지적하는 번역과 정화의 작업을 이분법적으로 구별하는 근대적 손짓을 화이트헤드는 '자연의 이분화the bifurcation of nature'라고 지칭하였다. 주관적 정신과 객관적 자연이라는 이분법적 실재 이해가 우리로 하여금 실재를 원자적이고 개체적으로 잘못 이해하도록 만들고 있다는 것이다. 화이트헤드는 이 자연의 이분화 문제가 곧 '잘못 놓여진 구체성의 오류the misplaced fallacy of the concretedness'로 이어진다고 보았다. 즉, 저 밖에 객관적으로 사물이 존재한다는 관점이 가능하려면, 그 사물이 저기에 단순히 존재한다는 '단순정위simple location'라는 추상이 필요한데, 이 추상적 개념을 구체적 실재로 혼동하는 데서 발생하는 오류 말이다. 이 두 개념들, 즉 '자연의 이분화'와 '잘못 놓여진 구체성의 오류'를 통해 화이트헤드는 존재의 사건적이고 네트워크적인 특성들을 보여 주려고 하며, 인간이라는 존재도 결코 이로부터 예외가 될 수 없다.

근대의 문제들을 극복하는 개념으로서 화이트헤드의 사건적 존재

'자연의 이분화'란 자연의 사건으로서 한 쌍을 이루고 있는 것들이 둘로 이분법적으로 나뉘어 분리되는 것을 가리킨다. 특별히 화이트헤드에게 이 '이분화'란 바로 정신과 자연의 '이분화'였다. 자연이 우리에게 인식되려면 어떤 과정이 진행되어야 하는데, 영국 경험론은 이 '자연'을 1차 성질과 2차 성질로 구별하였다. 말하자면, 우리의

"(감각적) 앎 속에서 파악되는 자연"과 "그 앎의 원인이 되는 자연"을 구별한 것이다.[25] 바로 이 구별이 근대의 주/객 도식의 토대였다. 이러한 주/객 도식 혹은 자연의 이분화는 근대적 사유틀 구조 속에서 세계를 설명하는 데 나름대로 장점이 있지만, 그 설명적 도식은 사실 주관과 객관이 고유하게 안과 밖으로 나눠지는 것이 아니라, 서로 함께 일어나는 사건이라는 점을 은폐한다. 더 나아가 이러한 자연 해석 도식 속에는 세계 속에 존재하는 소위 '존재'들을 하나 하나의 개체로 사유하는 근대의 지배적 사유 방식이 전제되어 있다.

화이트헤드에 따르면, 우리들의 '지각'은, 근대의 자연의 이분화가 그려 주고 있는 것과 달리, 사건으로 구성되어 있다. 즉, "우리의 '지각하는 사건'은 우리가 특정한 방식으로 우리의 지각적 관점을 구별하고 있는, 그래서 우리의 관찰자적 현재 속에 포함된 사건이다. 그것은 곧 현재 지속 안에 담긴 우리의 몸적인 삶으로서 사건이다."[26] 이 몸의 사건은 "여기라는 지각적 사건"과 "지금이라는 지속"이 교차하는 "공변관계共變關係 · cogredience"로 구성된다. 이 몸의 사건에서 주목되는 것은 바로 "여기와 지금" 사이에 있는 "와and"이다.[27] 여기와 지금은 우리로 하여금 경험을 가능케 하는 그 무엇이 전혀 아니다. 여기와 지금은 거칠게 분석하자면 공간과 시간이지만, 이 시-공간은 '점'으로 구성된 것이 아니라 사건들의 연속들로 구성된 것이다. 따라서 지금은 존재하지 않는다. 우리는 언제나 그 현재 순간이 지

25 A. N. Whitehead, *The Concept of Nature*, originally published in 1920, (New York, Cosimo, Inc., 2007), pp. 30-31.

26 Ibid., p. 187.

27 Isabelle Stengers, *Thinking With Whitehead: A Free and Wild Creation of Concepts*, trans. by Michael Chase (Cambridge, MA: Harvard University Press, 2011), p. 68.

나간 다음에야 그 '지금'을 재구성해 낼 수 있을 따름이다. 몸의 기억을 따라서 말이다. 마찬가지로 '여기'도 포착되지 않는다. 그것이 내 인식 바깥의 '저기'에 있다면, 그것을 왜 내가 '바로 지금 여기'로 경험하는지를 묻게 되고, 모든 것은 나의 주관적 마음속에서 이루어지는 것이라면, 도대체 그 주관적 세계를 왜 나는 저 바깥의 객관적 실재로 경험하는지 설명하기가 불가능하기 때문이다. 내 안에 혹은 저 바깥에. 여기는 무엇을 의미하는가? 그래서 우리가 경험하는 여기 지금의 사물은 사건과 지속의 흐름 속에서 이미 존재하지 않는 것을 마치 지금 현존하고 있듯이 재구성한 허구와 같다. 그 여기와 지금이 "함께 붙들"려 있는 것은 바로 그 "와" 때문인데, 이 '와'가 가리키는 것이 바로 공변관계이다. 이 공변관계는 생물학적인 사실이 아니다. 물론 그것은 몸을 통해 가능케 된 '와'의 관계이지만, 여기서 몸은 그 '와의 관계'를 "설명하는 것이 아니라 증언"[28]할 따름이다. 이 몸을 매개로 하는 그 '와'의 공변관계는 주관적인 것도 객관적인 것도 아니다. 오히려 모든 현실체의 사건들을 가능케하는 '사이-사건'이다.

《자연의 개념》에서 '자연의 이분화'로 다루어지던 문제가 《과학과 근대 세계》에서는 "잘못 놓여진 구체성의 오류fallacy of misplaced concreteness"로 지명된다. 이것은 "추상abstract을 구체적인 것the concrete으로 잘못 간주하는 우발적 착오"[29]를 가리킨다. 이 오류는 단순 정위simple location 개념이 귀납적 추론에 야기하는 막대한 난점들을 통

---

28 Ibid., p. 69.
29 A. N. Whitehead, *Science and the Modern World: Lowell lectures*, 1925, New York: The Free Press, 1967, p. 51.

해 즉각적으로 자명해진다.[30] 단순 정위란 다른 시공간 지역과 무관하게 한 물체가 시공간 상의 "여기here"에 있다는 것을 확신하는 개념이다.[31] 즉, 한 사물이 우리의 인식 바깥 '저기에 있다there is'를 가리키는 것이다. 하지만 그 '저기-있음'이란 유아독존의 한 점으로 존재하는 것이 아니라, 그것에 이르는 과거의 시간들과 앞으로 나아가야 할 미래의 시간들이 중첩되어야 존재 가능한 것이다. 그런데 시간에 걸쳐 진행된 물질적 배치들의 위치를 지정하면서, 다른 시간 즉 과거와 미래를 언급하지 않을 경우, 우리의 귀납적 추론은 그 근거를 상실한다. 홀로 존재하는 것을 추론할 필요조차 없어지기 때문이다. 즉, 바로 여기의 현재 시점에서는 (단순 정위의 가정에 따르면) 그 어떤 다른 시간, 즉 과거나 미래의 준거점들을 고려할 필요가 없다는 것이다. 단순 정위는 "여기"만을 나타내기 때문이다. 이는 원자적이고 개체적인 사물 이해의 토대이고 객관주의적 실재론의 토대이다. 하지만 이 사물의 단순 정위는 과학적 계산의 편리를 위해 고안된 '추상적 위치' 개념이지, 결코 사물의 구체적 삶의 실상을 증명해 주는 것은 아니다. 존재하는 모든 것은 특정 시점과 특정 공간에 고정되는 법이 없다. 다만 그 흘러가는 상호과정(들)을 추상적으로 포착해야만 계산이 가능한 인간 인식의 한계 때문에 우리는 고정되지 않고 끊임없이 흐르고 변화하는 구체적인 것들을 고정되고 독립된 추상(개념)으로 번역할 따름이다. 핵심은 이 추상은 실재reality가 아니라는 점이다. 잘못 놓여진 구체성의 오류는 이 (예를 들어, 수학적) 추상을 구체적 현실에 적용하여, 마치 추상을 통해 현실을 조망하는 수준을

---

30 Ibid., p. 51.
31 Ibid., p. 49.

넘어서 추상을 현실로 착각하는 오류를 가리키는 것이다.

이 단순 정위의 잘못 놓여진 구체성의 오류를 시정하기 위하여 화이트헤드는 "유기체" 개념을 도입하는데, 여기서 유기체는 생물학적 조직이나 질서 혹은 실체를 가리키는 개념이 아니라 "유적 개념generic notion"이다.[32] 여기서 이 개념이 생물학보다는 양자역학에 등장하는 전자electron의 '현존'을 설명하기 위해 도입되었다는 점을 유념해야 한다. 즉, 화이트헤드에게 '유기체organism'는 단지 생물에 국한된 개념이 아니다. 화이트헤드의 유기체 개념은 '과학적인' 개념이 아니다. 오히려 유기체란 객체의 진입과 공변 개념을 품을 '파악prehension' 개념을 통해 설명되는 것이다.[33] 파악은 우선 "고려함a taking into account"[34]을 의미하지만, 이는 사물의 실재성을 지각에 돌리는 버클리의 주관주의적 실현과는 달리, 자연 실체들이 지각 속에서 실현되어질 때 이루어지는 "마음 자체의 통일성"[35]을 가리킨다. 그것은 바로 지금 여기에서 "다른 자리들과 다른 시간들"[36]을 경험하는 것을 의미한다. 그렇기 때문에 이 통일성은 다중성을 함의한다. 말하자면, 여기 이 자리 지금 이 (현재라는) 시간 속에 '다른 자리들과 그의 다른 시간들'이 중층적으로 공존하고 있다는 말이다. 이것은 곧 마음의 작용과 실재의 생산이 "동시에 일어남coincide"[37]을 말하는 것이다.

파악 개념이 도입되면서 유기체는 "우리 몸적 사건에 대한 자기-

---

[32] Isabelle Stengers, *Thinking with Whitehead*, 128; 129.
[33] Ibid., p. 147.
[34] Ibid.
[35] Ibid., p. 146.
[36] Ibid., p. 147.
[37] Ibid.

지식"을 가리키게 된다.[38] 여기서 '몸적 사건'도 인간 유기체나 생물체의 몸에 국한된 개념이 아님을 유념하자. 말하자면 전자의 '저기 있음'과 몸을 매개로 하는 우리 인간의 '저기 있음'(즉 there is)은 구별 없이 상호 교환적으로 언급될 수 있다. 따라서 유기체는 생물과 비생물의 경계를 가르는 용어가 아니라, 오히려 생물과 비생물 모두를 아울러 일정한 조직을 갖춘 체계들이 구현하는 "통일성unification"을 가리키는 용어이다.[39] 그러한 통일성은 실체적으로 고정된 것이 아니다. 왜냐하면 매 순간 '지금'으로 지정된 순간은 과거로 넘어가고 있기 때문이다. 오히려 사건은 언제나 다른 사건들과 연관 속에 스스로를 드러내면서 동시에 자신 안에서 자신을 위해 그 관계를 실현하면서, 지속적으로 현재로부터 과거로 넘어가는 '사건 과정' 혹은 '과정의 사건'이다.

통일성을 갖춘 조직이나 체계들의 존속과 현존을 화이트헤드는 이제 "감염infecting"[40]으로 표현한다. 즉, "존속하는 데 성공한 모든 것은 그의 환경을 이 존속과 양립할 수 있는 방식으로 감염시키는데 성공한 것이다."[41] 감염은 이제 "파악의 양식들이 서로를 반영하는 방식"을 가리키고, 그리고 존속은 "이 존재와 '그' 환경 사이의 상호적 생산co-production"이 성공했음을 가리킨다.[42] 여기서 감염이란 나의 방식대로 환경을 바꾸는 것을 말하는 것이 아니라, 나의 존속 방식이 주

---

[38] A. N. Whitehead, *Science and the Modern World*, p. 73.

[39] Isabelle Stengers, *Thinking with Whitehead*, p. 154.

[40] A. N. Whitehead, *Science and the Modern World*, p. 94.

[41] Isabelle Stengers, *Thinking with Whitehead*, p. 157.

[42] A. N. Whitehead, *Science and the Modern World*, 94; Isabelle Stengers, *Thinking with Whitehead*, p. 158.

변 환경에 설득력을 갖는다는 것을 의미하며, 이런 의미에서 "가치의 상호-적응co-adaptation of values"을 의미한다.[43] 이런 맥락에서 이제 사건은 "그 환경이 담지한 집합적 양상들에 대한 통일적 파악unifying grasp"을 의미하게 된다.[44] 이런 맥락에서 대상은 "그의 환경을 파악하기 때문에" 그대로what it is의 객체가 되는데,[45] 이는 《자연의 개념》에서 화이트헤드가 생각하던 '대상 그 자체'라는 개념으로부터 전회turn가 이루어지게 되었다는 것을 의미한다. 이 전환을 통해 이제 몸의 역할이 보다 적극적으로 두드러지기 시작한다. 예를 들어 몸 안의 전자와 몸밖의 전자는 다르다. 몸 안의 전자에게는 "몸의 계획the plan of the body"이 개입하기 때문이다.[46] 몸의 작용은 사실 환경의 작용을 연출한다. 몸이라는 시공간은 그만의 고유한 개입을 도입하기 때문이다. 몸은 정신과 자연 '사이'에서 단지 거기 있는 것이 아니라, 그 '사이'가 있음으로 인해서 발생하는 효과를 갖는다는 말이다.

여기서 우리는 몸이 가진 '사이the between'의 기능을 주목해야 한다. 이 사이는 인간의 내/외를 구별하는 경계로서 폐쇄적이기보다는 오히려 현실체들이 다양한 존재의 층위에서 살아가는 "존재의 실존 양식"이다. 그리고 몸은 "사이를 협의하는 기술an art of negotiating the in-between"을 구현하는 장으로서 기능한다.[47] 이 '사이'에서는 내/외의

---

[43] Isabelle Stengers, *Thinking with Whitehead*, p. 158.

[44] Ibid., p. 166.

[45] Ibid., p. 166; 대상과 객체라는 번역 용어는 사실 object란 동일한 단어를 맥락에 따라 다르게 번역한 것들이다. 화이트헤드에게 object란 단지 수동적으로 주체에게 주어지는 어떤 것이 아니라, 주체의 합생 사건에 능동적으로 참여하는 그 무엇이기 때문에 '객체', 즉 주체 바깥의 행위작인을 가리킨다는 사실을 기억한다면, 화이트헤드의 철학 속에서 대상은 언제나 '객체'이다.

[46] A. N. Whitehead, *Science and the Modern World*, p. 79.

[47] Isabelle Stengers, *Thinking with Whitehead*, p. 172.

경계보다 오히려 전체/부분의 상호 침투적 관계 양식이 더 중요한데, 그 사이에서 전체는 부분을 그리고 역으로 부분은 전체를 감염시킴으로써 구현된다. 따라서 전체와 부분은 동시대적이다. 부분의 결과가 전체가 아닌 것이다. 몸은 부분과 전체를 존재하게 하는 애매한 자리인데, 바로 그 애매한 자리가 사이인 것이다. 정신과 자연 사이, 몸은 "그 부분을 위한 환경의 몫이고, 그 부분은 몸을 위한 환경의 몫"이다.[48] 사실 몸은 "우리 자신의 개인적 실존 너머에 놓여"있지만 동시에 우리 자신의 실존의 "일부"이기도 하다.[49] "우리를 둘러싸고 있는 가장 직접적인 환경은 여러 기관으로 이루어진 우리 자신의 신체이며, 보다 원거리에 있는 환경은 우리의 신체와 맞닿아 있는 주변의 물리적 세계이다."[50] 몸은 대부분 외부 세계의 일부를 구성하면서 연속하고, "우리는 몸이 어디서 시작하고, 외부 자연이 어디서 끝나는지를 정의할 수 없다."[51] 여기서 주목해야 할 것은 몸이 단순 정위로 위치되거나 배치되지 않는다는 점이다. 예를 들어 "몸은 그 부분들로 구성되지 않으며, 그 부분들이 몸의 부분인 것도 아니다."[52] 그렇다면 몸은 어디에 위치하는가? 몸은 전체도 그렇다고 부분으로 한정되지도 않는다. 사이로서 몸에는 오직 서로를 파악하는 계기들과 시선들만이 교차하고, 그를 통해 존속과 패턴들이 발생한다. 그러한 무수한 존속들과 패턴들의 부분과 전체의 상호 감염만

48 A. N. Whitehead, *Science and the Modern World*, p. 149.
49 A. N. Whitehead, *Modes of Thought*, p. 21.
50 알프레드 화이트헤드Alfred North Whitehead, 《상징활동: 그 의미와 효과 Symbolism: its Meaning and Effect》, 문창옥 옮김(도서출판 동과서, 2003), 32쪽.
51 A. N. Whitehead, *Modes of Thought*, p. 21.
52 Isabelle Stengers, *Thinking with Whitehead*, p. 175.

이 있다면 우리는 어떤 사물도 분간하지 못할 것이다. 그런데 우리는 '나'와 '객체'를 구별하는 특정한 존재의 배치를 갖게 되고, 몸은 바로 그 배치가 터하는 자리이지만, 단순히 정위simply located되지는 않는다. 바로 이 대목에서, 즉 몸의 중층성 위에서 주체는 파악의 계기를 통해 실현-한다/되어진다고 말할 수 있다.

결국 화이트헤드의 유기체 개념이 작동하기 위해서는 실체론적인 원자 모델에 기반한 기존 과학적 대상들의 모델들이 거절되어야한다. 유기체는 "함께 움켜잡는holding together" 존속endurance의 힘을 의미하며, 최근의 물리학적 모델들은 원자를 바로 이러한 관점에서 조망한다.[53] 특별히 전자와 전자기장의 상관성은 화이트헤드의 유기체 개념에 살아 있는 모델을 제공한다. 따라서 전자는 "그것이 그의 환경을 파악하는 방식 때문에 바로 그 전자"[54]가 된다. 이는 전자의 존속과 환경의 인내력patience이 상보적으로 일구어 가는 "패턴 양식"을 물리법칙으로 보여 준다.[55]

구체적으로 존속하는 존재들은 유기체들이어서, 전체의 계획은 (그 전체 안으로) 들어오는 다양한 종속 유기체들의 성격들 자체에 영향을 미친다. 동물의 경우 정신적 상태들이 전체 유기체의 계획으로 진입하여, 잇따르는 종속 유기체들의 계획들을 수정하는데, 이 수정 과정은 예를 들어 전자들과 같은 가장 작은 유기체들에 이르기까지 계속된다. 따라서 살아 있는 몸 안의 전자는 그 몸의 계획 때문에 그 바깥에 있는

---

53 Ibid., p. 166.
54 Ibid.
55 Ibid.

전자와 다르다. 전자는 몸 안에서나 혹은 몸 밖에서나 맹목적으로 굴러 간다; 그러나 그 전자는 몸 안에서 감당하는 그의 특성에 부합하게 운행한다; 다시 말해서, 그 몸의 전반적인 계획에 맞추어 운행하고 그리고 이 계획은 정신적 상태를 가리킨다.[56]

이 인용문은 몸의 계획에 따라 전자의 물리적 행위들이 달라질 것이라고 예측한다. 이는 개체적이고 원자적인 사물 이해에 대한 전면적인 수정을 요구한다. 전자는 단순히 저기 있는 것이 아니다. 그것이 터한 자리가 어디인지에 따라, 즉 몸 안에 터하고 있는지 아니면 몸 밖에 자리 잡고 있는지에 따라 전자는 전혀 다르게 작동한다. 즉, 유기체는 그 주변 환경과의 상호작용을 통해 자신을 드러낸다. 이러한 관점에서 보자면, 시공간을 점유하는 국재화localization도 존속과 관계한다. 시공간은 사건을 위한 공통의 틀 구조라기보다는 하나의 "추상abstraction"[57]을 구성하기 때문이다. 다시 말해서 시공간은 "환경의 패턴"에 상응하는 것이지 결코 "시원적"인 것이 아니라는 말이다.[58]

화이트헤드는 '시공간'을 연장 연속체the extensive continuum로 보았다. 화이트헤드의 연장 연속체 이론은 현재라는 공간 속에 전개되는 패턴이 시간 흐름의 단편들, 즉 매 순간마다 잇따르는 파악의 통일성 속에서 재생산되는 구조를 그려 준다. 그리고 이를 화이트헤드는 "가장 일반적인 사실"[59]이라고 불렀다. 이 연장 연속체 위에서 연대성solidarity은 각 합생 사건들이 서로와 연관하여 자신을 정초하는 방

---

56   A. N. Whitehead, *Science and the Modern World*, p. 79.
57   Isabelle Stengers,, *Thinking with Whitehead*, p. 167.
58   Isabelle Stengers,, *Thinking with Whitehead*, p. 167.
59   Ibid., p. 169.

식과 또한 다른 합생 존재들과 연관하여 각자의 모든 가능한 관점들을 명시하는 "관계적 복합relational complex"에 대한 "가장 추상적인 특성"을 구성한다.[60] 이 과정에서 우리는 전체와 기초 단위를 구성하는 부분들 "사이between"의 "중간범위적mesoscopic" 작용을 감지하게 된다. 이론이나 사변은 이 전체와 부분 간 "사이를 협상하는 기술the art of negotiating the in-between"의 필요성 때문에 대두되는 것들이다. 이 '사이를 협상하는 기술'은 단순히 "부분을 전체로 번역하는 중계자들"과 혼동되지 말아야 한다.[61] 이 중간범위적 작용들은 "진정한 행위자들genuine actors"[62]이지만, 현재의 전체와 부분의 틀 구조에서는 상술되기 어려운 존재들이다. 이 '사이-존재'는 우리가 갖고 있는 인간중심적인 어휘들로 전혀 포착되지 않는다. 우리의 언어가 개체중심적 이해를 토대로 하고 있기 때문이다.

여기서 다시금 "감염"이란 단어의 재치가 돋보인다. "부분들은 그들을 감염시키고 있는 전체 없이 전체를 구성하지 않는다."[63] 그리고 이 '감염' 작용이 '중간범위적 작용으로서 사이를 협상하는 기술을 체현한다. 이 감염의 중간범위적 작용을 아주 구체적으로 체현하는 것이 바로 "몸"인데, 이 몸의 고유성은 바로 "우리는 몸이 어디서 시작하고, 외부 자연이 어디서 끝나는지를 정의할 수 없다"[64]는 데 있다. 그렇다고 몸은 "그의 모든 부분들로 구성되지 않으며, 그의 부분

---

60 Ibid.
61 Ibid., p. 172.
62 Ibid.
63 Ibid., p. 174.
64 A. N. Whitehead, *Modes of Thought* (New York: Free Press, 1968), p. 21.

들이 몸의 부분들도 아니다."[65] 오히려 몸과 그 부분들은 "서로의 성공을 위해 요구되는 가장 가까운 환경"[66]이다. 즉, 서로가 서로에게 환경이 되는 것이다. 근대의 주/객 도식은, 아주 쉽게 풀어 말하자면, 주인공the subject을 중심으로 그 주변에 조연배우들the object을 배치하여 우리의 인식 지평 앞에 펼쳐 준다. 하지만 화이트헤드의 사건적 존재론은 주체라는 것이 우리가 생각하는 것만큼 사건 과정의 주인master이 아니라는 것을 보여 준다. 의식이나 정신이 아니라, 몸이 주체의 역할을 감당한다는 인상을 주는 화이트헤드의 사건적 존재론은, 그래서 기존의 주/객 도식의 실재 이해에 대한 거절과 저항의 몸짓인 것이다.

어떠한 존재도 실체라기보다는 사건이고 과정이다. 이는 곧 존재란 언제나 '사이-존재'라는 것을 의미한다. 그것을 '단순 정위'로 포착할 수 없다는 말이다. 내가 지각하고 있는 저 꽃은 저기에 있는가 아니면 나의 지각이 이루어지는 인식 속에 있는가? 주관주의는 우리의 주체적 인식 속에 있다 할 것이고, 객관적 실재론자는 저 밖에 존재할 따름이고 우리의 인식은 그것을 수동적으로 반영한다고 말할 것이다. 화이트헤드의 사건적 존재론은, 존재를 그렇게 단순 정위할 수 없는 불가능성을 '사건' 개념을 통해 우리에게 보여 주고 있다. 더 나아가 정신과 자연 '사이'에 존재하는 그 중간범위적 작용은 우리의 인간관계, 즉 두 작인들 간의 상호작용을 원형으로 묘사되는 '관계'라는 말로도 쉽사리 포착되지 않는다.

---

65 Isabelle Stengers,, *Thinking with Whitehead*, p. 175.
66 Ibid.

화이트헤드의 사건 존재론이 함축하는 사이-존재론

화이트헤드의 사건 존재론은 트랜스휴머니즘 시대를 위한 새로운 인간 상을 구성할 실마리들을 제공해 준다. 트랜스-휴머니즘이란 전통적인 생물 유기체의 개체 상에 근거한 인간 개념을 넘어서는 인간의 모습이 우리 삶에 도입되고 있다는 것을 의미한다. 트랜스휴머니즘은 미래 인간을 위한 상상력이 아니라, 지금 현재 우리 삶의 현장에서 벌어지고 있는 일상의 사건들이다. 예를 들어 시력이 떨어지는 사람들은 '안경'이라는 인공보철물을 착용한다. 그에게 안경을 벗고 바라보는 세상은 자신이 경험하는 세상이 아니다. 비록 '안경'은 생물학적 인간으로 태어난 그에게 선천적인 기제가 아니지만, 과학기술이 급속하게 우리의 문화 환경을 바꾸어 가고 있는 시대를 살아가는 그에게 '안경'이란 인공보철물은 분명 그의 '현존재Dasein'를 구성하는 요소들 중 하나이다. 보다 구체적으로 말하자면, 안경은 그/녀의 부족한 신체 능력을 보조하는 도구에 불과한 것이 아니라, 오히려 그/녀의 몸의 일부로서 그/녀의 존재 사건에 참여한다. 또한 스마트폰이 보급되면서, 우리는 SNS 즉 소셜네트워크 서비스를 통해 물리적 시공간을 뛰어넘어 타자들과 연결되어connected 살아간다. 그렇게 네트워크를 통해 연결된 삶의 시간들을 살아가는 우리에게 가상의 공간은 허구이거나 환상의 공간이 아니라 생생한 삶의 공간으로서, 우리 존재의 연장extension이다. 한적한 어느 카페에 앉아 스마트폰으로 지구 반대편의 외국인 친구들과 페이스북을 하며 채팅을 하면서, 이메일로 다음 주 할 일들의 계획을 짜고 있는 '나'는 어디에 존재하는가?[67] 카페에 아니면 지구 반대편에 혹은 가상의 공간에 혹은 다

---

[67] cf. Andy Clark, *Natural-Born Cyborgs: Minds, Technologies, and the Future of Human*

음 주라는 미래의 시간에? 여기서 우리는, 화이트헤드의 상상력을 넘어서서, 다중적으로 위치하고 있다고 말할 수 있을지도 모른다.

화이트헤드의 현실체actual entity · actual occasion는 물리적 극과 정신적 극의 양극성 사이에서 자신의 존재를 이루어 가는 과정process이다.[68] 매 순간은 합생의 과정이고, 이 과정들의 연속과 차이를 통해 현실체는 인과율의 구속력을 넘어 주체적 목적을 실현해 나아간다. 여기서 현실체는 개체로서의 인간이나 유기체를 의미하지 않는다. 오히려 그보다 훨씬 하부의 단위로서, 양자물리학에서 다루는 양자quantum처럼, 존재의 양자로 이해할 수 있다. 우리가 바라보고 있는 모든 존재는 이 존재의 양자quantum of being인 현실체들이 유기체적 질서를 구성하면서 연출하는 사건들이다. 이 존재 사건을 통해 현실체는 주변의 다른 존재들과 소통하며, 주체적 목적을 실현해 나아가지만, 우리가 통상적으로 생각하는 (인간적) 관계를 통한 소통은 아니다. 오히려 현실체들이 다른 존재들과 맺어 가는 관계는 합생의 사건인데, 이 사건 속에서 현재의 현실체는 과거로부터 도래하는 인과율적 작용에 큰 영향을 받는다. 그리고 이 인과율적 작용은 물리적 극이 현실체에게 구속력을 발휘하는 통로이다. 만일 과거 계기들로부터 유래하는 인과율적 작용만이 현실체의 유일한 동인이라면, 그가 구현하는 사건은 새로운 것의 도래가 불가능한, 언제나 동일한 것의 영원한 반복밖에 없을 것이다. 화이트헤드는 현실체가 살아가는 공간 속에서 과거의 영원한 반복이 아니라, 과거로부터 큰 영

Intelligence (New York: Oxford University Press, 2003), pp. 8-11.

68   A.N. Whitehead, *Process and Reality*, Corrected Edition by D.R. Griffin and D.W. Sherburne (New York: The Free Press, 1978), p. 45.

향을 받지만 그럼에도 불구하고 과거와는 다른 새로움을 도래케 하는 또 다른 힘의 작용이 있다고 보았다. 이 힘은 정신적 극으로부터 유래하는 '시초적 목적initial aim'인데, 이 시초적 목적을 주체적 목적으로 변용해 가는 과정이 합생의 또 다른 그러나 동시적인 과정이다. 이는 인과율적 작용을 통해서가 아니라, 현시적 직접성presentational immediacy을 통해 파악prehend하게 되는데, 현실체는 인과율적 작용과 현시적 직접성을 통해서 과거와 연속성을 유지하면서, 동시에 과거와는 다른 자신의 주체적인 삶을 구현해 나가게 된다.

이상의 현실체에 대한 이해를 통해 화이트헤드는 우리의 존재being가 고정되어 있지 않으며, 변화하는 세계로부터 도래하는 새로움을 받아들여, 새로운 존재를 매 순간 구현해 나아가고 있다고 보았다. 현재 우리가 목도하고 있는 (인터넷과 스마트폰에 기반한) 네트워크적 존재로서의 인간을, 근대적 사유 패러다임은 원자적 존재들 간의 '관계'로 분석할 수 밖에 없었다. 이는 '관계'를 통해 존재의 연장을 말하기는 하지만, 언제나 개체 존재에 그 근거를 두고 있는 인간론 혹은 존재론이다. 그러나 화이트헤드의 사유 속에서는 네트워크적 존재가 관계의 중층성 즉 넥서스nexus를 통해 이해된다. 근대적 이해와 화이트헤드의 사건적 존재가 갖는 결정적인 차이점은, 근대의 인간은 개체로서의 인간 개념에 근거하여 각 존재가 관계하고 있다고 보면서 여전히 '인간 현상'을 개체 중심으로 조망하고 있다면, 화이트헤드는 각 현실체의 경계는 '개체'를 통해 정의되거나 규정되는 것이 아니라 존재의 넥서스를 통해 매 순간 새롭게 구성되어짐으로 보고 있다는 사실이다. 따라서 안경을 쓴 A라는 사람은 생물학적 유기체 개체로서의 사람과 안경이라는 인공보철물로 구별되는 것이 아니라, 안경을 쓰고 살아가는 그의 삶의 과정 자체가 A라는 현실체의 사건 그 자체가 된다. 그의 존재는 그의 스마트폰이나 안경과 구별된 독립적인 실체로서 존재하는 것이 아니라, 그 현실체의 합생과 연관된 연결망으로 유연하고 느슨하게 임시적으로 구성되는 사건 event이다.

화이트헤드의 사건적 존재론은 이제 인간을 합생 과정을 구성하는 양극성dipolarit의 '사이-존재'로서 조망토록 하는데, 여기서 사이란 단지 양극성 간의 시공간적 거리나 틈새를 의미하는 것이 아니다. 사이the between는 우리에게 일종의 '관점 전환perspective change'을 통해 드러나는 이중성을 가리키는데, 인간을 생물학적 인과율의 작용으로 간주하고 분석할 경우, 인간은 철저히 생물학적인 인간이 된다. 하지만 인간을 주체적 목적을 구현하고 실현해 나아가는 현실체로 간주하고 조망할 경우, 인간은 철저히 생물학적 관성력을 넘어서는 초월적 존재로 보여진다. 훈고학적으로 유교에서 인간을 규정하는 '인'仁은 사람人과 둘二이 결합하여 이루어진 말인데, 이는 우리가 '인간人間'이라는 말을 통해 규정하는 정의와 일치한다.[69] 인간은 "둘-사이"에서 형성되는 과정으로서, 매 순간 자신의 존재를 그의 시초적 목적에 따라 '올바로 이름하는正名'하는 존재이다. 이러한 사이 존재로서 인간은 순전히 자연적인 유기체로만 규정되는 것도 아니고, 자연을 넘어선 인간 문화의 산물로 규정되지도 않는다. 인간은 자연과 문화의 이분법을 통해 규정되지 않는 사이-존재이다. 그러나 근대적 사유 패러다임은 원자적 개체를 존재의 단위로 설정하고, 그러한 존재 패러다임 하에서 자연과 인간을 순수한 존재로 정화해 왔다

---

69 김기주, 〈공자의 정치적 이상사회, '正名'의 세상〉, 《東方漢文學》, 제43집, 115쪽.

고 부르노 라투르는 설명한다.[70] 그런데 정작 인간은 자연과 문화가 혼종화된 존재이다. 따라서 개인의 권리 개념에 근간하여 현 시대에 당면한 문제들 예를 들어, 금융 위기, 지구 온난화, 인권, 자본주의의 문제 등에 대한 해법을 모색하는 것은 임시변통은 될지언정 근원적 해법이 되지 못한다. 우리가 세계를 바라보는 근대적 사유 패러다임의 틀 구조가 현실체가 살아가는 실상을 온전히 반영하고 있지 못하기 때문이다.

원자적인 개체 인간을 통해 근대 정치와 인권을 규정하던 근대의 사유 습속은 당대의 상황과 맥락에서 나름대로 적실성이 있었다. 특정 공동체에 귀속되어 고유한 인간됨을 인정받지 못하던 소작농과 여성과 어린이들에게 고유한 인간됨의 권리를 되돌려 주었기 때문이다. 하지만 네트워크를 통해 존재가 '다중the multitude'으로 확장 이해되고 있는 트랜스휴머니즘의 시대에 그러한 원자적인 인간 이해는 우리가 직면한 문제의 복잡성을 근대적 사유 패러다임에 맞게 단순화시키고만 있다. 바로 여기에 우리 시대의 문제가 놓여 있다. 지구 온난화와 자본주의의 문제는 근원적으로 시스템적 차원의 문제로서 문제의 원인을 개인의 책임으로만 돌릴 수 있는 성질의 문제가 아니다. 그럼에도 불구하고 우리는 줄기차게 문제의 원인을 특정 개인이나 집단으로 귀속시키려 한다. 우리가 인간을 바라보는 근본이 개체로서의 인간 상이기 때문이다. 개체란 무엇인가?라는 물음은 물어지지 않는다. 처음부터 거기에 '개체individual'가 있다. 하지만 존재는, 알랭 바디우의 말처럼 다수the multiple가 아닌가?[71] 이 다수성으로

---

70   Bruno Latour, *We Have Never Been Modern*, pp. 49-90.

71   Alain Badiou, *Being and Event*, trans. by Oliver Feltham, paperback edition (London:

서의 인간론은 개체로서의 인간론과는 다른 논의의 틀을 요구한다. 개체적이고 원자적인 인간 이해를 극복하려면, 결국 인간에 대한 우리의 사유을 근원적으로 탈바꿈시키지 않으면 안 된다. 화이트헤드의 사건적 존재론은 현실체를 '넥서스'적 존재로 규정하면서, 단지 인간관계를 통해 미화되는 관계론이 아니라, 관계성을 가능케 하는 '사이'를 창출함으로써 우리의 근대적 이분법 속에서 비존재로 규정되는 '혼종적 존재들'의 출현을 설명 가능케 해 준다.

'몸의 사이−사건': 체현된 인지를 통해 창발하는 정신과 세계

인지과학에서 최근 주목받고 있는 '생기주의生起主義 · enactivism'[72]는 인간에 대한 새로운 이해를 전개해 주고 있다. 생기주의의 핵심 키워드는 "체현된 인지embodied cognition"인데, 이는 우리의 인지 주체가 의식이나 정신의 주도로 이루어지는 것이 아니라, 오히려 몸을 통해 세계와 환경을 인지해 나아가고 있음을 밝혀 준다. 여기서 '몸'은 단순히 정신의 명령을 받아 수행하는 수동적 기관이 아니라, 오히려 몸의 행위를 통해 정신을 구성하고, 사유를 낳는 (플라톤의《티마이오스》에 등장하는) 코라khora와 같은 것으로 작용한다. 각 유기체의 몸의

Continuum, 2007), p. 23.

72 enactivism은 '동작주의' 혹은 '발제주의' 등으로 일관성 없이 번역되어 사용되는데 이 글에서는 이 말의 본래 출처인 하이데거와 가다머가 사용했던 생기生起 · bringing-forth(즉, 하이데거의 Ereignis)를 살려 생기주의生起主義로 번역한다(F. Varela, et al., *The Embodied Mind: Cognitive Science and Human Experience* [Cambridge, MA: the MIT Press, 1993], p. 149).

구조가 다를 때, 각 유기체가 인지하는 세계도 다르다. 그러한 지각의 차이는 결국 각 유기체의 행위의 차이로 나타나며, 이는 인지 과정을 통해 구성하는 세계 자체가 다르다는 것을 의미한다. 결국 세계는 고정된 채로 '앞서-주어지는pre-given' 것이 아니라, 유기체의 몸의 행위를 통해 구성되는 것이다.[73]

같은 맥락에서 앤디 클라크Andy Clark는 인공생명 연구에 주목하여 정신의 구성물들은 외부 객체와 속성들을 포함하고 있다고 보면서, 마음은 두뇌와 몸과 세계 간의 상호작용을 통해 창발한다고 주장한다. 주어진 모든 상황에 대한 대처 프로그램을 장착한 중앙프로세서를 갖춘 인공로봇은 현실 세계에서 생존할 만큼 충분한 기동성과 효율성을 갖지 못한다. 오히려 중앙프로세서 없이 각 부분의 진행 과정을 평행적으로 연결한 평행프로세서로 설계했을 때, 로봇은 마치 중앙 조정 센터가 있는 것처럼 행동한다. '마치 정신이 내장된 듯이 말이다.' 그렇다면 정신은 '가상적virtual' 존재로서, 미리 주어진 어떤 것이 아니라, 오히려 행위를 통해 세계와 유기체 사이에서 창발하는 것이다. 이러한 연구들을 근거로 앤디 클라크는 단지 두뇌와 세계가 몸을 매개로 상호작용한다고 주장하는 데서 그치지 않고, 인지 과정은 두뇌를 넘어 연장된다고 본다. 즉, 몸은 정신의 부분을 구성한다고 보는 것이다. 여기서 몸과 정신의 불가분리성 주장은 데카르트 이래로 인간의 모습을 정의해 온 몸과 정신의 이분법적 구분이 더 이상 적합하지 않음을 분명히 하는 것이다. 이러한 입장을 극단적으로 밀고 나가면, 정신은 또한 몸을 넘어 세계로 연장된다고 볼 수도 있

---

73 Lawrence Shapiro, Embodied Cognition, New Problems of Philsophy Series (London: Routeldge, 2011), p. 53.

을 것이다.[74] 즉, 정신은 세계와 더불어 창발한다는 것이다.[75] 다른 말로 표현하자면, 정신은 몸과 함께 더불어 있을 뿐만 아니라, 몸 너머의 세계와도 함께 있는 것이다. 이를 클라크는 하이데거의 말을 빌려 "거기-함께-있는-존재das Mitdasein, the being-t/here"라고 표현한다.[76]

이러한 인지과학의 생기주의적 주장들은 근대 이래 인간의 모습을 구성하는 정신과 육체의 이원론이 더 이상 인간을 구성하는 기본 밑그림으로 사용될 수 없음을 의미한다. 만일 정신이 몸을 넘어 세계와 함께 일어나는 것이라면, 우리는 인간을 생물학적인 몸에 국한하지 않고 어떻게 연장하여 그려 낼 수 있을까? 만일 전통적인 인간 담론이 무너진다면, 그래서 인간은 '개체'가 아니라 그 경계가 환경과 상호작용을 통해 희미한 애매한 존재로 새롭게 정의된다면, 우리의 모든 사법체제의 근간인 '개인의 책임'과 '정의 구현'의 문제는 어떻게 되어야 하는가? 근대 문명이 인류에게 가져다준 가장 큰 진보는 바로 '인권' 개념이다. 모든 인간은 하나님 앞에서 혹은 법 앞에서 하나의 개체로 평등하며, 동등한 삶의 권리를 갖는다는 것이다. 그런데 이 개체를 중심으로 '삶의 권리'를 부여하던 이 패러다임은, 개체가 더 이상 존재의 기본 단위로 간주되지 않을 때, 어떤 적실성을

---

[74] 최근 앤디 클라크Andy Clark의 "연장된 정신the extended mind"을 "확장된 마음"으로 오역하는 경우가 국내 연구자들 사이에 이루어지고 있다. 클라크는 마음의 확장을 말하는 것이 아니라, 데카르트적 '사유와 연장extension'의 이분법을 뒤집어 사유 혹은 마음 그 자체가 이미 '연장extended'된다는 것을 말하고 있는 것이다. 이를 '마음의 확장expanded mind'으로 번역하면, 이는 슬라보예 지젝이 '테크노-영지주의'라 비판하는 현대과학기술의 영지주의적 성향을 반영하는 것으로 오해하게 만드는 일이다.

[75] Ibid., pp. 158-159.

[76] Andy Clark, *Being There: Putting Brain, Body and the World Together Again* (Cambridge, MA: The MIT Press, 2001), p. 171.

유지할 수 있을 것인가?

존재라는 말에는 '서로의 안부를 묻고^{侯}, 보고, 살핀다^{在}'는 뜻이 담겨 있다. 따라서 집단의 차원에서 '사이'는 서로를 보살핌^{caring}의 힘으로 나타난다. 실체적인 혹은 물질적인 형태로 존재하는 것이 아니어서, 존재의 증거를 제시할 수 없지만, 그것의 존재가 전제되지 않는다면, 기존하는 모든 것들이 불가능할 그러한 존재—바로 그것이 '사이'이다. 생명을 구성하는 가장 기본적인 구성 요소와 그것이 생존할 수 있는 가장 기본적인 환경을 말한다면, 그것은 아이러니하게도 전체 우주라 말할 수밖에 없다. 이 우주를 구성하고 있는 어느 한 부분이라도 이상이 생기면 조만간 그리고 여하간 그 안에서 생명을 구성하고 있는 개체들에 크든 작든 영향을 미치기 마련이고, 이런 의미에서 생명은 전체와 부분을 아우르며 존재하지만, 그것의 존재 시공간은 지시되어지지 않는다. 우주 내 모든 체계는 폐쇄계가 아니라, 항상 외부로부터 자유에너지의 유입을 필요로 하는 개방계라서, 그 체계의 생명을 유지하려면 외부와의 끊임없는 교류를 통해 에너지를 유입해야만 한다. 그 유입의 사슬은 거슬러 올라가다 보면 전체 우주의 (생명)망을 아우른다. 우주의 전일성을 가리키는 것은 전체를 실체론적 명사로 표현하는 개념이나 단어가 아니라, 그 중층성 존재 질서들의 '사이'이다. 역설적으로 전체로서의 생명은 그 어디에도 존재하지 않는다. 하지만, 생명이 없다면, 그 어떤 개체의 삶도 가능치 않다. 그 전체와 부분의 이중성, 이것이 열려지는 공간이 바로 '사이'이다. 사이를 통해 조망하는 인간은 언제나 '과정'이며, 그 존재의 경계는 유전자와 문화와 환경 간의 상호작용을 통해 끊임없이 넘실대며, 심지어 기계와 인간의 경계조차도 확고하게 인정하지 않는다. 인간은 처음부터 자연/문화, 인간/기계, 정신/육체 '사이'에 있는 '혼종적 존재'로 현시되어지지만, 우리의 지식 구조는 그러한 혼종성을 쉽사리 허용하지 않는다. 그러한 복잡성을 있는 그대로 받아들일 수 없기 때문이다.[77] 사이 존재론은 그러한 우리의 '인식 한계점'을 넘어서려는 트랜스휴머니즘 시대의 인간론이다.

---

[77] 레베카 코스타, 《지금 경계선에서》, 138쪽.

참고문헌

김기주, 〈공자의 정치적 이상사회, '正名'의 세상〉, 《東方漢文學》 제43집, 2010.

이기상, 《지구촌 시대와 문화콘텐츠: 한국 문화의 지구화 가능성 탐색》, 문화콘텐
츠학 총서 001, 한국외국어대학교출판부, 2009.

티한, 존(John Teehan), 《신의 이름으로: 종교 폭력의 진화적 기원(In the Name
of God: The Evolutionary Origins of Religious Ethics and Violence)》,
박희태 옮김, 이음, 2011.

코스타, 레베카(Rebecca Costa), 《지금 경계선에서: 오래된 믿음에 대한 낯선 통
찰(Watchman's Rattle)》, 장세현 옮김, 샘앤파커스, 2011.

해리스, 에롤(Errol E. Harris), 《파멸의 묵시록: 과학적 패러다임과 일상의 사유
양식(Apocalypse and Paradigm: Science and Everyday Thinking)》, 이현
휘 옮김, 산지니, 2009.

화이트헤드(Alfred North Whitehead), 《상징활동: 그 의미와 효과(Symbolism:
its Meaning and Effect)》, 문창옥 옮김, 도서출판 동과서, 2003.

Badiou, Alain. *Being and Event*. trans. by Oliver Feltham. London: Continuum,
2007.

Clark, Andy. *Being There: Putting Brain, Body and the World Together Again*.
Cambridge, MA: The MIT Press, 2001.

_____. *Natural-Born Cyborgs: Minds, Technologies, and the Future of Human
Intelligence*. New York: Oxford University Press, 2003.

Deleuze, Giles. *Bergsonism*. trans. by Hugh Tomlinson and Babara
Habberjam. New York: Zone Books, 1991.

Ford, Lewis S. *The Emergence of Whitehead's Metaphysics, 1925-1929*. Albany:
State University of New York Press, 1984.

Lakoff, George and Mark Johnson. *Philosophy in the Flesh: the Embodied Mind
and Its Challenge to Western Thought*. New York: Basic Books, 1999.

Latour, Bruno. *Politics of Nature: How to Bring the Sciences into Democracy*.

trans. by Catherine Porter. Cambridge, MA: Harvard University Press, 2004.

_____. *We Have Never Been Modern*. trans. by Catherine Porter. Cambridge, MA: Harvard University Press, 1993.

Pinker, Steven. *The Blank Slate: the Modern Denial of Human Nature*. New York: Viking, 2002.

Shapiro, Lawrence. *Embodied Cognition*. New Problems of Philsophy Series. London: Routeldge, 2011.

Stengers, Isabelle. *Thinking With Whitehead: A Free and Wild Creation of Concepts*. trans. by Michael Chase. Cambridge, MA: Harvard University Press, 2011.

Varela, Francisco. et al., *The Embodied Mind: Cognitive Science and Human Experience*. Cambridge, MA: the MIT Press, 1993.

Whitehead, Alfred North. *The Concept of Nature*. originally published in 1920. New York, Cosimo, Inc., 2007.

_____. *Modes of Thought*. New York: Free Press, 1968.

_____. *Process and Reality*. Corrected Edition by D.R. Griffin and D.W. Sherburne. New York: The Free Press, 1978.

_____. *Science and the Modern World: Lowell lectures*, 1925. New York: The Free Press, 1967.

모빌리티 사유의 전개

2019년 2월 28일 초판 1쇄 발행

지은이 | 김태희 · 이상봉 · 김재인 · 강 혁 · 도승연
　　　　김진택 · 강진숙 · 김재희 · 이명수 · 박일준
펴낸이 | 노경인 · 김주영

펴낸곳 | 도서출판 앨피
출판등록 | 2004년 11월 23일 제2011-000087호
주소 | 우)07275 서울시 영등포구 영등포로 5길 19(양평동 2가, 동아프라임밸리) 1202-1호
전화 | 02-336-2776 팩스 | 0505-115-0525
블로그 | bolg.naver.com/lpbook12
전자우편 | lpbook12@naver.com

ISBN 979-11-87430-56-8 94300